개발자를 위한 소프트웨어 가시화

문소영 · 손현승 · 김영수 · 김영철 지음

홍릉과학출판사

머리말

SW산업 전반의 **"올바른 SW개발과정을 통한 SW개발 신뢰성"**

세상은 지금 기존 산업과 ICT를 융합하여 높은 생산성 기반의 새로운 제품과 서비스를 창출해야하는 제4차 산업혁명 시대를 맞고 있습니다. 앞으로의 제4차 산업혁명 시대에는 기존 산업과 달리 노동력이 아닌 창의력을 요구하고, ICT융합을 위한 개인과 기업의 핵심 역량은 바로 "창의적 소프트웨어 역량(Making faster and better involved Software Creation)"라는 것입니다.

그런데, 우리가 자주 간과하는 것이 있습니다.

SW라는 융합도구를 활용하여 ICT융합을 하는 과정은 매우 창조적인 일이지만, 그 과정에서 부가가치를 창출할 수 있는 "소프트웨어를 잘 만들어 내는 일"에 대해서는 다들 큰 고민이 없다는 점입니다.

필자가 학교에서 가르치고, 스타트업/벤처/중소/중견 SI 업체들을 자문한 경험에서 항상 "내재화된 SW역량과 개발능력"에 수많은 투자를 하고 있습니다.

또한, 지금은 사라지고 없지만(2016.12.), 소프트웨어 생태계를 구성하고자 설립된 소프트웨어공학센터는 8년여라는 기간 동안, 화려한 결과에 가려져서 자칫 간과되고 있었던 "소프트웨어를 잘 만들고 유지하는 기술"에 많은 중소기업들 지원했으며, 필자도 역시 국내 여러 전문가 분들과 함께, 당시 소프트웨어공학센터의 원포인트 현장상담 전문가로서 애타게 '물고기 잡는 법'에 목말라하는 50인 이하 소기업들의 개발자, 관리자의 고난을 접하면서 느낀 점이 참 많습니다. (오랜만에 코피 쏟으며 매달 병원신세도 졌었습니다.)

이 책은, 철저히 그러한 현실에 대한 고민을 통하여서 정리된 국내 중소기업들의 실무현장을 위한 가이드 책 입니다.

특히, 어렵게 느껴지고 방대하기 만한 SW공학기술에 대해서, 이제 막 SW개념을 이해하고 프로그래밍언어 한 개쯤 구사할 수 있게 될 무렵의 대학생부터 정해진 절차가 있다면 일단 바꿔봐야 직성이 풀리는 창의적인 개발자에 이르기까지, 가장 단순한 접근법과 국내 중소기업의 현장에서 통용될 수 있는 사례와 환경구성요소들을 기반으로 전개하고 있습니다.

1장은 SW공학의 역사적인 사실에 기초하여 “잘 만들고 유지하기 위한” 개요로 구성 했습니다.

2장은 이 책에서 가장 강조하는 “소프트웨어 가시화(SW visualization)”에 대한 정의와 그 구성에 대한 개념적 접근, 효과 등을 정리하였습니다.

3장부터는 SW visualization의 아키텍처 가시화를 시작으로, 각종 도구 자동화에 대한 연동 개념과 운영방법에 대해서 부록과 함께 활용하실 수 있도록 구성했습니다.

지속적으로 실무현장에서 활용될 수 있는 SW공학을 중심으로,
특히 “보이면 측정할 수 있고, 측정하면 개선 있는” 어쩌면 당연하고도 쉽지 않은 SW개발체계와 역량에 대해서, 그리고 다양한 운용환경을 지원하는 SW visualization에 대한 가이드를 정리하여 나아갈 계획입니다.

이 책을 통하여,
학생들은 실무에서 바로 활용이 가능한 SW공학실무 개념을 익히고, 개발자들은 SW공학기술을 통하여 비로소 관리자나 고객들과 합리적인 업무추진을 할 수 있길 바랍니다.

끝으로,
본 교재의 작업을 위하여 지난 3, 4년간 애써주신 문소영(SP 심사원), 손현승 박사(모아소프트), 기업의 현장 멘토로 필자의 건강에 지대한 악영향을 주었던 김영수 기술사(NIPA), 그리고 변은영(TTA), 이진협(TTA), 박지훈 박사과정, 박보경 박사과정, 장우성 박사과정, 김기두 박사(TTA), 강건희(TTA), 권하은(TTA), 제자들의 노고에 감사드리오며, 이들과 앞으로의 4차 산업을 이끌어갈 열정 있는 개발자분들께 이 책을 바칩니다.
한 번 더 NIPA 내 (구)소프트웨어 공학센터 SP 품질 팀장 김영수 기술사에게 중소기업의 고품질 소프트웨어를 위한 하나의 방안인 Software Visualization 소개로부터 시작함에 감사드립니다.

늦은 시간 SW환경구성 작업 마무리를 위한 제자들의 노고를 바라보며,

홍익대학교 교수 김 영 철

추천글

SW Visualization 출판을 기념하며...
국내 중소기업의 SW역량강화에 보탬이 되길 기원하는 마음으로

"와! 공공기관에서 이런 서비스도 해주나요?"

2010년 따뜻했던 어느 가을날, 대전의 모 에너지 관제 솔루션 기업의 SW팀장이 물어본 말이었다.

중국에서는 이미 IT기기/제품의 자국기업 단가경쟁력을 위해서, 매년 공산당이 나서서 주요 칩에 대해서 수백만 개의 구매의사를 내고, Chip 벤더들에게 50%이상 할인된 금액으로 구매해서, 다시 자국 중소기업들에게 저가로 넘긴다는 이야기를 들었던 어느 날, 가산동에서 1.5$짜리 Mobule형 SIP(System In Pkg)를 위한 펌웨어개발을 위해서 밤새우던 필자는 끓어오르는 분노를 참을 수 없었다.

왜 우리 정부는 기업들을 벤처들의 실질적인 부분을 도와주지 않을까, 그리고 왜 IT 강국이라는 나라에 "소프트웨어기술"에 대한 전문기관이 하나도 없을까? 왜 물어볼 곳도 없고, 중소 벤처들은 "익힌 물고기를 가져다 달라고 하는 게 아니고, 그런 물고기들을 많이 그물로 잡는 법"에 대한 방법에 도움이 필요한데, 도대체 왜?

2010년 2월, 마침내 소프트웨어공학센터라는 곳이 생겼고, 그곳에서 SW개발 실무경력 15년 이상의 필드 SW고수들과 함께 약 400여 50인내외의 중소기업을 현장에서 지원하던 중, SW개발체계가 우수하고 고수들이 줄줄이 모여 있는 벤처/중소기업들의 공통점은 바로"보이지 않는 소프트웨어개발과정을 보이게 만들고자하는 욕구와 노력"이 있었고, 당시의 공학센터에서는 이를 집약하여 SW 가시화(Software Visualization)이라는 개발 패러다임과 관련 사례를 만들었다.

이 책은, 이러한 기술적 탄생배경과 함께 "가장 근성이 강하고 세계적인 아이디어 접목기술을 가진 국내 중소/벤처기업 SW개발자들이 각종 부가적인 산출물(문서를 위한 문서작성 등)에 치이지 않고도 SW 절차와 품질을 확보할 수 있도록 할 수 있는 지혜와 기술의 집약본이라 할 수 있다.

이 책을 통하여서, 여러분이 얻어야 할 것은 SW공학이란 것이 무턱대고 어렵거나 Heavy한 생각들, 그리고 개발과는 무관한 관리적인 것이 아니라, 철저히 SW개발에 도움을 주는 것들만이 "SW공학"의 범주 안에 들어 갈 수 있으며, 가장 단순한 접근 절차(즉, 내가 만들고 있는 소프트웨어의 가시적인 특성을 정의하고 이를 지속적으로 모니터링하며 올바른 모양으로 개발되어지고 있는지를 확인하는 절차의 집합)들을 통하여 올바른 제품과 품질을 확보 할 수 있다는 확신을 가질 수 있기를 바란다.

더욱이 그렇게 되면, 국제적인 SW프로세스 표준에도 조금도 어긋나지 않는 과정을 지닐 수 있다고 감히 말하고 싶다.

모쪼록, 이 책과 앞으로 집대성되어 계획 중인 SW Visualization의 시리즈들을 통하여, 가장 한국적인 SW개발패러다임이 가장 세계적인 것이 될 수 있기를 희망하며 오늘도 글로벌SW를 꿈꾸며 늦은 밤 순대국집을 찾아가고 있을 중소/벤처 SW개발자들에게 박수를 보낸다.

끝으로, SW Visualization의 학문적 연구와 집대성에 애쓰신 홍익대학교 김영철 교수님과 여러 박사님들, 그리고 국내기업들의 SW역량강화를 위하여 동분서주하며 뜨거운 마음으로 늘 격려하여주신 연세대 이상은 교수님과 여러 동료 멘토님들, 필드 고수님들과 외부 전문가님들께 그간의 노고에 조금이나마 위로가 될 수 있기를 바랍니다.

토요일 상암동 SE Lab실 난상토론 세미나 후, 순대국집에서 김영수

차례

CHAPTER
06 SW Visualization 활용 – Target: Quiz PC(Java)

CHAPTER
07 SW Visualization 활용 – Target : JSAP(Java)

Chapter
01

SW Visualization 개요

1.1 소프트웨어와 소프트웨어공학

소프트웨어는 물리적인 하드웨어와는 대조적인 개념으로 데이터와 컴퓨터 명령어들로 구성된 컴퓨터 시스템의 일부분을 말한다[1]. 정보통신용어표준의 정의에서는 다음과 같이 정의하고 있다.

- 컴퓨터를 동작시키고 컴퓨터에 어떤 일을 처리할 순서와 방법을 지시하는 명령어의 집합인 프로그램과 프로그램의 수행에 필요한 절차, 규칙, 관련 문서 등의 총칭
- 컴퓨터 시스템을 구성하는 요소 중에서 형체를 갖고 있는 하드웨어를 제외한 보이지 않는 무형의 부분을 일컬음

이러한 정의로 볼 때, 소프트웨어는 소스코드(Product)와 산출물(Work Product)을 포함한 사람이 만들어내는 지적 재산이다. 결국 소프트웨어는 소프트웨어를 만들어내는 사람에 의해서 그 품질이 결정된다.

과거의 소프트웨어는 그 규모가 작아 한사람이 개발할 수 있는 수준이었지만 현대의 소프트웨어는 기능과 규모가 커져 한사람이 개발할 수 없는 정도로 발전하였다. [그림 1]은

1) https://en.wikipedia.org/wiki/Software

리눅스 커널 코드의 버전별 변화량이다. 버전 1.0(176,250 라인)에 비하여 최근버전은 약 19.5M으로 110배가 커졌고 14,000 프로그래머가 프로그램 개발에 기여를 했다[2].

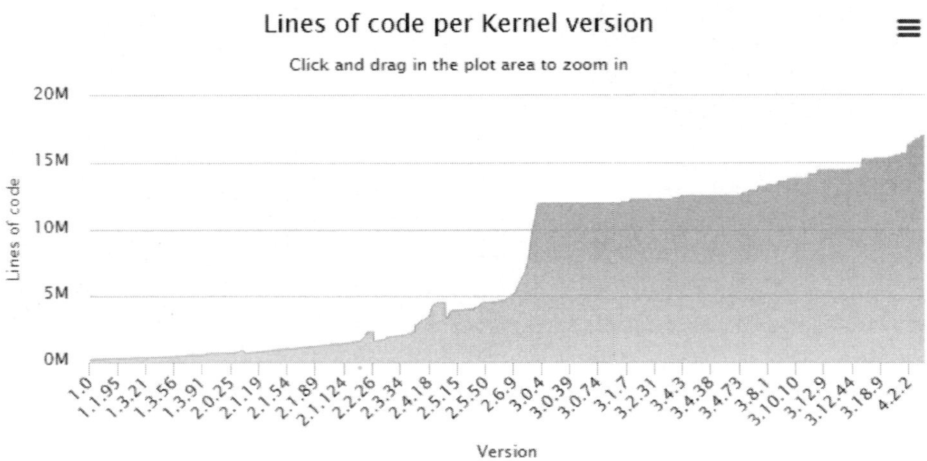

[그림 1] 리눅스 커널 코드양의 변화 [3]

리눅스 커널을 단적인 예로 보여주었지만, 이러한 현상이 소프트웨어 전반에 일어나면서 F. L. 바우어가 처음 1968년 독일 가미시에서 열린 첫 번째 나토 소프트웨어공학 학회에서 소프트웨어의 위기라는 용어를 처음 사용하게 되었다. 그 내용은 아래와 같다.

- 소프트웨어 위기의 주요한 위기는 컴퓨터 성능이 몇 수십배나 더 강력해졌기 때문입니다. 심하게 말하면, 컴퓨터가 없었을 때는 프로그래밍에는 전혀 문제가 없었습니다. 느린 컴퓨터 몇 개뿐이었을 때는 프로그래밍이 조금 문제가 되었고, 이제는 거대한 컴퓨터에 프로그래밍도 비슷하게 거대한 문제가 되었습니다[4].

소프트웨어 위기의 원인은 소프트웨어 개발과정의 복잡성과 소프트웨어공학이 전문분야로서 상대적으로 미성숙한 점이 관련되어 있었다. 그 예로 소프트웨어 규모의 대규모화, 복잡화에 따른 개발비용 증대, 하드웨어 비용에 대한 소프트웨어 가격 상승폭 증가, 유지보수의 어려움과 개발정체 현상 발생, 프로젝트 개발 및 소요예산 예측의 어려움, 신기술에 대한 교육 및 훈련의 부족 등이 있다. 소프트웨어 위기의 증상으로는 프로젝트 예산이 초과, 프로젝트 일정이 지연, 소프트웨어가 비효율적, 저품질의 소프트웨어, 요구 사항의

2) https://en.wikipedia.org/wiki/Linux_kernel
3) https://www.quora.com/How-many-lines-of-code-are-in-the-Linux-kernel
4) 에츠허르 데이크스트라, 겸손한 프로그래머 (EWD340), Communications of the ACM

불만족, 프로젝트 및 코드 관리의 어려움 등이 있다.

이러한 소프트웨어의 위기를 극복하고자 오늘날까지 소프트웨어공학이 빠르게 발전되어 왔다. 현재의 소프트웨어 개발자는 객체 지향 프로그래밍, 캡슐화, 구조적 프로그래밍, 통합 개발 환경, 신속 응용 프로그램 개발, 컴포넌트화, 프로토타이핑, 애자일, 반복형 개발, 버그/이슈 관리 시스템, 버전 관리 시스템, 디자인 패턴 등의 용어를 쉽게 접하고 있다. 그만큼 소프트웨어공학이 소프트웨어개발과 밀접한 관련을 가지고 있다는 것을 얘기해 주고 있다. 그러나 아직까지 소프트웨어공학으로 소프트웨어의 위기를 극복하지 못했다.

소프트웨어공학은 주어진 기간과 예산으로 고품질의 소프트웨어 제품 개발에 도움이 되는 기술(방법), 방법론, 도구들의 집합을 말한다[5]. 그러면 왜 소프트웨어공학이 필요한 것일까? 그것은 소프트웨어가 가지고 있는 복잡성과 변경성이다. 우리는 소프트웨어의 이 2가지 문제 때문에 많은 문제를 야기시킨다. 첫 번째로 복잡성 문제를 생각해 보자. 소프트웨어는 사람이 만든다. 그러므로 복잡해질수록 실수가 일어나고 이 실수는 소프트웨어에 잠재된 오류로 숨어 있다가 특정한 조건과 환경이 갖추어지면 실패로 나타난다. 결국 [표 1]과 같이 복잡하면 복잡할수록 실수의 확률이 높아지고 소프트웨어가 실패할 확률도 같이 높아진다.

표 1. 복잡도에 따른 오류가 생길 확률[6]

Cyclomatic	Complexity Complexity	위험도	또 다른 오류가 생길확률
1-10	단순함	Low risk	5%
11-20	약간 복잡함	Moderate risk	10%
21-50	복잡함	High risk	20%
50 이상	매우 복잡함	Very high risk	40%

두 번째는 변경성에 대해 생각해보자. 소프트웨어는 프로그래밍언어로 작성되고 이 프로그래밍언어는 언제든지 수정이 가능하다. 그러므로 하드웨어와는 다르게 항상 변경의 가능성이 존재한다. 소프트웨어는 여러 가지 이유(기능의 오류 수정, 기능의 추가)로 시간에 지남에 따라 계속 변경되어 진다. 그리고 변경될 때 마다 [그림 2]의 실패 곡선과 같이 실패를 줄이기 위한 노력이 많이 들어간다. 그것은 소프트웨어가 프로그래밍 언어로 작성될 때 어떤 기능하나가 독립적으로 만들어지지 않고 유기적으로 연결되기 때문이다. 그러므로 하나의 변경은 연결되어 있는 다른 기능에 영향을 미치기 때문에 완성된 소프트웨어

5) Bernd Brugge, Allen H. Dutoit, Object-Oriented Software Engineering Using UML, Patterns, and Java, Prentice Hall (2010)

6) 미국 카네기 멜론 대학교(Carnegie Mellon University)의 SW공학연구소(SEI: Software Engineering Institute)

일수록 수정비용이 높다.

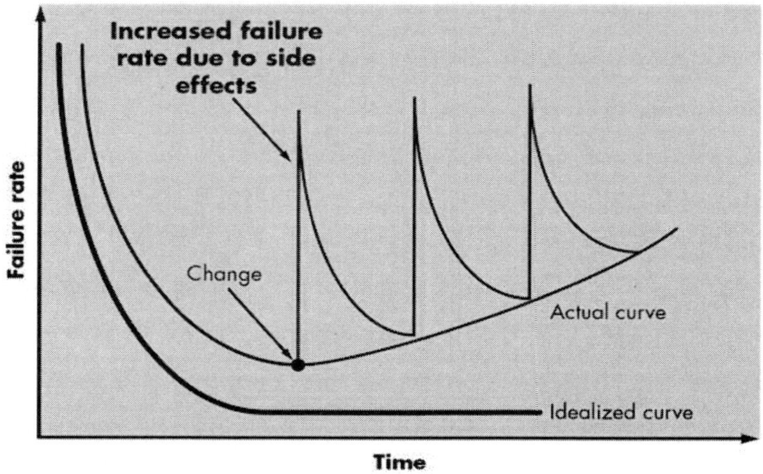

[그림 2] 소프트웨어의 실패 곡선[7)]

이러한 소프트웨어의 성질에 따른 문제를 해결하고 성공적으로 개발하기 위해서는 요구사항 분석에서 부터 유지보수에 이르기까지 개발 전 과정의 체계적인 관리, 효율적 업무 지원 기술 및 기법 등을 제공하는 소프트웨어공학이 필요하다. 또한 효과적인 소프트웨어공학의 적용을 위해서는 체계적인 업무방식 및 흐름의 정의와 이를 적용할 수 있는 프로세스, 전문적인 지식을 갖춘 조직 및 인력의 구성, 정의된 업무방식과 조직인력이 효율적으로 운영되기 위한 기반 인프라나 기술의 3가지 핵심요소를 균형 있고, 조화롭게 갖추고, 이를 유지하기 위한 지속적인 노력이 필요하다[8)].

7) Roger S. Pressman, Software Engineering: A Practitioner's Approach, Mc Graw Hill(2010)
8) 이상은외 7인, SW개발 품질관리 매뉴얼, NIPA, 2013

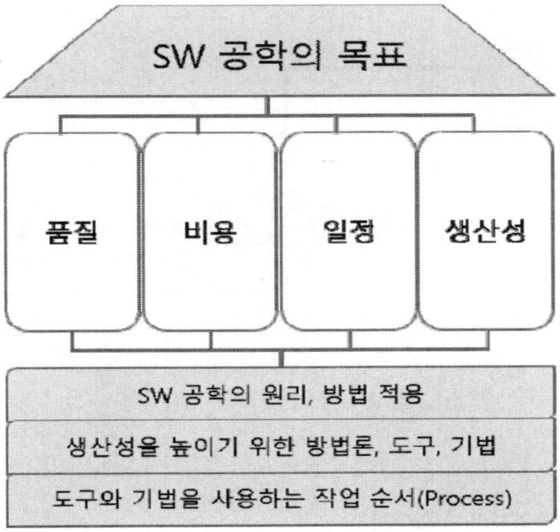

[그림 3] SW 공학(Engineering)의 목표

1.2 소프트웨어 프로세스 및 개선

일반적인 소프트웨어 개발은 그 방법에 따라 순차적, 점진적, 반복적인 방법들이 존재하고 있지만 기본 적으로 요구사항 분석, 설계, 구현, 테스팅의 단계를 거친다. 이것을 소프트웨어 개발 생명주기, 혹은 프로세스라고 이야기 한다. 소프트웨어 프로세스는 각 단계에 관련된 활동들이 정의되어 있고 단계별 활동들을 통해 다음 단계에 활용될 수 있는 산출물이 작성된다. 전체 프로젝트의 비용 산정과 개발 계획을 수립할 수 있는 기본 골격 제시와 참여자들 간에 의사소통의 기준과 용어의 표준화를 가능하게 한다. 또한 문서화가 충실한 프로젝트 관리를 가능하게 한다.

1.2.1 주먹구구식 개발 모델(Code and Fix Model)

주먹구구식 개발 모델은 [그림 4]와 같이 요구사항 분석, 설계 단계 없이 일단 개발에 들어간 후 만족할 때까지 수정작업 수행하는 것을 말한다. 이 경우 크기가 매우 작은 규모의 소프트웨어 개발에는 사용가능하지만 여러 명이 조직적으로 개발이 어렵다. 이 모델은 정해진 개발 순서가 없기 때문에 개발 계획이 정확하지 않고 관리자는 프로젝트 진행 상황 파악이 어렵다. 또한 개발 문서가 없기 때문에 개발 및 유지보수에 어려움이 있다. 이런 모델일 경우 소프트웨어 개발자에 많이 의존하게 되고 개발자의 이직, 휴가, 병가 등에 따라 프로젝트가 실패 할 수 있는 위험이 크다.

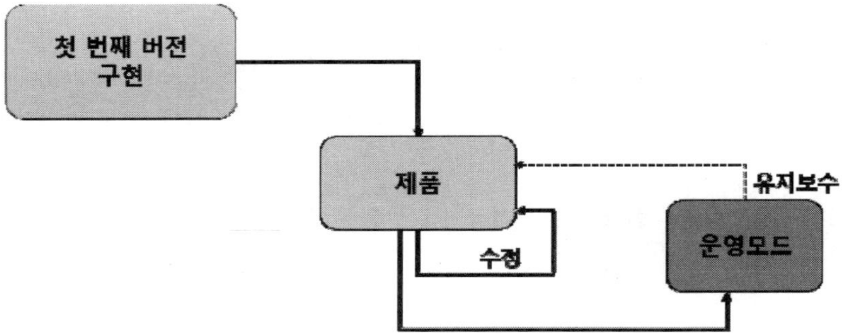

[그림 4] 주먹구구식 개발 모델

1.2.2 폭포수 모델(Waterfall Model)

폭포수 모델은 1950년대 항공방위 소프트웨어 시스템 개발 경험에서 시작하여 1970년대 산업계에서 보편적으로 사용되었다[9]. 순차적으로 소프트웨어를 개발하는 전형적인 개발 모델로 [그림 5]와 같이 요구사항 분석, 설계, 구현, 테스팅, 유지보수의 소프트웨어 개발의 전 과정을 나누어 체계적이고 순차적으로 접근하는 방법이다. 대부분의 소프트웨어 개발 프로젝트의 기본적 모델이며 가장 많이 사용되는 모델이다. 단계별 활동을 살펴보면, 요구사항 분석단계에서는 개발하고자 하는 소프트웨어에 대한 요구사항 수집, 문제 이해 및 분석한다. 소프트웨어 엔지니어 또는 분석가는 고객의 요구사항을 기능, 성능, 인터페이스 등으로 파악하고 문서화하고 산출물로 요구사항 명세서(Requirement Specification)를 만든다. 설계단계에서는 프로그램의 데이터 구조, 소프트웨어 구조, 인터페이스 구조, 알고리즘 등 모든 시스템의 구조 결정하고 산출물로 설계 명세서를 만든다. 구현단계에서는 설계 명세서를 시스템의 실제 모습(코드)으로 변환 시키는 것으로 산출물은 프로그램이다. 테스트 단계는 프로그램이 입력에 따라 요구되는 결과대로 작동하는지, 내부적 이상 여부 및 오류 발견을 위해 수행하고 테스트 계획, 설계, 수행 결과를 문서화한다. 유지보수단계에서는 개발된 소프트웨어의 변경사항을 수정하는 것으로 수정 유지보수, 적응 유지보수, 기능 추가 유지보수 등이 있다.

이 폭포수 모형은 각 단계별로 정형화된 접근 방법 가능하고 체계적인 문서화가 되어 프로젝트 진행을 명확하게 할 수 있는 장점이 있다. 그러나 앞 단계가 완료될 때까지 다음 단계들은 대기 상태여야 하고 실제 작동되는 시스템을 개발 후반부에 확인 가능하기 때문에 고객이 요구사항 확인하는데 많은 시간이 걸린다.

---

9) Bharat Bhushan Agarwal, Sumit Praksh Tayal, "Software Engineering", LAXMI PUBLICATIONS(P) LTD, 2007

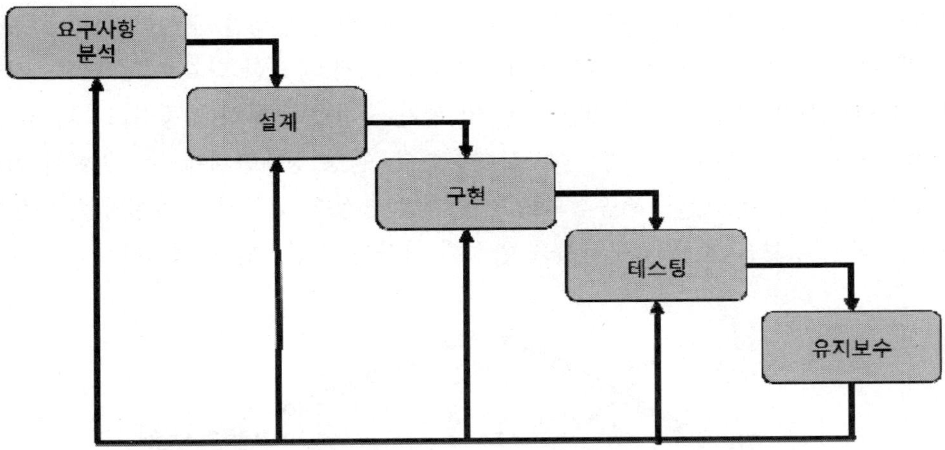

[그림 5] 폭포수 모델

1.2.3 원형 모델(Prototyping Model)

원형 모델은 폭포수 모델의 단점인 늦은 요구사항 확인 시간을 보완한 것으로 개발초기에 시스템의 모형(원형, prototype)을 간단히 만들어 사용자에게 보여 주고, 사용자가 시스템을 직접 보거나 사용해 보게 함으로써 기능의 추가, 변경 및 삭제 등을 요구하면 이를 즉각 반영하여 시스템 설계를 다시 하고 프로토타입을 재구축하는 과정을 사용자가 만족할 때까지 반복해 나가면서 시스템을 개선시켜 나가는 방식이다[10]. 점진적으로 시스템을 개발해 나가는 접근 방법(interative & incremental)으로 원형(Prototype)을 만들어 고객과 개발자가 함께 평가한 후 개발될 소프트웨어의 요구사항을 정제하여 보다 완전한 요구사항 명세서 완성이 가능하다. 그러므로 원형 모델은 원형을 가능한 빨리 개발하여 고객과 검증하는 것을 목표로 고객으로부터 피드백을 받은 후 원형을 폐기하고 시스템 기능 중 중요한 부분만 구현하여 피드백을 얻은 후 지속적으로 발전시켜 완제품을 제작한다. 원형 모델은 소프트웨어 개발 초기에 고객 요구사항을 완전히 파악하지 못한 경우나 고객 자신이 원하는 시스템에 대해 정확히 모를 경우에 적합한 방법이다.

원형 모델은 [그림 6]과 같이 요구사항 정의, 원형 설계, 원형 개발, 고객 평가, 원형 정제의 단계로 진행한다. 단계별 활동으로 요구사항 정의단계에서는 고객의 일부 요구사항 또는 불완전한 요구 사항으로부터 제품의 윤곽을 잡는다. 원형 설계단계에서는 주어진 요구사항을 기반으로 빠른 설계를 하고 주로 제품의 사용자 인터페이스에 초점을 맞춘다. 원형 개발단계에서는 설계된 원형을 RAD(Rapid Application Development) 도구 등을 사용하여 빠르게 구현하고 고객이 요구하는 기능을 구현하고 필요한 요소를 파악하는데 중점

10) 강신철, 정상철, 정철호, “디지털시대의 경영정보시스템”

을 둔다. 프로그램의 신뢰도나 품질이 아니라 가능한 빨리 원형을 구현하는 것이 목적이다. 고객 평가단계에서는 고객과 개발자가 함께하는 가장 중요한 단계로 고객 요구사항을 정확하게 규명하기 위해 원형에 대한 사용 및 평가 시간을 충분히 제공하고 개발될 소프트웨어의 요구사항 정제에 중요한 정보로 활용한다. 원형 정제단계에서는 원형이 어떻게 수정되어야 할지를 결정한다. 최종적으로 원형 개발과 검증, 요구사항 정제의 순환을 반복하여 추가적인 정보를 통해 요구사항을 완성해 나가는 점진적인 방법이다.

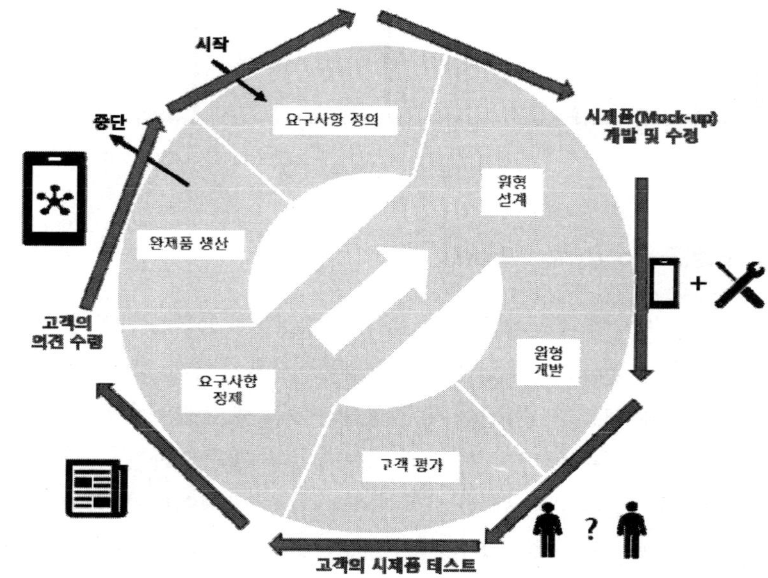

[그림 6] 원형 모델

원형 모델은 사용자 중심의 개발 방법으로 중요한 목적 중의 하나가 바로 최종사용자의 요구를 극대화하는 것이다. 전통적인 방법으로는 운영 가능한 시스템이 나오기까지 오랜 시간이 걸리지만 원형 모델은 비교적 빠른 기간 안에 사용자가 평가할 수 있을 만한 결과를 만들어 낼 수 있어 개발시간을 줄일 수 있다. 전통적인 방법으로는 시스템이 완성된 후에야 오류를 발견할 수 있짐만 개발 초기단계에서 오류를 판별 할 수 있도록 해준다. 사용자나 관리자는 현재까지의 개발 진행된 프로토타입을 직접 운영함으로써 여러 가지 제안과 변경할 점을 파악할 수 있고, 이러한 사항들은 진행되고 있는 개발과정에 반영하게 되어 변경이 용이하다.

그러나 원형 모델은 시스템의 유지보수에 필수적인 시스템의 문서화 과정이 지나치게 축소되거나 생략될 수 있어 최종적으로 시간과 비용이 훨씬 많이 들 수 있다. 원형은 언제든지 변경이 용이하지만 이러한 시스템의 변경이 계속 될수록 시간과 비용은 많아지게 된다.

원형 모델로 완성된 시스템은 컴퓨터 자원의 활용 측면에서 볼 때 효율적이지 못하다. 사용자 요구에 의해 개발되기 때문에 저장장치, 파일시스템, 중앙처리장치 등 하드웨어나 주변기기의 효율성이 무시되기 쉽다. 마지막으로 사용자가 원형 모델로 인해서 빨리 개발이 완료될 것이라는 착각을 가질 수 있도록 한다. 이것은 사용자가 프로젝트 기간이 단축될 꺼라는 기대로 오해가 생길 수 있다.

1.2.4 나선형 모델(Spiral Model)

나선형 모델은 Barry W. Boehm의 제안으로 폭포수 모형과 원형 모형의 장점을 수용하고 위험 분석(Risk Analysis)을 추가한 점증적인 방법이다. 프로젝트 수행 시 발생하는 위험을 관리하고 최소화 하려는 것을 목적으로 매번 반복을 하기 전에 위험요소를 알아내고 사전에 제거한다. 나선 모형에서는 매번 다음 단계의 반복을 진행 시킬때 마다, 기능적, 성능적 측면에서 가장 위험요소가 높은 부분을 먼저 진행하고 없애나간다.

반복적으로 개발의 장점은 고객이 완성된 프로젝트는 아니지만 최소한 프로토타입을 미리 볼 수 있다는 점이다. 그리고 이를 통해서 개발과의 소통, 피드백이 가능하다는 것이다. 또한 반복적 개발단계에서 어떠한 문제가 생겼다면 그것은 가장 최근에 변경한 작업 혹은 추가된 작업일 확률이 높다. 그렇기 때문에 잦은 반복을 통해서 어디서부터 잘못되었는지를 쉽게 알아낼 수가 있어 버그로 인한 시간낭비를 줄일 수가 있다.

나선형 모델은 [그림 7]과 같이 여러 개의 작업 영역으로 구분(incremental)되고 나선상의 각 원은 소프트웨어 개발의 점증적 주기로 표현된다. 가장 안쪽 타원부터 계획 및 정의, 위험 분석, 개발, 고객평가의 단계로 이루어져 있다. 단계가 명확히 구분되지 않고, 엔지니어가 프로젝트 성격이나 진행 상황에 따라 다르다.

계획 및 정의 단계에서는 개발자는 고객에게 요구사항을 수집하고 시스템의 성능, 기능을 비롯한 시스템의 목표를 규명하고 제약 조건을 파악한다. 목표와 제약 조건에 대한 여러 대안들을 고려하고 평가함으로써 프로젝트 위험의 원인을 규명 가능하다. 위험 분석 단계에서는 초기의 요구 사항을 토대로 위험 규명하고 위험에 대한 평가가 이루어지면 프로젝트를 계속 진행할 것인지 아니면 중단할 것인지를 결정한다. 개발 단계에서는 시스템에 대한 생명주기 모델을 선택하거나 원형 또는 최종적인 제품을 만든다. 고객 평가 단계에서는 구현된 소프트웨어(시뮬레이션 모형, 원형 또는 실제 시스템)를 고객이나 사용자가 평가하고 고객의 피드백을 얻는데 필요한 작업을 포함한다. 다음 단계에서 고객의 평가를 반영할 수 있는 자료 획득이 가능하다.

나선형 모델은 개발에 따른 위험을 잘 파악하여 대처할 수 있기 때문에 고비용의 시스템 개발과 시간이 많이 소요되는 큰 시스템 구축 시에 적합하다. 프로젝트의 모든 단계에서 기술적인 위험을 직접 고려할 수 있어 사전에 위험 감소 가능하고 테스트 비용이나 제품 개발 지연 등의 문제 해결이 가능한 장점이 있다. 그러나 개발자가 정확하지 않은 위험 분석을 했을 경우 심각한 문제 발생 가능하고 폭포수, 원형 모델에 비해 상대적으로 복잡하여 프로젝트 관리 자체가 어려울 수 있다.

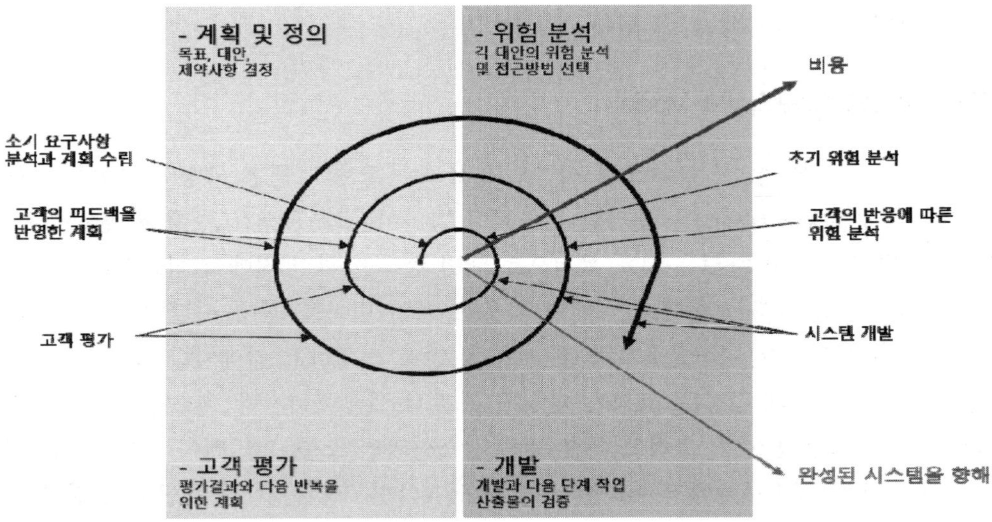

[그림 7] 나선형 모델

1.2.5 브이 모델(V-Model)

브이 모델은 폭포수 모델의 확장된 형태로 선형적으로 내려가면서 진행되는 폭포수 모델과 달리, 이 프로세스는 [그림 8]과 같이 코딩 단계에서 위쪽으로 꺾여서 알파벳 V자 모양으로 진행된다. 브이 모델은 개발 생명주기의 각 단계와 그에 대응하는 소프트웨어 시험 각 단계가 연결되어 있다. 또한 테스트 설계와 같은 테스트 활동을 코딩 이후가 아닌 프로젝트 시작 시에 함께 시작하여, 전체적으로 많은 양의 프로젝트 비용과 시간을 감소시킨다. 브이모델은 요구사항 분석, 고수준 설계, 상세 설계, 코딩, 단위 테스트, 통합 테스트, 시스템 테스트, 인수 테스트의 단계로 구성되어 있다.

요구사항 분석 단계에서, 개발될 시스템에 대한 요구사항은 시스템 사용자의 필요를 분석함으로써 얻을 수 있다. 이 단계는 목표로 하는 이상적인 시스템이 수행해야할 기능에 대해 고민하는 단계이다. 고수준 설계단계에서 만들어지는 베이스라인은 일반적으로 모든 구현될 모듈 항목과 그 간략한 기능을 정의하고, 모듈 간의 인터페이스, 관계, 의존성을 기술하며, 필요한 데이터베이스 테이블, 아키텍처 다이어그램, 적용기술 내역을 기술한다. 또한 이 단계에서 통합 테스트에 대한 설계가 이루어진다. 상세 설계 단계에서는 고수준 설계 단계에서 정의된 모듈 항목을 더 세분하여 각각의 모듈에 대한 기술을 작성하며, 이를 이용하여 프로그래머들이 코딩을 시작할 수 있도록 만들어 준다.

단위 테스트단계에서는 단위 모듈에 코드가 효율적으로 작성되었는지, 프로젝트 내에 합의된 코딩 표준을 준수하고 있는지 검증한다. 이 단계에서의 테스트는 화이트박스 테스트로 상세 설계 단계에서 준비된 테스트 케이스를 이용하며, 코드를 개발한 개발자가 직접 수행한다. Barry Boehm에 따르면, 단위 시험 단계에서 오류를 수정할 경우, 고객에까지 오류가 전달되었을 때에 비해 수백 배의 수정 비용을 절감할 수 있다. 통합 테스트 단계에서는 각각의 모듈들을 통합하여 통합된 컴포넌트 간의 인터페이스와 상호작용 상의 오류를 발견하는 작업을 수행한다. 이 단계에서는 테스트는 블랙박스 테스트(Black box testing)로 코드를 직접 확인하지는 않는다. 고수준 설계 단계에서 준비된 테스트 케이스를 사용하여 테스트가 진행되며, 일반적으로 개발자가 진행한다. 시스템 테스트 단계는 실제 구현된 시스템과 계획된 사양(specifications)을 서로 비교하는 작업이다. 이 단계에서 시스템 테스트에 대한 설계가 시스템 설계 문서로부터 도출되어 사용된다. 시스템 테스트는 자동화 도구를 이용하여 자동화될 수 있다. 개발자와 다른 별도의 테스트팀에 의해 수행된다. 인수 테스트단계에서는 시스템이나 시스템의 일부 또는 특정한 비기능적인 특성에 대해 “확신(Confidence)”을 얻는 작업이다. 이 단계에서 결함을 찾는 것은 인수 테스팅의 주 목적이 아니다. 이 테스트는 시스템을 배포하거나 실제 사용할만한 준비가 되었는지에 대해 평가한다.

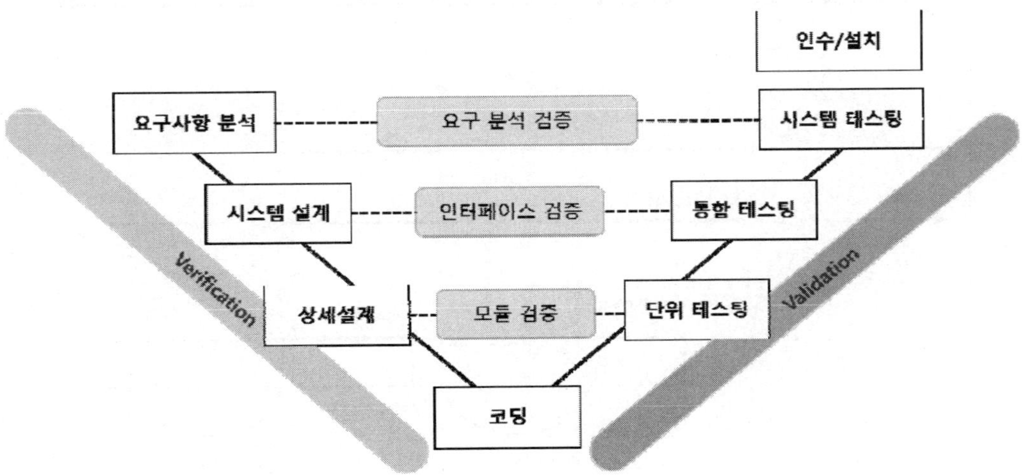

[그림 8] 브이 모델

브이 모델은 제품 개발의 초기 단계에서 검증 및 제품의 검증을 위한 방법으로 각 단계는 테스트 가능해 오류를 발견하는데 최적화 되어 있다. 또한 프로젝트 관리는 정해진 이정표에 의해 진행 상황을 추적 할 수 있어 이해하기 쉽고 사용이 편리하다. 하지만 동시에 이벤트를 처리하지 않고 반복 또는 단계를 수행하지 않는다. 그리고 요구 사항의 잦은 변화를 처리하지 않고 위험 분석 또는 완화 활동을 포함하지 않는 제약사항을 가지고 있다.

1.3 순공학 vs 역공학

순공학(Foward Engineering)은 [그림 9]과 같이 소프트웨어 프로세스의 이전 단계의 산출물을 기반으로 이후 단계의 산출물을 생산해내는 기법으로 폭포수 모델 기준으로 설명하면, 요구사항 분석, 설계, 구현의 단계를 위에서 아래로 순차적으로 수행되는 것을 말한다. 역공학(Reverse Engineering)은 순공학과 반대로 소프트웨어 프로세스의 이후 단계의 산출물(코드)를 기반으로 이전 단계의 산출물 생산해내는 기법으로 구현에서 설계, 설계에서 요구사항으로 거꾸로 거슬러 올라가는 방법을 말한다. 역공학은 소프트웨어의 컴포넌트와 이들 간 상호관계 식별 및 또 다른 형태 또는 더 높은 추상 수준의 표현물을 복원하기 위한 시스템 분석 기법이다.

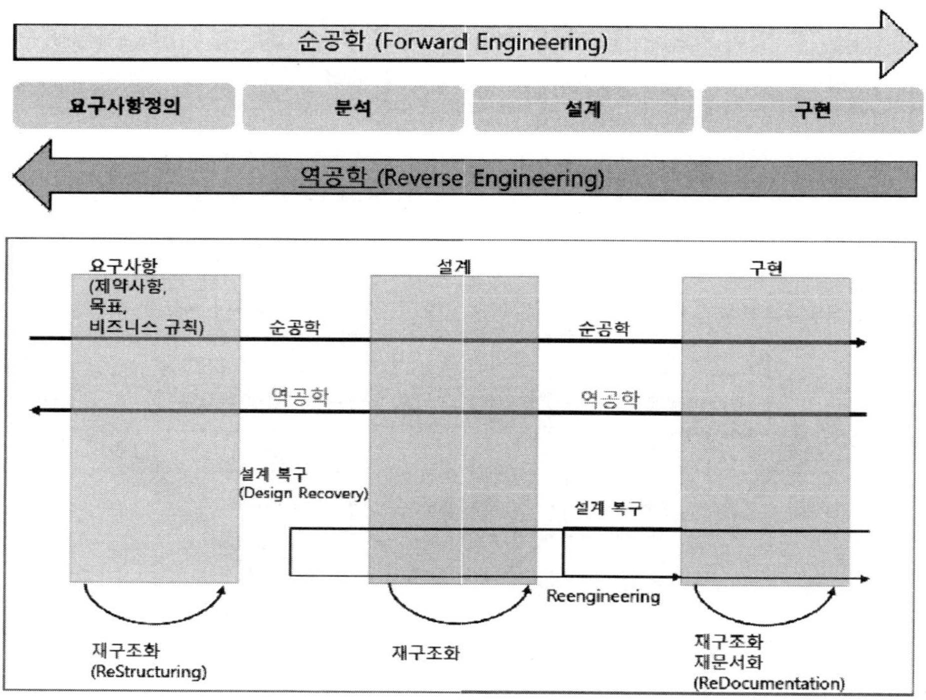

[그림 9] 순공학과 역공학의 개념 (그림 출처: 소프트웨어공학센터백서)

일반적인 소프트웨어 개발 모형 또는 프로세스는 순공학을 의미한다. 그러므로 일반적인 혹은 정상적인 개발에서는 모두 순공학으로 개발하게 된다. 그러나 순공학으로 개발

시에 시스템의 규모가 크고 사용기간이 길어지면 시스템 설계에 대한 정보의 손실이 발생하고 시스템의 빈번한 수정결과는 문서에 반영이 되지 않는 경우가 많다.

역공학을 수행하는 목적은 원본 생산의 절차에 관한 지식이 거의 없는 상태에서 최종 제품을 가지고 상위 단계의 과정을 추론하는 것이다. 특히, 코드만 존재하고 있고 설계와 문서가 부재할 때 주로 사용되는 기법이다. 역공학은 현행 시스템으로부터 잃어버린 어떤 정보를 얻을 수 있는 유일한 방법이다. 즉, 역공학은 코드 상의 정보들을 추출하여 해석함으로써 보다 큰 그림을 복원하는 과정으로 종종, 원저자의 기억과는 다른 그림이 얻어진다. 하지만 더 정확한 경우도 많으며, 소프트웨어에 대한 다양한 통찰력을 제공한다. 역공학의 장점은 다음과 같다.

- 복잡성에 대한 대처: 역공학은 일부 시스템의 손상이나 복잡해진 시스템을 이해하기 위해 자동화를 지원함으로 관련정보 추출 등이 가능하다.
- 새로운 시각확보: 시각적 모델링 기법들은 오랜 기간 동안 어떤 대상을 이해하는데 도움이 되었다. 그러나 일반적인 방법에서 모델들을 지속적으로 현생화하는 것은 개발절차에서 지속적으로 병목을 발생시키고 모델과 실제 소프트웨어 구현 간의 편차가 발생하여, 모델의 효용성을 저하시키다. 역공학은 시각적 모델의 생성이 용이하게 하여 추가적인 관점의 생성으로 개발절차에서의 리뷰와 점검을 도와준다.
- 잃어버린 정보의 복구: 개별프로그램과 시스템의 상호작용이 어떤지 이해하지 못할 때 시스템의 처리과정을 가시화 가능하게 해 보이지 않는 정보를 파악할 수 있게 한다.
- 부작용의 감지: 무계획적인 초기 설계와 지속적인 수정은 의도하지 않은 부작용을 일으킬 수 있고 미묘하게 시스템의 성능을 방해한다. 역공학은 순공학에서 얻을 수 있는 정보들 외에도 다른 정보들을 제공하여 의도하지 않은 시스템의 문제들을 알아 낼 수 있다.
- 재사용의 촉진: 역공학은 기존 시스템에서 재사용이 가능한 소프트웨어 컴포넌트들을 파악할 수 있고 개선이 가능해 재사용 컴포넌트를 지속적으로 식별해낼 수 있다.

1.4 SW Visualization 배경 및 필요성

소프트웨어의 일반적인 성질로는 비가시성(Invisibility), 복잡성(Complexity), 변경성(Changeability) 등을 가지고 있고 논리적 대규모 집합체로 다양한 요구가 존재하고 소프트웨어 개발자 개인 의존도가 높다[11]. 소프트웨어의 이러한 성질 때문에 소프트웨어의 개발은 규모가 커질수록 비용과 시간이 많이 소모되고 완벽한 제품을 만들어 내기가 어렵다.

---

11) 최은만, "소프트웨어 공학", 정익사, 2013.

대부분의 소프트웨어 회사들은 시장에 먼저 제품을 출시하고 계속적인 패치를 통해서 점진적으로 품질을 향상 시킨다. 이처럼 1번 만들어진 소프트웨어는 그 즉시 개발이 종료되는 것이 아니라 계속적인 수정 및 변경되기 때문에, 유지보수를 위한 비용이 개발비용의 60%이상이 사용된다[12]. 유지보수 비용의 원인은 이미 만들어진 소프트웨어의 확장 및 수정은 많은 오류를 동반하기 때문이다. 이와 같은 소프트웨어 장애의 특성은 욕조 곡선(Bathtub Curve)에 잘 표현되어 있다[13]. 욕조 곡선은 소프트웨어, 시스템의 전형적인 장애율은 시간의 결과에 따라 초기 장애 기간, 우발 장애기간, 마모 장애 기간으로 구별되며, 욕조 형태를 하고 있는 곡선을 의미한다.

[그림 10] 소프트웨어의 품질관리의 어려움

최근 4차산업혁명이 등장하면서 소프트웨어의 중요성이 날이 갈수록 강조되는 가운데에서도 [그림 9]와 같이 소프트웨어의 일반적인 성질인 비가시성이라는 특징과, 복잡도, 변경성으로 국내 중소기업 소프트웨어 개발환경에서 소프트웨어 품질 관리를 어렵게 하고 있다. 일반적인 소프트웨어의 품질 확보를 위해서 소프트웨어공학에서 제시하는 요구사항, 형상관리, 테스트, 프로젝트 관리 등의 다양한 방법을 사용한다. 그러나 이러한 방법들은 매우 전문적이여서 국내 중소기업의 경우 인력, 비용 등의 여러 문제로 소프트웨어 공학 방법론들을 적용하지 못하고 있다. 또한 발주자와 수주자가 구분되어 있거나 개발자와 관리자가 구분되어 있으며, 특정 인원 혹은 조직이 개발 과정 전반을 모두 파악하기는 어렵다[14].

---

12) 김예녹, "최신기법의 소프트웨어 공학", 이한출판사, 2000.
13) RS Pressman, "Software engineering: a practitioner's approach", D Ince, 1992.
14) 이상은외 7인, SW개발 품질관리 매뉴얼, NIPA, 2013

그러면 왜 소프트웨어 개발이 어려운가? 그것에 대해서 생각해보자. [그림 11]은 인터넷에서 쉽게 구할 수 있는 개발자와 관련된 이미지들이다. 왜 이토록 개발자들이 비참하게 되었을까 고민해보자. 예를 들어 당신이 토목 기술자인 경우에 다리를 건설하고자 할 때 다리에 관한 모든 것을 알 필요가 있다. 하지만 이와 달리 소프트웨어를 개발할 때는 소프트웨어 도메인(이는 사용자가 구축 한 것이므로)과 문제 도메인(솔루션을 구축하기 때문에)에 대해 알아야한다. 이러한 소프트웨어와 문제 도메인의 일부 문제는 광범위한 연구(수십 년 또는 수십 년 이상)가 필요하다. 분명히 이 문제는 소프트웨어 개발로 해결 할 수 없다. 그러므로 우리는 소프트웨어 개발 시 토목 기술자와는 다르게 완벽한 분석이 된 다음 시작하는 것이 아니라 이론적 인 해법이 존재하거나 정보에 근거한 비전문가에 의해 비교적 짧은 시간 내에 발견 될 수 있는 문제만 해결한다. 즉, 고객이 요청한 문제가 완전하게 해결되지 않는다.

[그림 11] 많이 애용되는 개발자와 관련된 인터넷 사진들

또 다른 문제는 소프트웨어가 입력 및 목표 상태가 잘 정의 된 형식 도메인이라는 것이다. 그러나 현실 세계는 잘못 정의 된 입력 및 목표 상태로 비공식적인 것이 대부분이다. 이 영역에서 문제를 해결하려면 비공식적인 것을 형식적으로 변경하기 위해서 다양한 스타일이 필요하며 결국 이러한 스타일들은 계속 조정이 필요하다. 소프트웨어 개발은 주로 물리적 세계를 모델링하고 좋은 추상화 솔루션을 찾는다. 이 추상화를 찾으면 개발이 자연스럽게 진행되지만 문제 도메인에서 추상화를 찾는 데 일정 수준의 노력이 필요하다. 또한 추상화가 불가피하게 근사치이고 문제 영역을 완벽히 자세하게 기술 할 수 없다. 결국 모든 물리적 시스템이 많은 부분 중에 우리는 변수의 일부만을 기술하는 것이다.

실세계의 구조가 바뀌지 않으면 근사치로 작업은 반드시 문제 되지는 않는다. 그러나 우리는 변화하는 세상에 살고 있고 조직이 파산하거나 인수되거나 구조 조정되거나, 비즈니스 관행이 변경되거나, 정부 규정이 변경되고, 일시적 유행 및 패션 변화가 일어난다. 이것은 소프트웨어로 만들어진 비교적 적은 변수들이 시간이 지남에 따라 많은 변화를 가져온다는 것을 의미하고 처음 만든 추상화는 시간이지나면서 필연적으로 무효가 되어 새롭게 만들어야한다. 이것은 시간과 자원을 필요로 하고 완전한 소프트웨어는 없고 계속 변경될 수 있다는 것을 의미한다.

소프트웨어 개발에 가장 중요한 문제는 해야 할 일을 대략 알고 있다는 것이다. 그러나 문제에 대한 일반적인 이해만으로는 프로젝트를 성공할 수 없다. 프로그래밍은 모호성을 인정하지 않기 때문에 무엇을 해야 하는지 정확히 알아야한다. 이는 매우 명확하고 정확한 활동이다. 이러한 이유 때문에 프로젝트의 요구 사항을 잘 관리하면 프로젝트가 더 자주 성공하는 것으로 알려져 있다. 요구 사항은 사용자 및 고객과의 계약을 위한 기반을 제공하며 개발 팀의 작업을 위한 기초 역할을 한다. 그러나 대부분의 소프트웨어 결함은 부적절한 코딩 때문뿐만 아니라 요구사항의 오해해서 발생한다. 이 이유로 최근에는 소프트웨어 개발과정에 고객을 포함하기도 한다. 결국 고객에게 가장 적합한 솔루션이 무엇인지를 판단 할 수 있으며, 고객이 관련 솔루션을 사용하는 경우 타협을 보다 쉽게 수락 할 수 있다. 그러나 이것이 항상 간단한 것은 아니다.

또 다른 주요 원인은 소프트웨어 설계를 위한 분석 방법의 부족이다. 소프트웨어 개발은 최적의 디자인을 목표로 하고 있지만 최적의 소프트웨어 디자인을 위한 정량적 기준은 거의 알려지지 않았다. 아직 최적성 기준은 주로 판단과 경험에 근거하고 있다.

이러한 소프트웨어 개발의 어려움으로 인해 여전히 일부 소수의 개발자의 영웅적인 노력에 의존하고 있다. 이 의미에서 소프트웨어공학 기법 중 제품 라인, 개발 표준화, 모델 기반 개발은 여전히 많이 잊혀 있지만 많은 소프트웨어 개발회사들이 이 방향으로 노력하고 있다. 결국 제품 개발 및 프로젝트 관리를 위한 도구와 지표가 핵심이며 앞으로 이것은 소프트웨어개발에서 상당한 주목을 받게 될 것이다. 소프트웨어 가시화는 소프트웨어의 고품질화를 위해 지표를 설정하고 오픈소스 도구들의 툴체인화를 통해 자동화해주고 측정하고자하는 품질 지표와 아키텍처를 거시적으로 볼 수 있도록 도움을 준다. 결국 앞으로 소프트웨어 개발에서 가시화는 선택이 아니라 필수 요소로 자리 잡고 있다.

고품질의 소프트웨어를 개발하기 위한 방법으로는 소프트웨어 개발 방법론 또는 개발 프로세스, 요구공학, 소프트웨어 성숙도 모델, 테스트 프로세스 및 테스팅의 적용이 있다. 이 방법들은 오류를 발견할 수 있거나 개발과 관련된 사람들을 통제해 고품질 소프트웨어를 개발하지만 아키텍처의 변경이나 가시화가 어렵다. 결국 소프트웨어 가시화는 기존 방법에서 해결할 수 없는 기존 코드의 문제점을 가시적으로 발견 및 변경 가능해야 하고 개발자들이 만든 코드의 나쁜 냄새(Bad Smell)를 찾아 개선가능 하도록 도움이 되어야 한다.

작은 의미의 가시화는 개발자에게 부담되지 않으면서 개발에 직접적인 도움과 문제의 원인을 볼 수 있고 급변하는 시장/고객의 요구사항 변경에 대처 가능해야 한다. 큰 의미의 가시화는 소프트웨어 개발에 참여하는 관리자, 경영자, 개발자, 고객 등이 만족할 수 있는 시스템으로 발전하도록 지향하고 있다. 관리자 및 경영자는 유지보수를 쉽도록 해 비용과 생산성 향상 및 인력 확보가 가능하도록 도움이 되고 고객에게는 성능 개선과 버그 수정의 신속과 유지보수를 하자보수로 오해하는 것에 대한 인식개선으로 정당한 유지보수 비용을 지불할 수 있도록 해준다. 개발자에게는 코드를 보며 모든 것을 재 파악하고 높은 코드의 복잡성을 개선할 수 있다. 코드의 복잡성은 개발자가 소스 코드 분석에 대한 많은 시간과 투자가 필요해 관리자에게는 생산성과 비용에 직결되는 문제가 있다. 결국 개발자에게 도움을 줌으로써 전체 프로젝트 향상에 도움을 줄 수 있도록 한다.

1.5 SW Visualization 정의

〈 Software Visualization Paradiam 〉

- SW 개발 및 관리에 있어서 가장 어려운 점인, SW 비가시성을 극복하기 위한 한국형의 SW개발관리 기법, 도구, 방법론에 대한 총칭
- SW LifeCycle상의 SW프로세스에 대한 극도의 가시성(extremely visibility)추구를 통하여 민첩한 SW개발과 고품질 SW를 확보하기 위한 SW공학기술

(사) SW 가시화학회 창립총회, 2014.12

좋은 소프트웨어를 개발하기 위한 많은 방안이 존재하지만 여전히 벤처/중소기업의 SW 품질관리는 어렵다고 이야기 한다. 이것은 소프트웨어 개발 과정 전반에 대한 관리와 SW 개발 프로세스의 도입이 필요하기 때문이다. 성공적인 소프트웨어 개발에는 소프트웨어 자체, 즉 소스 코드와 개발 프로세스에 대한 관리가 필요하지만 국내 중소기업은 인력 및 비용이 부족하다는 이유로 적용을 회피하고 있다. 이러한 현실에서 국내 중소기업에 적합한 소프트웨어 품질관리의 현실적인 방안이 필요하다. [그림 12]은 소프트웨어 개발 과정과 가시성에 대한 관계를 표현한 것이다. 그림과 같이 가시성이 라는 것은 어떠한 개발의 한 단계만 연관되는 것이 아니라 전체 개발과정과 밀접한 연관을 가지고 있다.

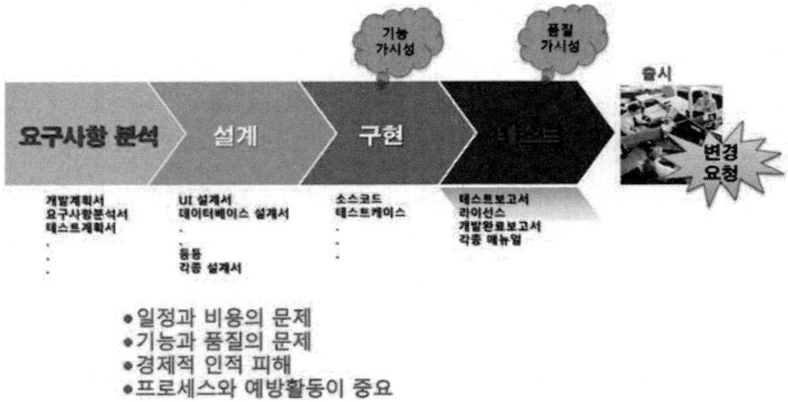

[그림 12] 소프트웨어 개발 과정과 가시성

소프트웨어 가시화(SW Visualization)[15][16]는 이러한 방안으로 프로세스, 아키텍처, 문서를 시각화한다. 첫 째, 시각화는 소프트웨어 개발의 가장 어려운 점인 프로세스와 아키텍처의 비가시성을 극복함으로써 개발의 전체 과정을 파악하며, 이를 통하여 품질 관리를 실현하고자 한다. 둘째, 문서화는 기업의 개발 노하우 관리 및 내부 인력간의 업무 이해도 향상과 특정 상황에서 외부와의 의사소통을 가능하게 한다. 즉, 소프트웨어 가시화는 [그림 13]과 같이 소스 코드와 개발 프로세스를 관리 목적으로 시각화와 문서화하여 품질관리를 수행한다. 이에 따라 ① 개발 프로세스의 시각화, ② 소스코드의 시각화, ③ 소스코드의 문서화, ④ 개발 프로세스의 문서화가 있다[17].

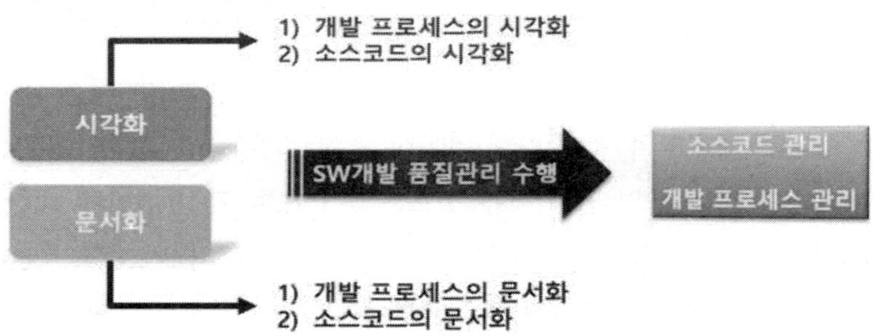

[그림 13] 소프트웨어 가시화란?

이러한 소프트웨어 가시화의 적용을 통해서 [그림 14]와 같이 기업은 프로젝트 수행 시 지표 설정에 따른 명확한 목표 수립으로 실현가능한 계획을 수립하고 시스템 기반의 효율

15) NIPA 소프트웨어공학센터, Software Visualization
16) T. Ball & S. Eick, "Software Visualization in the Large", IEEE 1996
17) NIPA 소프트웨어공학센터, Software Visualization

적인 개발활동을 수행가능 하며 시각화를 통한 지속적 모니터링 및 통제로 검증이 가능해 소프트웨어 경쟁력을 확보가능하다.

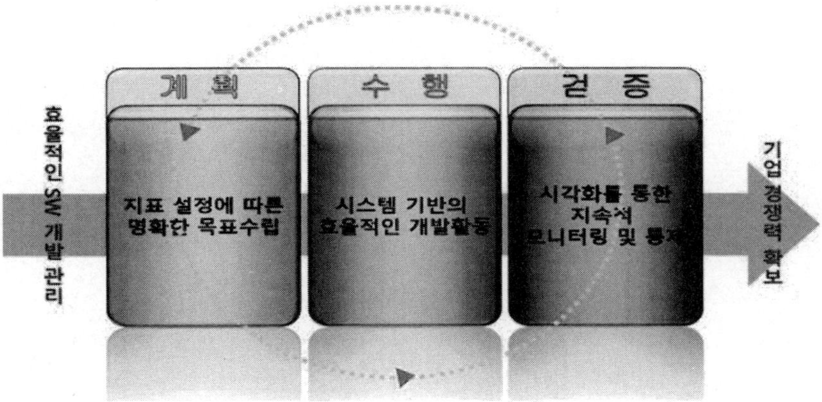

[그림 14] 소프트웨어 가시화를 통한 기업 경쟁력 확보 방안

소프트웨어 가시화 적용을 통해서 우리는 다음과 같은 기대효과를 얻을 수 있다.

1. 요구사항 구현 상태에 대한 실시간 파악: 가시화된 시스템을 통해 요구사항의 구현 상태 실시간 확인이 가능(발주자)하고 개발 일정 및 소프트웨어 품질 문제 조기 인지와 이에 따른 대처 가 가능하다.
2. 품질 지표에 의한 객관적·정량적 분석: 시각화된 지표를 통해 소프트웨어 품질 수준에 대한 기준을 제시하고 일정 수준 이상의 소프트웨어 시장 품질 확보 가능해 기업의 제품 경쟁력 확보에 기여할 수 있다.
3. 소프트웨어 개발 과정의 투명성 확보: 소프트웨어 개발 전 과정 연결 및 품질 시각화로 개발에서 발생할 수 있는 결함을 미연에 방지하고 발생한 결함 조기 조치 가능하다.
4. 자동화를 통한 소프트웨어 관리 편의성 증가: 시스템 자동화를 통해 중소기업이 쉽게 소프트웨어공학적 방법에 따라 개발 및 품질 향상이 가능하다.
5. 소프트웨어 개발관리 문서화 작업의 간소화: 개발 과정 전체를 시스템화해 문서 작업 감소 및 부담 완화 및 개발 편의성 확보가 가능하다.
6. 기업 경쟁력 확보: 지표 설정에 따른 명확한 목표 수립으로 시스템 기반의 효율적 개발 활동을 지원하고 시각화를 통한 지속적인 모니터링 및 통제(검증)가 가능하다.

Chapter 02

SW Visualization 개념모델과 구성요소

2.1 SW Visualization Paradigm

대다수의 산업기술에는 해당기술을 전개하면서 빚어질 수 있는 다양한 문제에 대응하여 해법을 탐구하고 기대하는 올바른 결과를 도출해낼 수 있도록 하는 공학이 존재하며, 앞서서 논한 바처럼 SW공학이란 SW 위기를 대응하고 더 나아가서 SW를 올바르게 만들고 유연하면서도 신뢰도가 높은 SW를 만들기 위한 분야이다. 그런데, 이러한 올바른 SW를 만들기 위한 SW공학은 해당 공학기술을 분류하는 관점에 따라서 여러 형태로 분류가 가능하며, 그중에서도 IEEE의 SWeBOK(SoftWare Engineering Body Of Knowledge)에서는 SW의 생명주기와 이러한 생명주기를 지원하기 위한 지원기술로 크게 나누어 설명하고 있다.

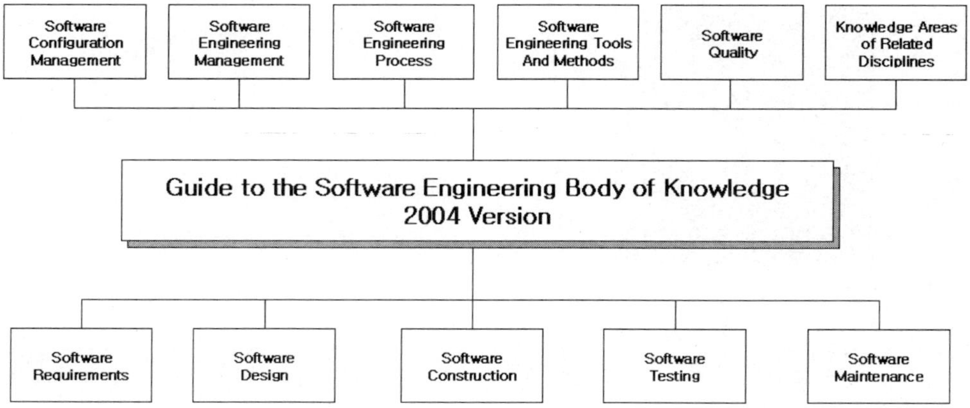

[그림 1] Software Engineering Body of Knowledge

※ 출처: SWE BOK(Software Engineering Body Of Knowledge), IEEE, 2004년

그런데, 이 중에서도 "생명주기"와 이를 지원하는 기술(관리적)접근은 서로 별개가 아닌, 서로 유기적으로 연관하여 실행되고 활용되며, 이에 대한 구분을 좀 더 계층적으로 구분한다면 아래와 같다.

표 1. SW생명주기(기술적 공학분야)과 지원기술(관리적 공학분야)의 계층적 표현

계층	구분	내용	사례
높음	패러다임	개발 접근 방식, 개발 스타일	***OMA(Object Mgmt)*** ***Model Driven*** ***Agile paradigm***
↕	프로세스	-소프트웨어 공학 기술의 효과적인 인도를 위해 설정해야 하는 핵심 프로세스 영역(***Key Process Areas***)에 대한 프레임 워크 정의 -***KPA*** : 소프트웨어 프로젝트들의 관리제어에 대한 기준을 만들고, 기술적인 방법들을 적용하고, 작업 제품들(모형, 문서, 데이터, 보고서, 형식 등)을 만들어내고 이정표를 설정하고, 품질을 확인하고 변경을 적절하게 관리하는 내용들을 포함	폭포수 모형 프로토타입 모형 점진적 개발 모형 나선형 모형 등
	방법론	-소프트웨어를 구축하는 기술적인 ***How to***를 제공 -요구사항 분석, 설계, 프로그램 구축, 테스트, 유지보수 등의 태스크들로 구성	구조적 방법론 정보공학 방법론 객체지향 방법론,
낮음	도구	-프로세스와 방법을 자동화나 반자동화를 지원하는 기능을 제공 -***CASE*** : 도구들이 통합되어 한 도구가 생성한 정보를 다른 도구가 사용할 수 있도록 도구들을 통합하는 것 -소프트웨어 공학 환경을 만들기 위해 소프트웨어, 하드웨어, 소프트웨어 공학, 데이터베이스(분석, 설계, 코딩, 테스트에 관한 중요한 정보를 포함하는 저장소)들을 결합시켜 놓은 것	설계도구 프로그래밍 도구 테스트 도구 등

이러한 SW공학의 여러 분야들을 쉽게 이해하기 위한 방법으로 음식을 예로 들면, [표 2]에서 보는 것처럼 표현할 수 있다.

표 2. SW공학의 계층적 분류와 “음식” 의 조리방법을 치환한 모형

구분	내용	예시
패러다임 (음식종류)	양식을 먹을까?, 한식을 먹을까?	문화적 성향에 따른 선택 (양식, 파스타)
프로세스 (조리순서)	양식이라면, 파스타를 조리하는 기본 순서는 무엇일까?	“파스타” 봉지 뒷면에는 항상 “기본적인” 조리순서가 나와 있다.
방법론 (익히는 법)	그중에서도 항상 내 입맛에 맞는 부드럽고 고소한 파스타를 조리하는 “나를 위한 조리 순서”는 무엇일까?	“파스타” 면보다 ”밀크“를 먼저 ”자글자글“ 끓여 둔다.
도구 (요리도구)	이러한 조리순서에 가장 잘 어울리는 “도구”는 무엇일까?	“파스타”와 “밀크”를 동시에 조리할 수 있는 “오븐 레인지”

음식과 비교한 위의 예에서처럼 SW공학에서 다루어지는 대상인 SW의 생명주기와 지원기술들은 획일적인 단하나의 기술이나 관리적 의사결정이 해답일 수 없는 마치 생명력이 있는 유기체와도 같으며, 이를 다루는 자도 역시 유기체인 사람이다. 그런데, 그 사람들은 저마다의 성향도 다르고, SW를 개발 혹은 유지보수하기 위한 비즈니스 목적이 다르기 때문에, 모든 SW를 위한 하나의 만병통치약 같은 방법론은 없다. 따라서 SW의 개발은 SW의 생명주기상에서 그 나름의 목적에 따라서 중요하게 다루어지는 특성이 존재하기 마련인데, 예컨대 가전용SW를 다룰 때와 자동차용SW를 다룰 때의 주요특성의 차이가 그것이다.

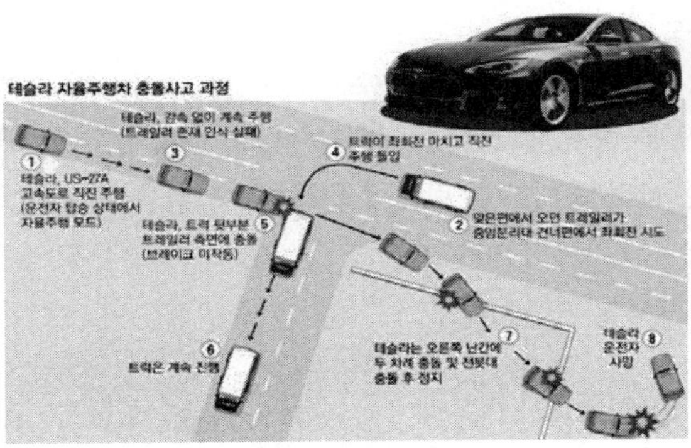

이미지출처: MBN

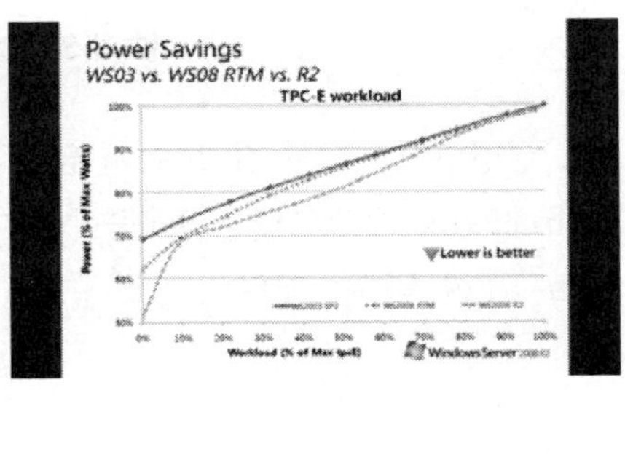

이미지출처: Microsoft TechNet

[그림 2] 자동차용SW(고신뢰성, 안전성이 중요), 가전SW(저전력, 응답속도 중요)

SW visualization 기술은 특정한 SW도구나 방법론 프로세스를 지칭하는 것이 아닌 SW의 비가시적특성을 극복하기 위한 목적으로 탄생된 SW개발 paradigm이며, 이는 각자의 비즈니스목적상에서 진행되는 SW생명주기 상에서 다른 여러 특성보다도 가시적 특성을 중요하게 다루는 것으로 귀결된다고 할 수 있다.

2.2 SW Visualization 수행 모델

앞서 1장에서의 설명에 언급되었던 바처럼, SW공학은 SW생명주기상 일어날 수 있는 여러 문제점을 해결하고, 더 나아가서 SW위기를 대응할 수 있는 유일한 방법이며, SW의 공학에서 해결하고자 하는 큰 전제는 아래와 같다. SW Visualization은 이러한 [그림 3]과 같이 SW공학의 목표달성을 위한 접근방향으로, SW의 비가시적인 특징을 극복해야 한다는 전제로부터 출발한다.

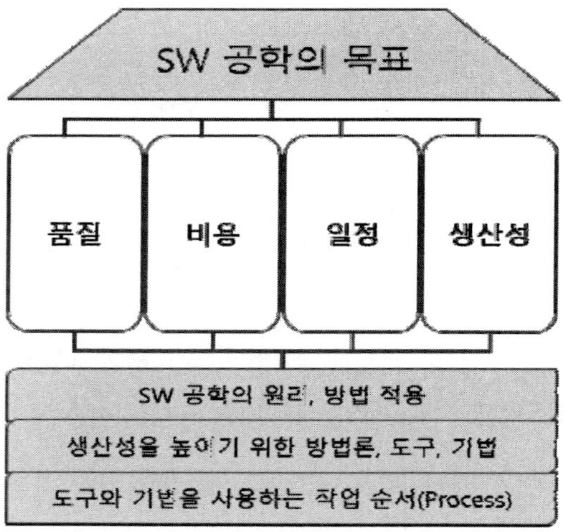

[그림 3] SW 공학(Engineering)의 목표

즉, 생명주기상에서 잘 보이지 않는 SW를 보이게 만드는 과정이 필요하며, 이러한 SW visualization의 수행모델은 SW공학의 기본원리 중, [그림 4]처럼 P-D-C-A모델을 적용한 구성으로 표현 될 수 있다.

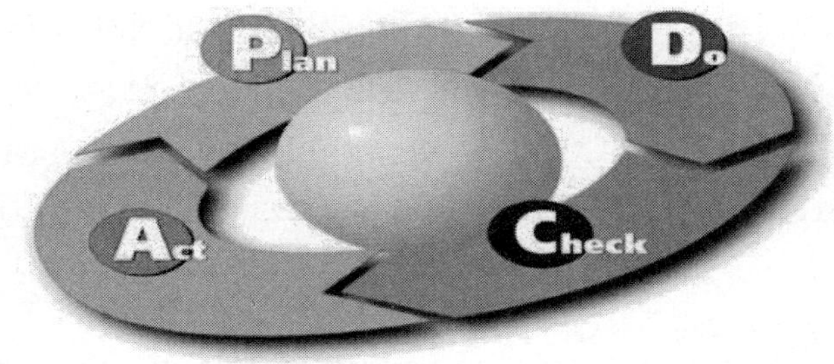

[그림 4] 월터 슈하트(Walter A. Shewhart), 에드워즈 데밍(W. Edwards Deming)의 PDCA Cycle모형

표 3. PDCA 주기 모형

접근 단계	가시화관점 결정사항	사례
1. Plan (계획단계)	"무엇을 보고자 하는가"	개발주기, 지표수립
2. Do (실행단계)	계획한 절차에 따라 이행	개발 혹은 유지보수활동
3. Check (평가단계)	"가시화"된 결과를 확인	활동결과의 가시화
4. Act (개선단계)	도출된 "가시화"특성을 개선 / 조정	원하는 형상물 혹은 지표값 결과인지를 확인
5.반복수행	위 "1～4"단계를 반복지속	지속적 개선

[표 3]은 PDCA 주기 모형에 대한 설명으로써, <계획단계 ➜ 실행단계 ➜ 평가단계 ➜ 개선단계>를 반복/지속적으로 수행하며 개선하는 모형이다. 가시화를 하려면 <계획단계>에서는 무엇을 보고 싶은지를 결정해야 하고, <실행단계>에서는 계획한 절차에 따라 이행하고, <평가단계>에서는 가시화 목표로 정한 지표에 대해 평가를 하고, <개선단계>에서는 그 지표에 대한 결과를 개선/조정한다. 전체 단계를 반복/지속적으로 수행하여 품질을 향상시키고 개발의 투명성을 향상 시킨다.

2.3 SW Visualization 유형과 구성요소

가. SW visualization의 유형 (season 1,2,3)

우리는 앞서 SW visualization은 비즈니스 목적이나 특성에 따른 목표치에 대한 가시성을 추구하는 패러다임으로 정의한바 있다. 그렇다면 SW visualization관점으로 출발한 실무적용에는 어떤 유형이 존재할까? 대부분의 SW개발 실무과정에서 일어나는 문제점들은 최신기술에 대한 애로점보다는 존재하는 기술을 구사함에 있어서 구현하는 과정과 결과에 끊임없는 비용누수와 일정이나 SW구조의 불확실성 과 관리되지 않는 SW모듈과 품질로 비롯된 결함비용들이 대다수를 차지함을 알 수 있다. SW visualization은 SW생명주기상에 일어나는 여러 문제점 들 중에서 세 가지 요소를 주요 가시화대상으로 제시하고 있다.

표 3. SW visualization 단계와 유형

단계	유형구분	중점 가시화사항	가시화를 통한 해결가능한 문제점들
Season 1	***Process Visualization***	***SW*** 생명주기관리	· ***SW*** 프로젝트성공의 비용, 납기, 품질문제점 · ***SW*** 형상물에 대한 비가시성, 요구사항 추적성
Season 2	***Archtecture Visualization***	***SW*** 아키텍쳐	***SW*** 코드와 설계의 비동기화 문제, 재사용성 저하문제, 개발 생산성 저하 이슈
Season 3	***Document Automation***	***SW*** 문서산출물 자동화	개발에 대한 ***Document, Description***에 대한 어려움, 비용문제, 실제 개발된 내용과의 문서불일치 문제

[표 4] 에서 제시된 SW visualization은 각기 SW개발 실무영역에서 빈번하고, 자주 일어나는 대표적인 문제점에 대한 원인을 해결하기 위하여 제시된 단계들이다. 각 단계별로 지향하는 관점과 주요 해결 목표들은 차이가 있지만, 결과적으로는 SW LifeCycle에서 일어나는 프로젝트 성공과 SW공학적 해법을 위한 가시화요소들을 해결하는 방법들로서 각각의 목적과 운영방향에 따라 세부 구성요소는 다르지만 전반적인 구성은 유사하다.

나. SW visualization 구성요소

우리는, 앞서서, SW visualization은 SW의 비가시적 특성을 해결하기 위한 공학기법이자 패러다임으로 정의한바 있다. SW공학기법에 대한 패러다임이란 것은 마치 어떤 종류의 음식을 선택할 것인지에 관한 것과 유사한 것으로, SW개발에서 일어나는 여러 문제점을 가시화시켜서, 객관적이고 투명하게 만들어서 이해관계자간에 일어날 수 있는 문제점들을 해결하려는 노력이 SW visualization이라고 할 수 있다. 이러한 SW visualization의 구성요소는 각기 접근 단계별로 주된 해결점과 극복목표가 다를 수 있으며, 이에 따라서 세부 구성은 다를 수 있지만, 전반적인 구조는 아래와 같다고 할 수 있다.

표 4. SW visualization 구성요소

구성요소	내용 / 특징	사례
목표	가시화를 통한 목표설정하기	개발방법론(품질목표 등)
수명주기 선정	가시화를 적용해야할 구간을 정의	• 개발방법론(*SW* 수명주기 등) • ex) 반복공정, 점진개발 등
가시화지표	가시화의 목표를 이루기 위한 점검 단계에 대한 지표와 목표 지표값	개발방법론 혹은 프로젝트 계획상의 단계별 지표
자동화도구	지표값을 추출하고, 추적성과 객관성을 지원하기 위한 자동화 도구	• 개발환경, *SW* 개발 플랫폼구성 등 • ex) *Jira, Jenkins, PMD* 등

◎ 목표 설정

SW개발현장에서 일어나는 여러 가지 현상 중에서 SW가시화기술을 적용하려는 목적에 따른 문제점 해결목표를 설정하는 단계이다. 목표설정을 통하여 우리는 프로젝트 성공을 담보하고, 관리적 혹은 기술적인 가시화기술을 접목하는 우선순위를 정할 수 있으며, 그에 따른 지표를 설정할 수 있다. 이러한 목표설정은 결국 해당 프로젝트 혹은 조직의 표준방법론과 연계하여서 SW가시화의 목표를 정하여야 하며 정해진 목표는 일종의 기준점의 역할을 하게 된다.

◎ SW수명주기 선정

SW수명주기는 일반적으로 SW의 기획단계~폐기단계 전반에 걸친 것을 말한다. 그러나 대다수의 경우에는 SW개발 과정에 대한 수명주기를 다루게 되며 여기에는 몇 가지 유형이 존재하지만, 대체로 SW가시화에 적정한 수명주기는 아래와 같다.

- Iterative Development (반복 개발공정)
  개발초기에는 전체 개발대상요소들이 세밀하게 식별되기 힘들다는 전제에서 출발하는 공정으로, 개발전체 기간을 고려할 때, 구현하고자 하는 전체 SW형상물에 대하여서 "구조적"측면을 강조하여 개발되는 공정으로서, 전반적인 요구사항들을 반복적으로 개발하면서, 추가 세부적인 요구사항이 확정될 때 마다, 리펙토링(Refactoring)기법을 통하여 구체화하는 개발공정이다.
- Incremental Development (점진적 개발공정)
  점진적 개발공정 역시 전체 개발대상요소들이 세밀하게 측정되지 않았다는 전제를 배경으로 하지만, 개발대상물 혹은 고객의 요구사항 우선순위에 따라 구현하는 방식이다. 점진적 개발공정을 활용하면 고객이 지정되어 있거나 기술적으로 중요한 SW구조를 조기에 결정하기 위하여 좋은 방법이 될 수 있다.

◎ 가시화 지표

가시화할 목적/목표가 설정되었다면 이를 달성하기 위한 개발공정이 필요하고, 각 공정상에서 가시화목표에 부합되는 산출물(Work Product)에 대한 목표값을 정할 수 있으며, 이들 대다수는 기존에 SW공학에서 이야기 하는 품질지표를 활용할 수 있다. 특히, SW가시화기술은 SW공학의 기본 목표인 SW개발프로젝트에서 일어날 수 있는 SW의 위기상황을 방지 혹은 해결하고자하는 기술적 패러다임이므로, 최소한 SW프로젝트의 성공요소인 비용, 범위/일정, 품질 요소에 대한 가시화지표를 설정하는 것이 바람직하다.

일반적으로 활용될 수 있는 각종지표의 사례는 아래와 같다.

표 5. SW품질지표 – 출처 : SW개발관리가이드, 2013 SW공학센터@NIPA

구분	항 목		지표	개요	주요 활용용도
개발 과정	요구사항		요구사항 추적성	· 개발공정별로 요구사항의 일관성 유지 여부를 확인	요구사항 개발관리 프로젝트 진척도 관리
			요구사항 달성율	· 정의된 요구사항이 시스템으로 구현되고 있는 정도	
			요구사항 커버리지	· 시스템이 요구사항을 커버하는 정도(요구사항이 개발되고, 테스트되고 있는지의 정도를 평가)	
	형상관리		형상항목	· 관리 대상항목은 SW유형 및 특성에 따라 상이함	개발 산출물의 무결성 유지 체계적인 유지보수
			항목 등록율	· 관리할 내용이 형상항목으로 설정, 관리되는 지 여부	
			항목 변경율	· 형상항목 변경 발생 정도로, 형상항목 관리 안정도를 파악	
품질 검증	동적 테스트	요구 사항 검증	기능 검증	· 요구된 기능 구현의 완전성 및 정확성 여부를 확인 ※적용하는 테스트 설계수준에 따라 확인 수준이 상이함	요구사항 결함 검출 정량적 품질목표 달성여부 확인(지각된 품질 확보)
			비기능 검증	· 요구된 정량적 품질목표 달성 여부를 확인 ※비기능 검증항목과 품질목표는 SW유형 및 특성에 따라 상이	
			정형 검증	· 높은 수준의 SW신뢰성이 요구되는 경우, 테스트로는 모든 조건의 확인이 현실적으로 불가능함으로 수학적, 논리적 모델을 기반으로	SW신뢰성 확보

구분	항 목		지표	개요	주요 활용용도
			사용자 검증	· 고객의 시스템 인수 또는 불특정 잠재 고객으로부터의 품질피드백 수행 (알파/베타테스트)	고객 만족도 극대화
		구조 검증	구조적 커버리지	· 요구되는 신뢰성(테스트) 수준에 따라 Basic Path, Statement, Branch, MD/DC Coverage 등을 선택, 적용 ※실제 동작하는 코드의 구조적 커버리지 만으로는 기능 · 비기능 요구사항 간 연계성 확보여부의 측정이 어려움으로 요구사항 커버리지를 함께 사용하는 것이 바람직함	코드 결함 검출 SW 신뢰성 확보 테스트 케이스 적절성 판단
	정적 테스트		코딩 표준 준수율	· SW개발에 적용하는 코딩 표준에 대한 준수율 여부를 확인 ※미리 정의된 Coding 표준(Rule)에 따른 코드 작성여부 점검	SW의 잠재적 결함 검출 SW코드의 가독성, 유지보수성, 테스트가능성 향상
			메트릭 만족율	· 자동화 도구 등을 활용, 메트릭을 측정, 메트릭 기준의 만족여부 확인	
			정적분석 이행율	· SW를 실행하지 않은 상태에서 SW의 잠재적 결함을 검출하는 분석	
결함수준			결함 조치율	· 결함처리 상태 파악으로 프로젝트의 가시적 문제해결 추진	현 품질수준에 대한 지각 릴리즈 의사결정 데이터 활용
			결함 밀도	· 산출물별 / 영역별 / 전체 등의 결함분포도를 확인, 결함예방 및 통제	

◎ 자동화도구

SW visualization에 있어서, 자동화도구는 가시화기술을 도입하는 목적에 따라서 가장 중요한 역할을 해내는 구성요소이다. SW가시화기술에서 추구하는 투명하고 객관적인 SW 개발공정은 사람에 의한 조작을 최대한 배제하고, 개발체계를 통하여 개발과정에 일어날 수 있는 문제를 해결하거나, 사람에게 가장 어려움을 유발하기 쉬운 작업들(예컨대, 단순/반복적인 종이문서 작업들)을 최소화 하는데 효과적이다. 이러한 중요한 역할을 하는 자동화도구는 최근 10여 년 동안 공개 SW기반으로 매우 발달해왔으며, 다양한 상용도구가 존재하고 있으나, 이 역시 도구가 갖는 특성에 따라서 하나의 도구가 모든 것을 해결해 줄 수 없는 것이 현실이기도 하다. SW가시화기술에서 가장중요하게 다루는 자동화도입전략은 전적으로 가시화 기술도입목적과 목표에 최적화될 수 있는 자신만의 자동화도구 혹은 자동화 인프라라고 할 수 있다. 이러한 도구들은 전체 가시화단계들에 있어서 여러 가지 형태로 구성이 될 수 있으며 대표적으로 아래와 같은 분류 형태로 구분하여 정리할 수 있다.

표 6. SW 공학 도구 목록

구분	주요 특징	비고/사례
게시판형 도구들	주로 게시판형태의 목록과 세부입력가능한 폼들을 제공 이들 형태를 이용하여, 추가적으로 다양한 도구와의 연계를 통하여 추적성 확보를 지원 가능	Redmine, Jira, Mantis 등
에디터형	주로 개발환경과 밀접한 연관관계, 혹은 통합개발환경을 제공하며, 개발자중심의 주변 환경들간의 연결과 산출물 연동을 돕는다.	Visual-Studio, Ecllpise 등
대쉬보드형	주로 집계형의 데이터와, 일목요연한 내용들을 보여주는 도구로서, 여러 가지 플러그인도구들과 연계하여 활용될 수 있으며, 대다수의 상용제품들이 이러한 대쉬보드를 제공하고 있다.	SonarCube
개발단계별 지원도구	주로 요구사항분석이나, 설계도구, 단순한 코드편집기능등이 해당되며, 추가적인 도구들과 연계성이 좋은 경우가 많다.	RequisitePro, TestLink, StarUML, EA 등
관리자지원도구	주로 일정관리, 계획관리등을 지원하기 위한 그래프모듈을 탑재하고 있는 경우가 많다. 이들 도구들은 대부분의 경우, Project관리용의 기능을 제공한다.	MS Project / SharePoint, Gant-chart 등
그래픽 지원도구	실시간으로 입력받은 명령 혹은 스크립트에 따라서, 다양한 이미지 객체를 생성하고, 그래프의 유형과 색깔, 그리고 텍스트등 다양한 이미지요소들을 객체에 그려주는 도구들	Graphviz, DOT 등
빌지지원 도구	개발환경에 연관한 빌드환경을 지원하며, 스케쥴링된 내용에 따라서, 자동으로 빌드를 진행하고, 그결과를 지정된 추가 도구들의 입력으로 Triggering시킬수 있는 기능을 제공하는 필수 도구이다.	Hudson/Jenkins,
정적분석 도구	개발된 소스코드에 대한 Rule기반 혹은 컴파일러기반의 WhiteBox 결함분석을 제공하여주는 도구들이며, 대표적인 빌드지원도구들에 대부분의 경우 플러그인이 가능하다.	PMD, CppCheck, FxCop , CodeSonar 등
동적분석 도구	빌드가 끝난후, 동작이 가능한 프로그램에 대한 동적테스팅을 지원해주는 도구들이다. 원활한 동적테스팅을 위해서는 대부분의 경우, 테스트베드와 테스팅 동작/ 결과를 저장할 수 있는 환경을 제공하며, 이때 소스코드상에 API를 이용한 자동테스팅을 지원하는 경우가 많으며, 대다수 상용테스팅 도구나 서비스가 이러한 동적분석도구나 서비스를 제공한다.	LDRA, VectorQuest 등

이외에도 다양한 자동화도구들이 존재하며, 그 분류 또한 매우 복잡하다. 이들 자동화 도구들은 개별적인 사용에도 가치가 있지만, SW가시화에서 가장 중요하게 다루는 것은 바로 자동화도구들이 서로 이음새 없이 잘 연결되고 연동되도록 하여서, SW가시화목적인 전체 프로젝트 성공을 위한 환경을 제공함에 있다.

2.4 SW Visualization 가시화 기대효과(Effect)

SW공학기술은 SW개발과정과 유지보수 과정 등 SW 생명주기상에서 일어날 수 있는 비용누수, 납기문제, 결함문제, 요구사항 불일치 등 올바른 SW를 만들기에 어려운 난제들을 해결하는 기술이다. 그 중에서도 SW가시화 패러다임은 이들 어려운 난제들의 대다수가 SW가 여타산업과는 다르게 개발공정상에서 비가시적이며, 이것을 극복하기 위한 패러다임이라고 정의된바 있다. 그렇다면 SW가시화기술을 통해서 해결할 수 있는 문제들은 어떤 것들이 존재하는지 또 그것이 다양한 이해관계자들에게 어떤 영향을 미치게 되는 지 알아봐야 보기로 한다. 우선 SW프로젝트의 성공과 SW생명주기상의 주로 발생되는 이슈들의 구조적 측면을 알아보고, 이들에 대해서, SW가시화패러다임 접근과 방법론이 어떤 방식으로 문제점을 해결하는지를 살펴보자.

가. 가시화된 SW개발 생명주기에 대한 기대효과

SW의 비가시적 특성으로 SW개발생명주기는 그 유형에 따라 조직이나 프로젝트에 있어서 다양한 영향을 미치게 된다. 특히, SW프로젝트의 성공을 위한 달성목표나 지표 등을 언제 어떻게 수집, 모니터링 할 것인가에 강력한 영향을 미친다.

Project Succeeded & Management

· SW프로젝트 성공이란 '계획한 일정, 예산 내에서 고객의 요구사항을 충분히 만족시키며 완료된 프로젝트'를 '성공적인 프로젝트'라고 정의할 수 있음

- Standish 그룹

· SW프로젝트 관리란 프로젝트와 관련된 이해당사자(Stakeholder)를 만족시키기 위한 기술, 기법, 지식을 프로젝트 활동에 적용하는 것

- PMBOK

또한, 이를 위한 성공요소를 SW공학에서는 비용, 일정/범위, 품질의 3가지 요소로 나누고 있으며, 대다수 SW프로젝트의 실패의 경우, 이들 3가지 요소 중 한 가지라도 만족(Satisfaction)이 되지 않는다면, 실패한 프로젝트로 간주되어 진다.

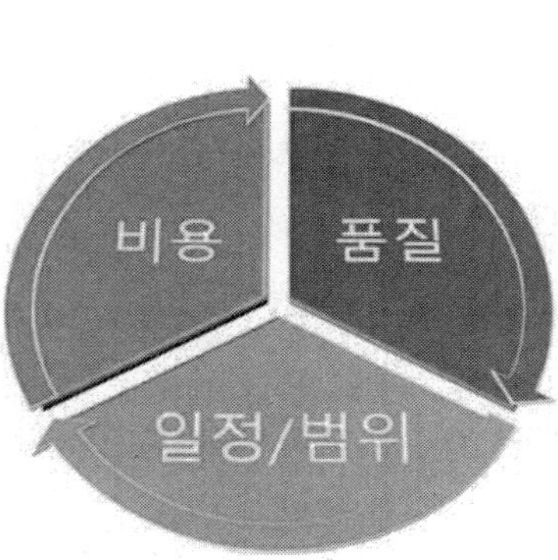

[그림 5] 프로젝트 성공 3요소

이러한, SW프로젝트의 성공을 위하여서는 아래 그림에서처럼, A프로젝트 성공을 위한 목표와 지표를 담고 있는 "계획"과 생명주기에 따른 프로젝트 이행결과물(산출물, Work-Product), 그리고 그 결과물이 당초 계획한 목표에 부합되는 지에 대한 지속적인 모니터링을 진행하여야 한다.

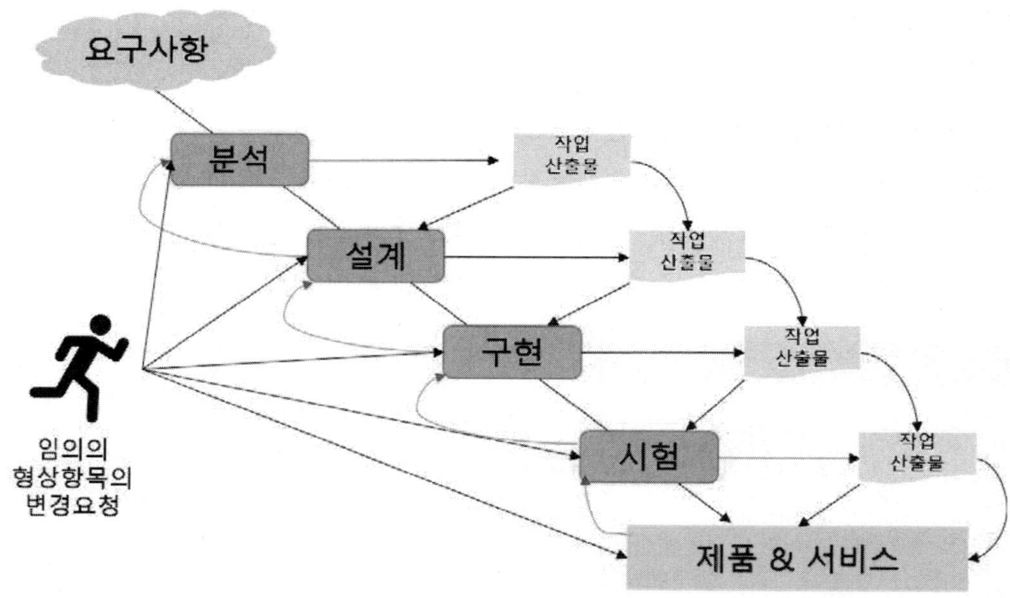

[그림 6] SW프로젝트 생명주기상의 단계별 형상항목들과 "산출물" 간의 추적성관계

이러한, SW생명주기상의 단계별 산출에 대한 모니터링은 프로젝트계획에 따라서, 반드시 이루어져야 하며, 모니터링의 기본적인 원리는 크게 두 가지로 나뉜다.

❶ verification(검토): 생명주기상에서 현행단계에서 진행된 결과물이 이전단계의 결과물에서 기대하는 목표에 부합되는지에 대한 검토를 의미한다.
❷ validation(검증): 고객관점의 기대요구사항에 따른 "올바른"결과물인지에 대한 검증

이러한 모니터링은 매우 중요하지만, 실무적으로 이를 짧은 기간에 수작업 혹은 다양한 회의를 통해서 진행하기에는 너무 많은 노력이 필요하게 되며, 대다수의 경우 이러한 노력에 대한 투자가 어렵다보니, 점점 무시 혹은 이행하지 않게 되고, 이런 오류가 누적되면, 결과산출물에 대한 과정이력이나 추적성 확보가 안 되는 결과로 이어져서, 마침내 어떻게 개발되고, SW결함이나 문제원인이 무엇인지에 관한 비용과 파악된 원인을 개선(Fix)하는 비용이 당초 계획했던 비용을 초월하게 되는 현상이 발생하게 된다.

SW생명주기에 대한 SW가시화는 이러한 문제가 발생되는 주요 원인인 모니터링 활동에 대한 투자를 줄임과 동시에 보다 손쉬운 접근을 제공한다. 즉, 대다수의 경우, 문서(paper)중심의 산출물을 SW가시화에서는 시스템의 입출력을 통하여 반복되는 데이터입력이나 문서양식에 대한 작성과 노력을 줄일 수 있으며, 또한, 프로젝트유형과 진행상황(초기, 중기, 말기 등)에 따라 필요로 하는 필수 목표와 형상지표들을 가시화요소로 드러나게 함으로써 보이지 않는 SW를 보이도록 한다. 이러한 결과로 SW생명주기에 대한 가시화는 SW프로젝트 성공요소에 대한 비용효과적인 지원체계를 제공하게 되어 프로젝트 수행을 위한 이해관계자가 보다 실무적인 의사결정을 내리는 데에 도움을 주게 된다.

[SW생명주기의 가시화 기대효과]

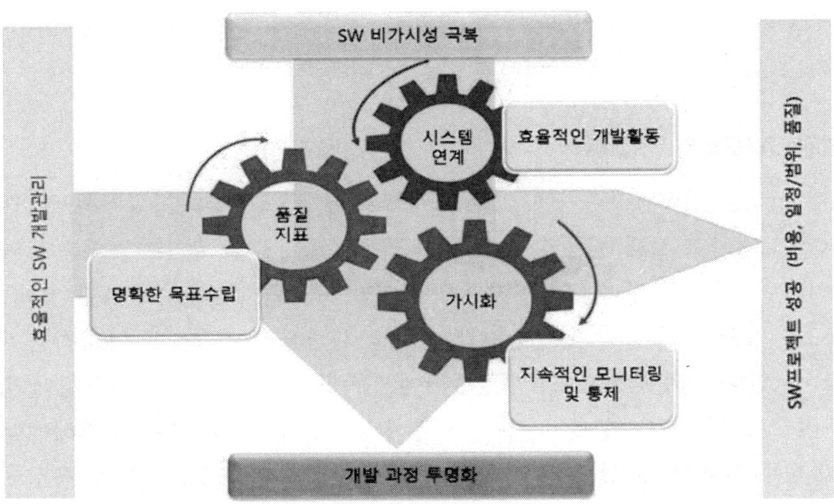

[그림 7] SW생명주기 가시화를 통한 SW프로젝트 성공에 대한 기여효과

[그림 7]은 SW생명주기 가시화가 SW프로젝트 성공에 주는 효과를 설명한다. 효율적인 SW개발관리를 위해 SW품질 지표를 통해 명확한 목표수립을 하고, 시스템 연계를 통해 효율적인 개발 활동을 하고, 프로세스 가시화, 아키텍처 가시화, 문서 가시화를 통해 지속적인 모니터링 및 통제를 할 수 있다. 이 방법은 SW비가시성을 극복하고, 개발 과정을 투명하게 하여 SW프로젝트를 성공적으로 마무리하는 데 효과적이다.

- SW개발 과정 투명화

  여러 이해관계자가 요구하는 자료나 특성에 대해서, 합리적이고 객관적이며, 조작되지 않은 데이터에 기반을 둔 상태이다.

  - SW개발 투명성은 SW프로젝트의 범위, 일정에 대한 합리적인 의사결정을 지원하며, "프로젝트의 현재 상태"에 대한 원인과 예측 가능한 프로젝트 진행을 진행할 수 있도록 도움을 줄 수 있다.

- SW개발 민첩성

  SW생명주기상에서 일어나는 다양한 변화에 대응하는 능력이 고도로 민첩한 특성(Agility)이다. SW 개발 민첩성은 SW프로젝트의 품질과 일정에 대한 비용효과적인 의사결정과 이행능력 그리고 신뢰도가 높은 산출물 생성을 지원하며, 이에 따라서 목표품질에 대한 빠른 대응을 지원한다.

특히, SW생명주기에 대한 가시화는 조직 혹은 프로젝트 이해관계자들에게 각자의 공통적인 관심사와 개별적인 관심사를 구분하여 가시화할 수 있도록 하는 SW프로젝트 Dash-Board를 필수 인프라 요소로 제공하며, 이해관계자들은 별도의 추가적인 노력 없이 투명한 방법(별도의 조작된 데이터가 아닌)으로 가시화된 형상지표들을 통하여서, 각자가 원하는 프로젝트의 진행에 대한 의사결정을 할 수 있게 된다.

나. 가시화된 SW구조의 기대효과

앞장에서 살펴본, SW생명주기에 대한 가시화기술이 SW생명주기상에서 일어나는 비가시적 특성을 해결하고 보다 비용효과적인 SW프로젝트 관리를 할 수 있도록 도와주는 SW공학기술이라면, 이 장에서 살펴볼 SW구조에 대한 가시화 기술은 SW개발의 핵심 산출물은 SW코드에 기반을 두어 각 생명주기간의 기술적 연결과 추적성을 제공하는 SW공학기술이라 할 수 있다. 일반적으로 SW생명주기에서는 도출된 사용자 요구사항에 따라서, 이를 분석하여 시스템 요구사항을 도출하며, 분석된 시스템요구사항은 구현해야할 SW구조에 대한 설계를 진행할 수 있으며, 제작된 설계에 부합되는 프로그래밍을 통하여 실제 구현되는 코드가 작성된다. 이러한 방식을 "Forward Engineering"이라고 말하며, 대다수의 경우 이러한 절차를 거쳐야 하는 것이 상식적이지만, 실제 실무현황에서는 수많은 SW설계 활동에 대한 이슈가 있다. 특히, 정확하지도 않고, 변화가 무쌍한 사용자요구사항과 설계 의도를 원활하고 편리하게 전달 할 수 있는 SW구조에 대한 표현방법이 부족하거나 너무 방대하여 대다수의 경우 꼭 필요한 경우를 제외하고는 아직도 기대하는 화면이나 사용자 시나리오, 혹은 데이터베이스 구조(E-R diagram)등에 그치는 것이 대다수이다.

표 7. SW설계 핵심 이슈 (참고: SW공학백서, 2017년)

구분	내용
동시성(Concurrency)	· 어떻게 SW를 프로세스, 태스크(Task), 스레드(Thread)로 분해할지, 어떻게 연관된 효율성, 원자성(Atomicity) 및 스케줄의 이슈를 다루는가에 대한 이슈
이벤트의 통제와 처리 (Control and Handling Of Events)	· 어떻게 데이터를 구성하고 흐름을 통제하며, Implicit Invocation과 Call-back과 같은 다양한 장치를 통해 한시적이며 반응적인 이벤트를 어떻게 다루는가에 대한 이슈
컴포넌트의 분해 (Distribution of Components)	· 어떻게 SW를 HW에 분배하는가, 어떻게 컴포넌트들이 의사소통을 하는가, 어떻게 미들웨어(Middleware)가 이종(Heterogeneous) SW를 다루는데 사용될 수 있는가에 대한 이슈
오류, 예외처리 장애의 허용 (Error and Exception Handling and Fault Tolerance)	· 장애(Fault)를 어떻게 예방하고 허용(Tolerate)할지, 예외 상황(Exception Condition)을 어떻게 다룰지에 대한 이슈
상호장용과 프레젠테이션 (Interaction and Presentation)	· 사용자와의 상호작용과 정보의 프레젠테이션을 어떻게 구조화하고 구성할 걸인가에 대한 이슈로 Model-View-Controller 방법을 사용하여 프레젠테이션과 비즈니스 로직을 분리 · 사용자 인터페이스 설계(SW인간공학(Ergonomics)의 한 부분)의 태스크인 사용자 인터페이스 세부사항을 명세 하는 것과는 다름
데이터 지속성 (Data Persistence)	· 수명이 긴(Long-lived) 데이터를 어떻게 다루어야 하는지에 대한 이슈

이러한 부실한 SW설계나 그 결과로 구현된 SW코드에 따른 SW구조는 당초 기대했던 SW구조와는 많은 차이를 보이게 되며, 더욱이 필요하지 않는 기능이나 혹은 간과했던 설계요소를 검출하기 어렵게 만들며, 그 결과는 요구되지 않은 SW기능들로 이루어진 SW구조에 따른 사용자요구사항 불만족과 정제되지 않은 SW구성요소에 따른 품질 개선비용이 기하급수 적으로 늘 수밖에 없다.

SW구조에 대한 가시성은 이러한 어렵고 부족한 요구사항이나 설계들에 대해서 프로젝트의 진행시기에 따른 기대하는 SW구조와 현재 구현되고 있는 SW구조간의 비교를 제공하며, 더욱이 구현된 SW 코드에 기반을 두어 SW개발 구조를 보이도록 만들 수 있다. 이러한 방식은 SW개발생명주기상에 단순히 단계별 산출물을 통한 추적성이나 관리용이성

뿐만 아니라, 구현되고 있는 SW구조에 대한 양방향(Bi-Directional)의 추적성(Traceability)를 제공하게 된다. 양방향의 추적성은 반복적인 공정을 통하여서 점점 더 정제(Re-Fine)될 수 있는 SW모듈이나 컴포넌트를 식별할 수 있도록 하며, SW프로젝트의 유형이나 특성에 따라서 일어나는 SW구조의 변형과 개선을 위한 의사결정과 SW재사용성을 높여서, SW품질을 높이고, 생산성을 높이는 효과를 제공할 수 있도록 한다.

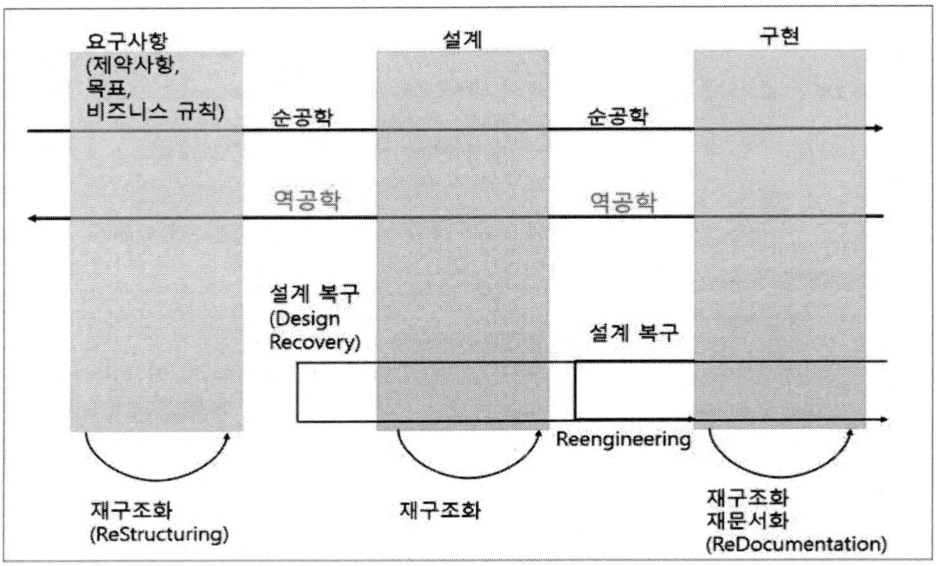

[그림 8] 소프트웨어 재공학(Reengineering)

[그림 8]의 재공학 개념을 살펴보자. 소프트웨어 재공학은 데이터와 기능들의 개조 및 개선을 통해 유지보수성을 향상시키고 대상 시스템을 새로운 요구에 맞도록 변경하는 것이다. 재공학의 목표는 잃어버린 정보의 복구 및 제거, 재사용성 향상, 다른 뷰 생성, 부작용 발견 등이 있다. 여기에는 역공학, 재구조화, 재문서화에 대한 개념을 알아야 한다. 역공학은 전통적 개발단계와 반대의 방향으로 기존 코드를 복구하는 방법이다. 재구조화는 상대적으로 같은 추상적 수준의 표현 형태를 다른 형태로 바꾸는 것으로 중첩 if문을 CASE문으로 변환하거나, 데이터베이스 모델을 3차 정규형으로 변환하는 것 등을 한다.

[SW구조 가시화를 통한 기대효과]

- SW Architecture와 Program Source Code의 동기화제공(Synchronization)

  SW구조와 코드에 대한 동기화를 통해 SW설계자와 개발자는 의도한 내용에 맞는 SW구조가 구현되고 있는지와 의도되지 않은SW구성요소가 존재하는지를 식별할 수 있으며, SW구조(Architecture)를 구성하는 계층(Layer)의 추상화를 높일 수 있다. (추상화=캡슐화+인터페이스)

- 진행 중인 SW Architecture에 대한 가시성과 추적성을 제공
  SW프로그램 코드에 기반을 둔 SW구조는 매우 투명한(조작되지 않은) SW구조의 현재 상태를 제공(가시화)하며, 이를 통하여서 동작되는 SW구조에 대한 이해를 제공할 수 있다. 또한, 현재 상태의 SW구조에 대한 사용자 요구사항이 어떤 것인지 확인할 수 있는 "추적성"을 제공할 수 있다.

다. 산출물 가시화(자동화)된 산출물의 기대효과

SW가시화는 단순히 SW개발공정상에서 일어나는 SW관리의 용이성이나, 개발민첩성뿐만이 아니라, 프로그램코드를 제외한 기타의 SW산출물에 대한 자동생성을 지원한다. 앞서 가시화된 SW생명주기의 기대효과에서 알아본 바와 같이, 대다수의 경우 SW개발생명주기 상에서 가장 많은 비용 투입 혹은 노력이 일어나는 부분은 SW 추적성 확보와 이행을 위한 문서 산출물인 경우가 많다.

즉, SW개발생명주기에서 최종적인 성과는 요구된 기능을 만족하는 동작하는 SW이며, 이들의 가장 핵심적인 사항은 SW프로그램 코드임에도, 이러한 핵심적 사항을 구현하는 데에 들어가는 비용보다, 자칫, 문서 산출물을 생성하는 데에 더 많은 비용이 투입될 수 있다는 것을 의미한다. 더욱이 SW형상은 프로젝트가 진행됨에 따라서 다양한 버전으로 나뉘게 되며, 결국 각 단계별로 생성되어야 하는 문서(paper) 산출물은 기하급수적으로 늘어 날 수 있다.

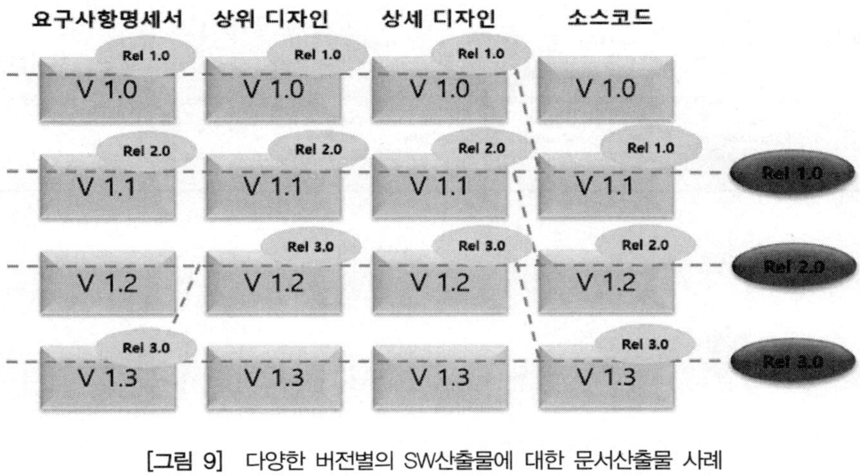

[그림 9] 다양한 버전별의 SW산출물에 대한 문서산출물 사례

[SW산출물 가시화(자동화)]

- 비용효과적이고 유연한 문서산출물 제작환경을 제공
  대다수의 경우 반복적 형식에 종속적인 문서(paper) 산출물에 대한 제작노력과 변경 관리에 대한 부담과 비용을 대폭적으로 줄일 수 있다.
- 꼭 필요로 하는 중요산출물 식별을 지원하고, SW프로젝트 상황에 따른 필요한 산출물의 "현행화"를 지원한다.

SW생명주기상에서 생산되어져야 하는 많은 산출물들 중에서, 현재 프로젝트 상황에 따라서 반드시 확인되어야 할 산출물을 집중 생산할 수 있으며, 이러한 산출물이 실제적으로 운영되고 있는 개발환경에 기반을 두어 제작되므로, 매우 투명하고 신뢰도가 높은 산출물을 제공받을 수 있도록 한다.

1) SW 생명주기와 SW 가시성

생명주기에 따른 SW 가시성	SW 가시화 특성
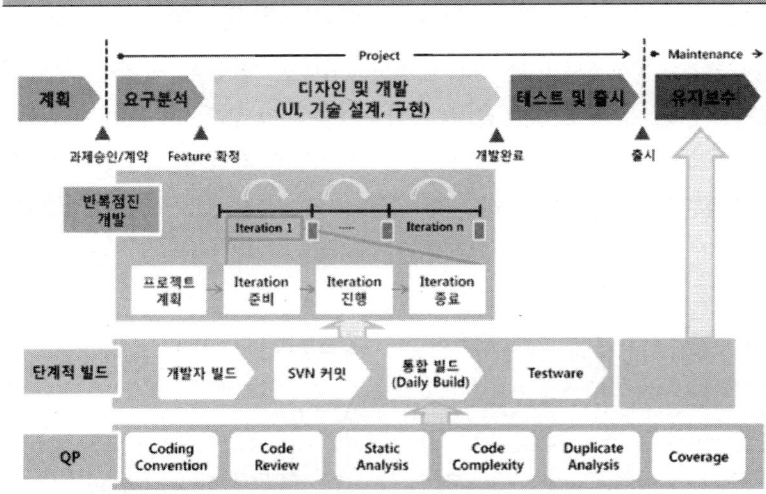	프로세스 유연성 반복공정 단계별/일일빌드 (검증, 확인,자동화) 품질개선점확보, 지원

2) 생명주기별 가시화 구성요소

구분	세부 적용 단계	가시화 지원 내용
요구사항	요구사항 변경관리	고객요구사항 변경관리, 변경에 따른 설계 / 구현 / 검증 / 테스트 이슈 Tracking, 검증지원 (***Redmine, Jira, Mantis***등)
일정관리	개발수명주기	- 개발공정의 가시성, 개발단계의 짧은 반복공정지원 (***Continous Integration***도구, 젠킨스 / 허드슨, ***Ant***, ***SVN+JIRA*** 등)
	개발진척도관리	- 프로그램 코드량, 빌드횟수, 결함율, 요구사항 ***Match***율 (정적 도구, ***PMD, Code Inspection Tools, Code Understand*** 등)
품질관리	품질제어기술	- 결함율, 재사용율, 복잡도등의 지표운영, 자동측정 ***(Defect / FP, Loc***측정, ***Code*** 중복율, 회전복잡도 등)
	품질관리기술	- 요구수준의 품질척도 정의, 운영, 확보지원, 개선점 식별 (***Refactoring*** 우선순위, ***SW*** 설계 ***Metric, Asset***비율 등)
유지보수성	재사용성	- ***SW***가변부, 공통부 식별체계 지원, 설계 / 아키텍쳐지원 (***SW Reverse / Forward Engineering***기술, ***Code***기반 역공학 등)
	CoreAsset	- "요구사항 ~ 코드 ~ 테스트 ***Stub***"의 *Asset*화 지원 (요구사항 추적 ***Matrix, Feature***기반 테스트, ***TDD Asset*** 등)

SW의 비가시성이라는 특성으로 구체적 모습, 결과물에 대한 확인이 개발도중에 확인이 어렵기 때문에 반복공정, 기숙적인 통합개발과 리펙토링을 통한 개선을 해야 한다. 그리고 다양하게 변화하는 고객요구사항에 따른 정해진 프로세스만으로 품질 확보가 불가하므로 유연한 프로세스 대응력이 필요하고 문서 위주에서 자동화 도구 활용을 통해 기업의 프로세스 내재화를 해야 한다. 중소 SW기업 입장의 품질관리 대응책이 요구되므로 공개 SW 기반의 Tool-Chain을 구성하여 전체 SW수명주기상의 반복적인 공정과 프로세스 유연성을 지원하는 공학기술, 즉 SW가시화 (SW Visualization)가 필요하다.

지금까지 SW가시화 패러다임에 대한 구성요소로부터 기대효과까지 살펴보았으며, 다음 3장부터는 SW가시화를 위한 툴체인(Tool-chain)구성 방법, 도구사용법, 그리고 다양한 품질 지표를 기준으로 활용 사례를 살펴보도록 한다.

Chapter 03

SW Visualization의 첫 걸음(도구 설치)

3.1 SW Visualization 도구의 개요

좋은 SW를 위한 많은 방안이 존재하지만 여전히 벤처/중소 기업의 SW품질관리는 어렵다. 이것은 SW개발 과정 전반에 대한 관리와 SW개발 프로세스의 도입이 필요하기 때문이다. 성공적인 SW개발에는 SW 자체, 즉 소스 코드와 SW개발 프로세스에 대한 관리가 필요하다. 이러한 방안으로 SW가시화를 위해 공개 소프트웨어 기반으로 구축하고 확장이 가능한 툴-체인을 구성하였다.

SW가시화를 위해 사용하는 공개 소프트웨어는 Source Navigator, SQLite, Graphviz이다. 본 장에서는 3가지 도구에 대한 사용법을 설명한다.

3.2 Source Navigator

레드헷 소스 네비게이터(Source Navigator)는 크고 복잡한 소프트웨어를 이해하고 리엔지니어링 할 수 있도록 그래픽 프레임 워크를 제공하는 강력한 코드 분석 및 컴파일 도구이다. 소스 네비게이터 파서는 소스 코드를 스캔하고 기존 C, C ++, Java, Tcl, [incr tcl], FORTRAN, COBOL 및 어셈블리 프로그램에서 정보를 추출하고, 이 정보를 사용하여 프로젝트 데이터베이스를 작성한다. 데이터베이스는 내부 프로그램 구조, 함수 선언의 위치, 클래스 선언의 내용 및 프로그램 구성 요소 간의 관계를 나타낸다.

3.2.1 기본 SN 사용법

1. 소스 네비게이터 설치

http://sourcenav.sourceforge.net/에 접속하여 제일 하단 link 메뉴에 보면 소스 네비게이터를 다운로드 할 수 있는 링크가 있다. 4.4, 4.5 버전 중에 다운로드를 받아 설치하면 되고 본 교재에서는 4.5 버전으로 설명을 한다. 다운로든 받은 파일을 압축 해제한 폴더를 보면 SN-NG4.4\bin 폴더에 snavigator.exe 파일로 프로그램을 실행한다.

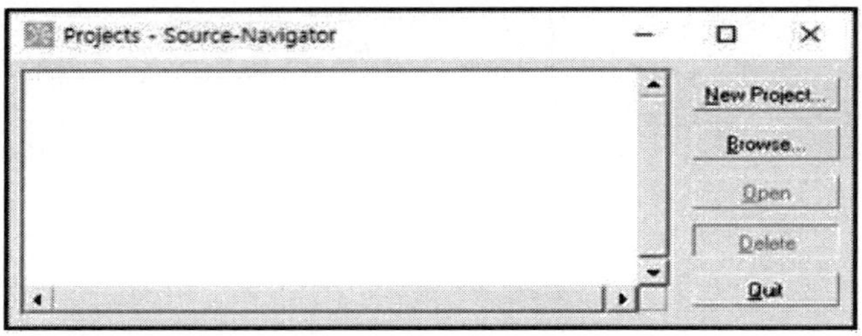

[그림 1] 소스 네비게이터 첫 화면

2. 소스 네비게이터 사용법

소스 네비게이터는 New Project, Browse..., Open, Quit 4개의 버튼을 통해 모든 것을 할 수 있는 간단한 프로그램이다. 아래 그림 2의 소스 네비게이터 실행 순서를 참고하여 1) [New Project] 버튼을 클릭하여 새로운 프로젝트를 생성한다. 프로젝트를 생성할 때 주의해야 할 점은 **한글명 프로젝트와 소스의 위치에 한글 폴터는 피해야 한다**. 소스 네비게이터가 한글명 프로젝트를 인식하지 못해 구문분석을 할 수 없다. 그리고 소스를 추가할 때에도 한글폴더를 포함하면 안 된다.

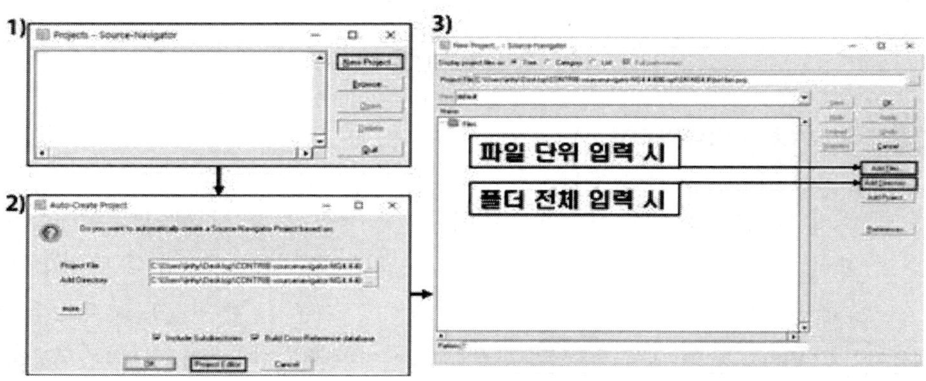

[그림 2] 소스 네비게이터 실행 순서

그림 2의 2)Auto-Create Project 화면이 나오면 Project File, Add Directory 두 개에 대해 선택을 해야 하는데, Project File은 생성하려는 프로젝트의 위치를 설정해 주는 역할을 하고, Add Directory는 분석하려는 소스의 위치를 설정해 주는 역할을 한다. Project File과 Add Directory를 설정한 후 [OK] 버튼을 클릭하면 소스 분석을 시작한다. 소스 분석을 시작하는 다른 방법은 그림 2의 3)화면과 같다. 그림 2의 2)에서 [Project Editor]를 선택하면 그림 2의 3)과 같은 화면을 볼 수 있다. [Add File]은 파일 단위로 소스를 선택하여 입력하는 방식이고, [Add Directory...]은 폴더 단위로 소스를 선택하여 입력하는 방식이다.

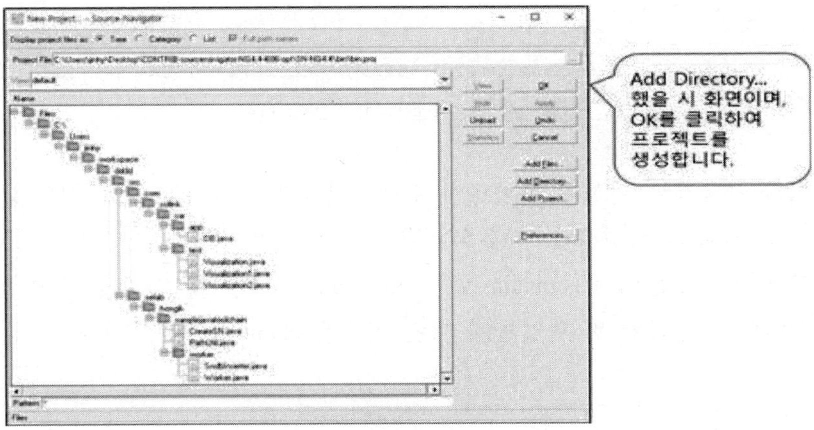

[그림 3] Project Editor를 통한 프로젝트 생성

그림 3은 소스 네비게이터에서 [Project Editor]를 통해 프로젝트를 생성하고 분석하려는 소스를 추가하는 화면이다. [Add Directory]를 해서 소스를 추가하면 폴터별로 갖고 있는 소스를 보여준다.

그림 4는 소스 네이게이터가 File, Class, Method, Variable 등 분석한 정보를 보여주는 화면으로써 4가지 아이콘에 따라 확인할 수 있다.

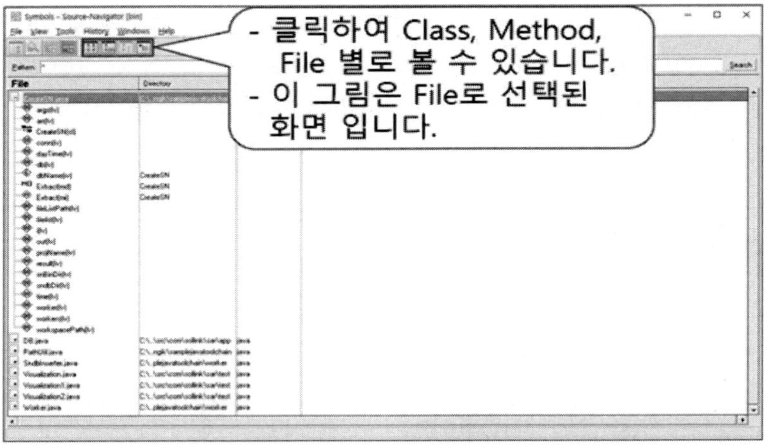

[그림 4] 소스 네비게이터 파일 분석

소스 분석과 프로젝트 생성이 올바르게 수행되었다면 그림 4와 같은 화면을 볼 수 있다. 프로젝트가 정확히 생성되면 그림 5와 같이 프로젝트에 대한 폴더가 생성되고, 폴더 안에 확장자 1, by, cl, f, fil, icl, in, iu, iv, lv, md, mi, to로 구성된 파일을 확인할 수 있다. 소스 네비게이터가 생성한 위 파일들에 대한 설명은 dbdump 부분에서 자세히 설명한다.

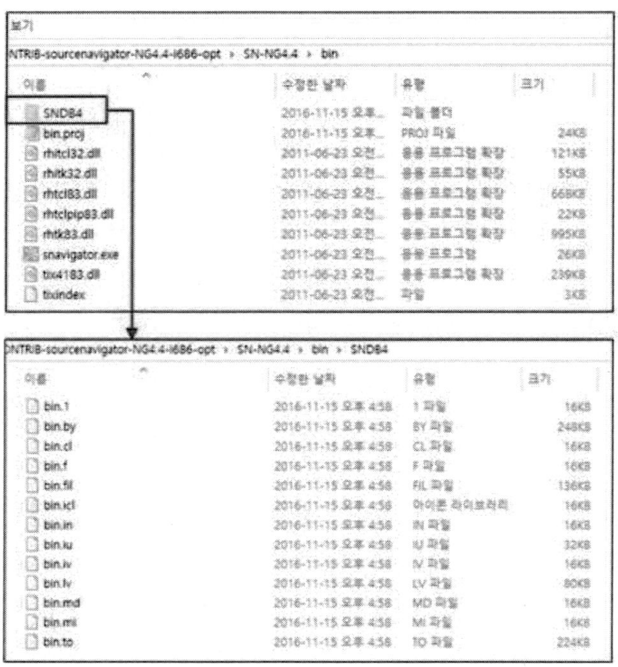

[그림 5] 프로젝트 폴더 내용

3.2.2 커맨드 라인 사용법

소스네비게이터 사용은 GUI를 통해 가능하지만 가시화를 위해 전체 도구들을 툴체인화 하여 자동으로 실행되도록 하려면 커맨드 라인 사용법을 알아야 한다.

다음은 커맨드 라인을 통해 소스네비게이터를 실행하는데 필요한 기본 정보이다.

(1) 소스네비게이터 실행 파일 경로

소스네비게이터가 설치된 경로를 찾으면 되는데, 저자는 C:\DEV\SN\bin\snavigator.exe에 실행파일이 위치한다.

(2) 가시화에 사용할 타겟 소스 위치(경로)

분석하여 가시화할 소스코드의 위치를 지정하는데 파일 단위로도 가능하고 폴더(디렉터리) 단위로도 분석이 가능하다.

예 C:\DEV\Project\src\targetSourceFile.java (파일)

예 C:\DEV\Project\src (디렉터리)

(3) SNDB가 저장될 경로

소스네비게이터로 분석한 내용이 파일로 저장되는데 원하는 위치를 지정한다.

예 C:\DEV\Project\SNDB

(4) 생성할 프로젝트 이름

(3)의 SNDB가 저장될 때 필요한 프로젝트 이름을 지정 **예** SWVProject

(1)~(4)의 정보를 이용해 커맨드 라인을 생성하면 아래에 있는 순서대로 각 번호에서 작성한 내용을 위치시키면 된다.

(1)\ -b –import (2)\ --databasedir (3)\ -project (4)\

```
C:\DEV\SN\bin\snavigator.exe -b -import C:\DEV\Project\src -databasedir
C:\DEV\Project\SNDB -project SWVProject
```

3.2.3 dbdump 사용법

dbdump는 소스네비게이터로 분석한 내용이 파일로 저장되는데 파일을 열어보면 [그림 6]과 같다. 이것을 보는 순간! 제가 처음에 그랬듯 여러분은 이걸 어떻게 분석해야 하나 고민에 빠지게 된다. 고민은 NO! 우리에게 dbdump.exe라는 구세주가 있다.

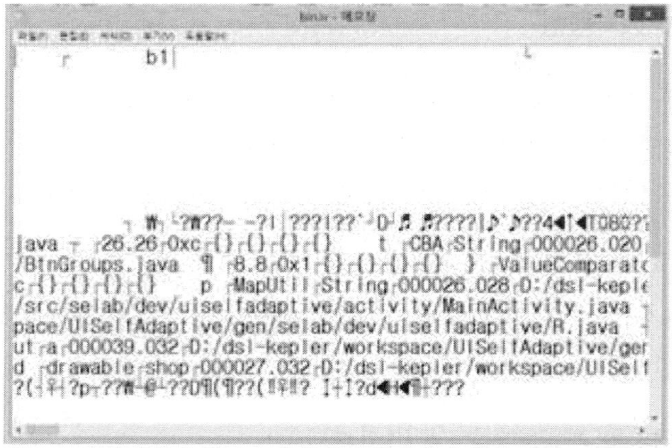

[그림 6] 소스네비게이터 출력 파일 중 iv 관련 내용

dbdump를 잘 활용해서 파일 내용을 데이터베이스에 저장하여 그 내용을 분석해야 한다. dbdump 실행파일은 소스네비게이터가 설치된 bin 디렉토리에 있고, 전체 경로명을 적어보면 C:\DEV\SN\bin\dbdump.exe 이다. 그리고 SNDB가 생성되어 있는 디렉토리 경로 C:\DEV\Project\SNDB를 알아야 한다.

▸ dbdump 사용 예:
C:\DEV\SN\bin\dbdump.exe C:\DEV\Project\SNDB

여기서 소스네비게이터를 통해 생성된 SNDB (Source Navigator Database)파일을 dbdump가 분석을 해 주는데 우리가 알아야 할 것이 있다. C/C++과 Java 언어를 위해 제공되는 파일형태는 cl(class, struct), con(#define, const, static final), e(Enum), ec(Enum value), fd(Function declaration), fr(Friend), fu(Function), gv(Global variable), iv(Instance variable), lv(Local variable), ma(Macro), md(Method declaration), mi(Method implementation), t(Typedef), un(Unio)이 있다.

위에서 언급했듯이 이 파일들을 가져다 임의로 내용을 뽑아내는 것은 [그림 6]의 형태로 되어있어 어려움이 있다. 그래서 우리는 dbdump라는 프로그램을 통해 각 파일의 내용을 일괄적으로 파싱하여 데이터베이스에 저장하는 방법을 사용한다.

표 1. 지원하는 언어별 소스네비게이터 분석파일 형식

Type Abbrev	C/C++ and Java	FORTRAN	COBOL	Tcl	[incr Tcl]	PowerPC assembly
cl	Class, Struct	Structure	Structure\	Namespace	Class	
com		Common Block				
cov		Common variable				
con	#define1 const2 static final3	Constant				Const
e	Enum					
ec	Enum value					
fd	Function declaration					
fr	Friend					
fu	Function	Function, Label	Function, Label	Procedure	Procedure	Function
gv	Global variable		Global variable	Global variable	Global variable	Global variable
iv	Instance variable	Instance variable4	Instance variable 5	Namespace variable	Instance variable	
lv	Local variable			Local variable	Local variable	
ma	Macro					Macro
md	Method declaration					
mi	Method implementation			Namespace procedure	Method implementation	
su		Subroutine				
t	Typedef					
un	Union					

dbdump를 실행하여 데이터베이스에 각 파일의 내용을 저장하려면 1) 데이터베이스 테이블 생성, 2) 데이터베이스 테이블에 각 파일의 내용 저장 단계가 필요하다. 예를 들어 md 확장자 파일은 메서드 선언만 수집된 파일인데 이 파일의 모든 내용을 저장하려면 파일 내부구조, 즉 데이터베이스 테이블 구조를 알아야 한다. 표 2는 각 파일에 대한 데이터베이스 테이블 구조이다.

md에 대한 테이블 구조를 살펴보면 다음과 같다.

class?name?start_position?filename;end_position?attributes?{ret_type}?{arg_types}?\ {arg_names}?{comment}

예시

CMainFrame DockControlBarLeftOf 000043.006 D:/Reversing/Sample/Simultation6/Simultation/MainFrm.h;43.26 0x1 {void} {CToolBar *, CToolBar *} {pBar,pLeftOf} {}

class = 클래스명, name = 메서드명, start_position = 시작 라인 번호, filename = 파일명, end_position = 끝 라인 번호, attributes = 속성타입, ret_type = 반환타입, arg_types = 매개변수 타입, arg_name = 매개변수 이름, comment = 주석

표 2. 데이터베이스 테이블 구조

File Suffix	Table Type	Table Description	Record Format
0	hash	Ignored words	word;#
1	hash	Default view	filename;#
2	hash	Second view	filename;#
by	btree	Referred by	ref-class?ref-symbol-name?ref-type?class?symbol?type?access?position?filename;\ {caller_argument_types}?{ref_argument_types}
cl	btree	Classes	name?start_position?filename;end_position?attributes?{}?{class template}?{}?{comment}
com	btree	Common blocks	name?start_position?filename;end_position?attributes?{}?{}?{}?{comment}
con	btree	Constants	name?start_position?filename;end_position?attributes?{dec_type}?{}?{}?{comment}
cov	btree	Common value	common-block?name?start_position?filename;end_position?attributes?{}?{}?{}?{comment}
e	btree	Enumerations	name?start_position?filename;end_position?attributes?{}?{}?{}?{comment}
ec	btree	Enum-constants	name?start_position?filename;end_position?attributes?{}?{}?{}?{comment}
f	btree	Project files	name;group?parsing-time?highlight-file
fd	btree	Function	name?start_position?filename;end_position?attributes?{ret_type}?{arg_types}?{arg_names}?\ {comment}
fil	btree	Symbols of files	filename?start_position?class?identifier?type;end_position?high_start_pos?high_end_pos?\ arg_types
fr	btree	Friends	name?start_position?filename;end_position?attributes?{ret_type}?{arg_types}?{arg_names} ?\ {comment}
fu	btree	Functions	name?start_position?filename;end_position?attributes?{ret_type}?{arg_types}?{arg_names}?\ {comment}
gv	btree	Variables	name?position?filename;attributes?{type}?{template?parameter}?{comment}

in	btree	Inheritances	class?base-class?start_position?filename;end_position?attributes?{}?{class template}?\ {inheritance?template}?{comment}
iu	btree	Include	included_file?start_position?include_from_file;0.0?0x0?{}?{}?{}?{}
iv	btree	Instance variables	class?variable-name?start_position?filename;end_position?attributes?{type}?{}?{}?{comment}
lv	btree	Local variables	function?variable-name?start_position?filename;end_position?attributes?{}?{type}?{}?\ {comment}
ma	btree	Macros	name?start_position?filename;end_position?attributes?{}?{}?{}?{comment}
md	btree	Method definitions	class?name?start_position?filename;end_position?attributes?{ret_type}?{arg_types}?\ {arg_names}?{comment}
mi	btree	Method implementations	class?name?start_position?filename;end_position?attributes?{ret_type}?{arg_types}?\ {arg_names}?{comment}
rem	btree	Remarks	filename?position?class?method_or_function;comment
su	btree	Subroutines	name?position?filename;attributes?{}?{}?{comment}
t	btree	Typedefs	name?position?filename;attributes?{original}?{}?{comment}
to	btree	Refers to	class?symbol-name?type?ref-class?ref-symbol?ref-type?access?position?filename;\ {caller_argument_types}?{ref_argument_types}
un	btree	Unions	name?position?filename;attributes?{}?{}?{comment}

그러면 각 파일 형태에 대해 저장되어 있는 내용을 하나씩 살펴보자.

1) .by (Reffered by)

형식

ref-class?ref-symbol-name?ref-type?class?symbol?type?access?position?

filename;\{caller_argument_types}?{ref_argument_types}

예 CWinApp OnIdle ud CSimultationApp OnIdle mi r 000158 D:/Reversing/Sample/ Simultation6/ Simultation/Simultation.cpp;{LONG} {LONG}

access	의미
r	Read
w	Written
p	Passed
u	Unused

keyword	의미
#	Not exist
ref-type	ec, ml, f. fl, ...
type	ec, ml, f, fl, ...
?	space

2) .cl (Classes)

형식

name?start_position?filename;end_position?attributes?{}?{class template}?{}?{comment}

예 BOX_OBJECT 000024.002
D:/Reversing/Sample/Simultation6/Simultation/SimultationView.h;24.12 0x10000 {} {} {} {}

attributes	의미	attributes	의미	attributes	의미
0x000001	Private	0x000100	Volatile	0x001000	Virtual
0x000002	Protected	0x000200	Transient	0x002000	Inline
0x000004	Public	0x000400	Interface	0x004000	Constructor
0x000008	Static	0x000800	Implements	0x004000	Destructor
0x000010	Abstract			0x008000	Purevirtual
0x000020	Final			0x010000	Struct_Def
0x000040	Native			0x020000	Override
0x000080	Synchronized			0x040000	Overloaded

3) .con (Constants)

형식

name?start_position?filename;end_position?attributes?{dec_type}?{}?{}?{comment}

예 BLACK 000019.021 D:/Reversing/Sample/Simultation6/Simultation/util.h;19.26 0x0
{const D3DXCOLOR} {} {} {}

const D3DMATERIAL9 YELLOW_MTRL = InitMtrl(YELLOW, YELLOW, YELLOW, BLACK, 2.0f);과 같이 '='이 들어간 형식은 SN가 const로 저장을 하지만 const D3DXCOLOR MAGENTA(D3DCOLOR_XRGB(255, 0, 255));와 같은 형식은 읽지 못한다.

4) .e (Enumerations)

형식

name?start_position?filename;end_position?attributes?{}?{}?{}?{comment}

예 CameraType 000021.006
D:/Reversing/Sample/Simultation6/Simultation/camera.h;21.16 0x0 {} {} {} {}

5) .ec (Enum-Constants)

형식

name?start_position?filename;end_position?attributes?{}?{}?{}?{comment}

AIRCRAFT 000021.031 D:/Reversing/Sample/Simultation6/Simultation/camera.h;21.39 0x0 {CameraType} {} {} {}

6) .f (Project files)

형식

name;group?parsing-time?highlight-file

D:/Reversing/Sample/Simultation6/Simultation/BoxCreateDlg.cpp;c++ 1274191470

7) .fd (Function)

형식

name?start_position?filename;end_position?attributes?{ret_type}?{arg_types}?{arg_names}?{comment}

예 InitDirectionalLight 000031.010 D:/Reversing/Sample/Simultation6/Simultation/til.h;31.30 0x0 {D3DLIGHT9} {D3DXVECTOR3 *,D3DXCOLOR *} {direction,color} {}

8) .fr (Friends)

형식

name?start_position?filename;end_position?attributes?{ret_type}?{arg_types}?{arg_names}?{comment}

예 CXml CXsl 000057.015 D:/Reversing/Sample/Simultation6/Simultation/CXml/Xml.h;57.19 0x7 {} {} {} {}

9) .fu (Functions)

형식

name?start_position?filename;end_position?attributes?{ret_type}?{arg_types}?{arg_names}?{comment}

InitDirectionalLight 000006.010 D:/Reversing/Sample/Simultation6/Simultation/util.cpp;6.30 0x0 {D3DLIGHT9} {D3DXVECTOR3 *,D3DXCOLOR *} {direction,color} {}

10) .gv (Global Variable)

형식

name?position?filename;attributes?{type}?{template?parameter}?{comment}

예 m_space 000010.020 D:/Reversing/Sample/Simulation6/Simulation/Ground.cpp;10.27 0x0 {dSpaceID} {} {} {}

11) in (Inheritances)

형식

class?base-class?start_position?filename;end_position?attributes?{}?{class template}?{inheritance?template}?{comment}

예 CAboutDlg CDialog 000117.025 D:/Reversing/Sample/Simulation6/Simulation/Simulation.cpp;118.0 0x4 {} {} {} {}

attributes	의미
0x1	private
0x2	protected
0x4	public

12) .iu (Include)

형식

included_file?start_position?include_from_file;0.0?0x0?{}?{}?{}?{}

예 D:/Reversing/Sample/Simulation6/Simulation/BoxCreateDlg.h 000006.010

13) .iv (Instance variable)

형식

class?variable-name?start_position?filename;end_position?attributes?{type}?{}?{}?{comment}

예 CXsl m_pStyleSheet 000028.032 D:/Reversing/Sample/Simulation6/Simulation/CXml/Xsl.h;28.45 0x2 {MSXML2::IXMLDOMDocument2Ptr} {} {} {}

attributes	의미
0x1	private
0x2	protected
0x4	public

14) .ma (Macros)

형식

name?start_position?filename;end_position?attributes?{}?{}?{}?{comment}

예 ACTION_MODE 000115.008 D:/Reversing/Sample/Simultation6/Simultation/stdafx.h;115.19 0x0 {} {} {} {}

15) .md (Method definitions)

형식

class?name?start_position?filename;end_position?attributes?{ret_type}?{arg_types}?{arg_names}?{comment}

CMainFrame DockControlBarLeftOf 000043.006 D:/Reversing/Sample/Simultation6/Simultation/MainFrm.h;43.26 0x1 {void} {CToolBar *,CToolBar *} {pBar,pLeftOf} {}

16) .mi (Method Implementation)

형식

class?name?start_position?filename;end_position?attributes?{ret_type}?{arg_types}?{arg_names}?{comment}

CMainFrame DockControlBarLeftOf 000043.006 D:/Reversing/Sample/Simultation6/Simultation/MainFrm.h;43.26 0x1 {void} {CToolBar *,CToolBar *} {pBar,pLeftOf} {}

17) .t (Typedef)

형식

name?position?filename;attributes?{original}?{}?{comment}

예 dContact 000097.002 D:/Reversing/Sample/Simultation6/Simultation/include/ode/contact.h;97.10 0x0 {dContact} {} {} {}

18) .to (Refer to)

형식

class?symbol-name?type?ref-class?ref-symbol?ref-type?access?position?filename;{caller_argument_types}?{ref_argument_types}

InitDirectionalLight fu # Ambient ud w 000012 D:/Reversing/Sample/Simulation6/Simulation/util.cpp;{D3DXVECTOR3 *,D3DXCOLOR *} {}

19) .un (Union)

형식

name?position?filename;attributes?{}?{}?{comment}

test 000171.006 D:/Reversing/Sample/Simulation6/Simulation/camera.cpp;171.10 0x0 {} {} {} {}

3.2.4 Source Navigator를 통한 소스코드 구문분석

본 교재에서는 자바로 구현된 [18]QuizGame을 소스 네비게이터를 통해 구문분석을 하려고 한다. 본인들이 갖고 있는 자바 코드를 활용해서 구문분석을 시도해도 좋고, 특별히 갖고 있는 소스코드가 없다면 본 교재에서 제공하는 소스코드를 사용하면 된다.

[그림 7] Quiz-PC 실행 화면

앞 절에서 소스네비게이터를 설치했다면 소스네비게이터를 실행하여 앞에서 학습한 대로 구문분석을 시도해보자. 우선 소스 네비게이터를 실행하기 전에 구문분석된 프로젝트 관리를 원활히 할 수 있도록 필자는 소스네비게이터가 설치된 bin 디렉토리에 우리가 분석한 데이터가 저장될 수 있게 프로젝트 디렉토리를 생성하였다. 필자는 프로젝트명을 QuizPCProj(C:\DEV\SN\bin\QuizPCProj)라고 하였다.

18) https://github.com/danijelzolic1/Quiz-PC

① 소스 네비게이터 실행

▶ 실행 경로: C:\DEV\SN\bin\snavigator.exe

② ③프로젝트 생성과 타겟 소스 선택

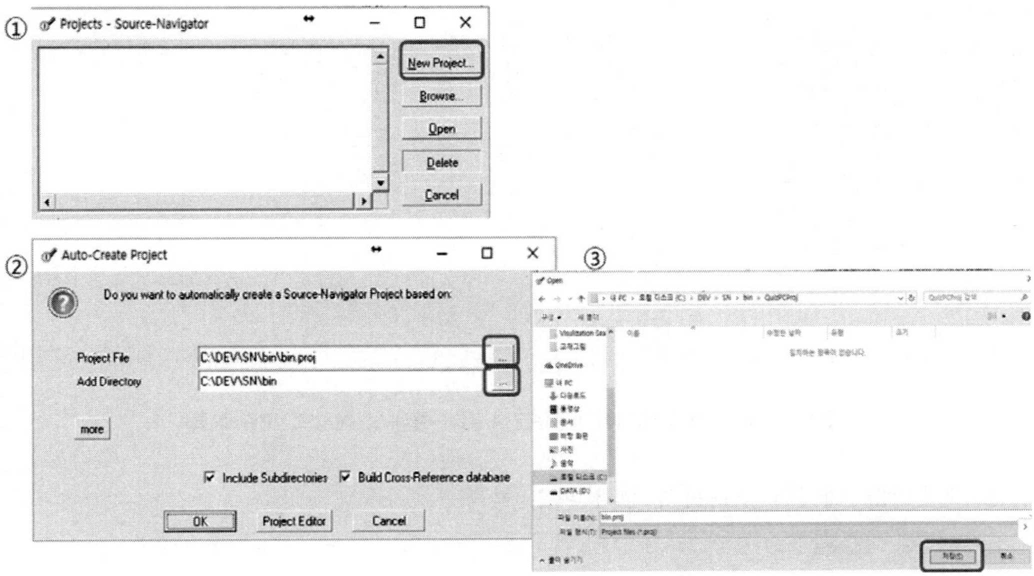

[그림 8] 소스 네비게이터(프로젝트 생성 및 타켓 소스 선택)

④ ⑤ 구문분석 준비 완료 및 시작(OK)

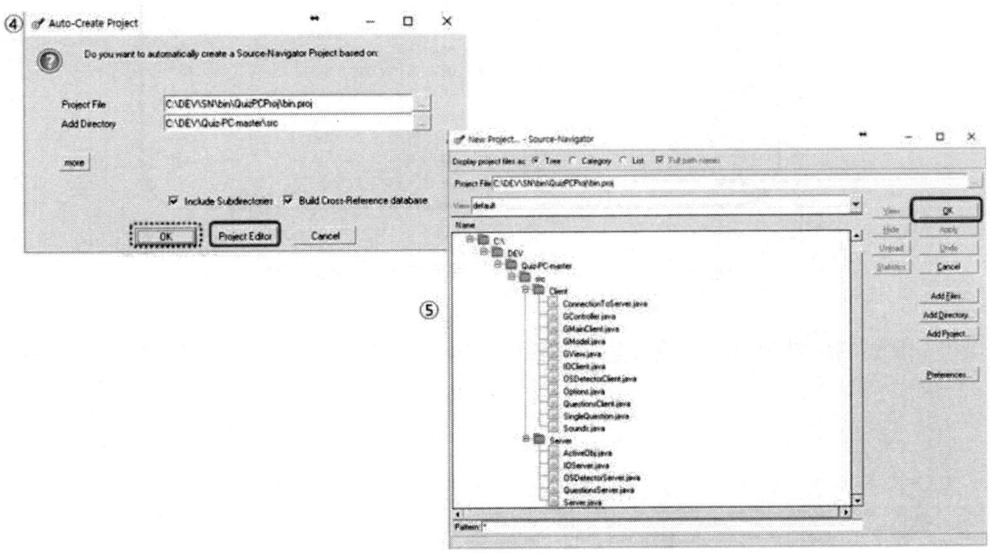

[그림 9] 소스 네비게이터(구문분석하기)

⑥ 구문분석 결과

[그림 10] 소스 네비게이터(구문분석 결과–클래스, 메서드, 파일 목록)

⑦ 소스 네비게이터 구문분석 결과 파일 목록

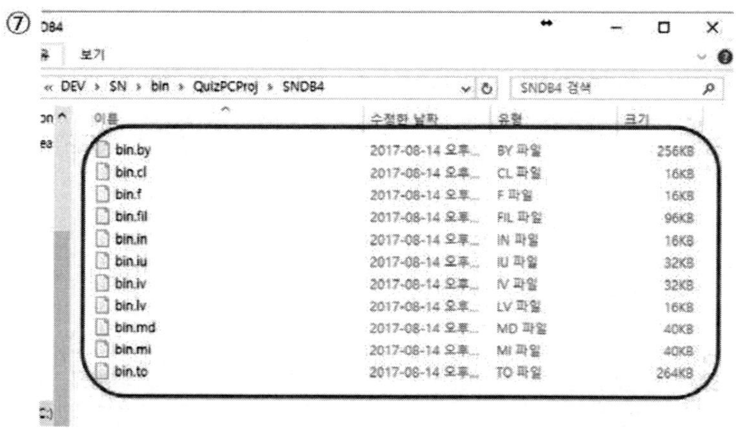

[그림 11] 소스 네비게이터(구문분석 결과 파일–SNDB)

다음 장에서는 분석한 이 내용을 바탕으로 데이터베이스화 하는 것을 실습할 것이다.

3.3 SQLite

SQLite는 다른 데이터베이스 시스템과 달리 별도의 서버 없이 데이터베이스 엔진을 구현하는 라이브러리로써 공개용이므로 자유롭게 사용할 수 있다. SQLite는 MySQL나 PostgreSQL와 같은 데이터베이스 관리 시스템이지만, 서버가 아니라 응용 프로그램에 넣어 사용하는 비교적 가벼운 데이터베이스이다. 데이터베이스 파일 형식은 크로스 플랫폼을 지원하고 일반 디스크 파일을 읽고, 쓰기를 한다. 일반적인 RDBMS에 비해 대규모 작업에는 적합하지 않지만, 중소 규모라면 속도에 손색이 없다. 또 API는 단순히 라이브러리를 호출하는 것만 있으며, 데이터를 저장하는 데 하나의 파일만을 사용하는 것이 특징이다.

3.3.1 SQLite 개발환경 설정

1) Eclipse 개발환경 설정

- JDBC 다운로드 사이트: https://bitbucket.org/xerial/sqlite-jdbc/downloads

위 웹 사이트에서 최신버전 또는 sqlite-jdbc-3.15.1.jar을 다운로드한다. 자바 개발자는 대부분 Eclipse를 사용하므로 Eclipse에서 환경 설정하는 방법을 설명한다. 이미 라이브러리를 추가하는 방법 [그림 20]을 아는 사람은 이 부분을 지나쳐도 된다.

① Eclipse의 프로젝트에 libs 폴더를 생성하고, 그 폴더에 다운로드 받은 파일을 이동 또는 복사한다.

② Eclipse에서 프로젝트 선택 후 마우스 오른쪽 클릭을 해서 서브메뉴가 나오면 Build Path을 선택하고 Configure Build Path를 선택한다.

③ Java Build Path에서 Libraries 탭에서 [Add JARs]를 클릭하여 프로젝트 내 lib 폴더에서 sqlite-jdbc-3.15.jar를 선택하고 [OK] 버튼을 클릭한다.

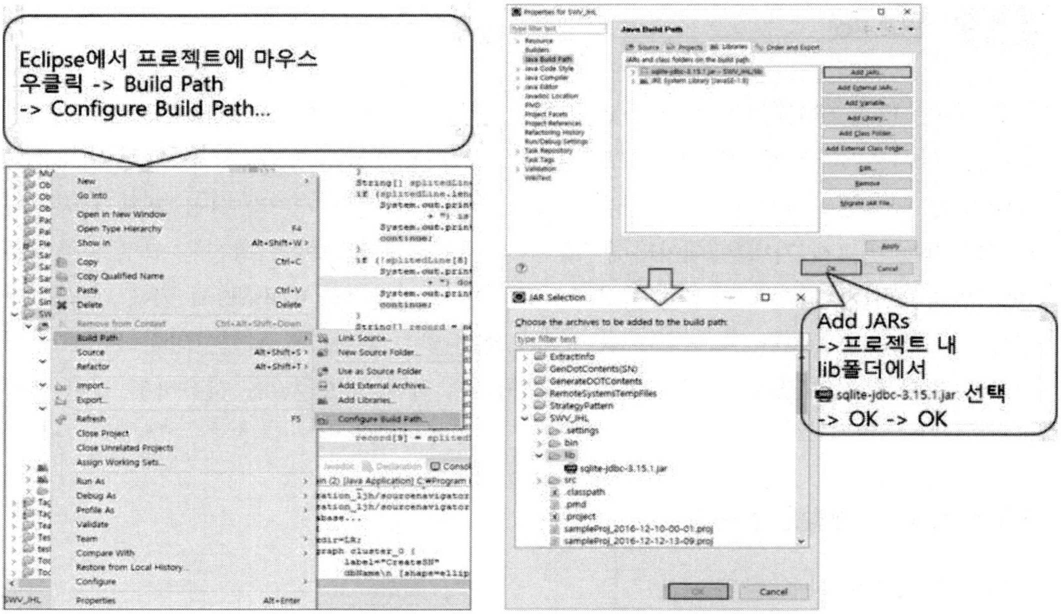

[그림 12] 이클립스에 SQLite 라이브러리 추가

2) SQLite JDBC 연동

SQLite JDBC를 자바와 연동하려면 오라클(Oracle)에서 제공하는 JDBC API를 통해 SQLite 데이터베이스를 사용해야 한다. 기본적인 자바와 데이터베이스 연동방법은 타 데이터베이스와 같다. SQLite JDBC 드라이버 로드 방법을 알면 쉽게 해결할 수 있다.

- SQLite JDBC 드라이버 로드

```
Class.forName("org.sqlite.JDBC");
```

- 데이터베이스 연결(Connection), DB파일 위치(소스코드와 같은 위치에 있는 mydb.db)

```
Connection connection = DriverManager.getConnection("jdbc:sqlite:mydb.db");
```

● 데이터베이스 연동 코드 예제

```
......
......
    // SQLite JDBC 드라이버 로드
    Class.forName("org.sqlite.JDBC");
    Connection connection = null;
    try {
      // 데이터베이스 연결 생성
      connection = DriverManager.getConnection("jdbc:sqlite:sample.db");
      Statement statement = connection.createStatement();
      statement.executeUpdate("drop table if exists person");
      statement.executeUpdate("create  table  person  (id  integer,  name
string)");
      statement.executeUpdate("insert into person values(1, 'leo')");
      ResultSet rs = statement.executeQuery("select * from person");
      while(rs.next()) {
        // 결과 읽기
        System.out.println("name = " + rs.getString("name"));
        System.out.println("id = " + rs.getInt("id"));
      }
    } catch(SQLException e)  {
      System.err.println(e.getMessage());
    }
......
......
```

3.3.2 Query(Select, Update, Insert, Delete)

SQLite는 표준 쿼리문을 준수하기 때문에 쿼리문을 사용했거나 배웠던 사람은 전혀 어려움이 없을 것으로 생각된다. 자바로 직접 쿼리문을 테스트하려면 위에 예제를 실행해서 해볼 수 있지만 단순히 쿼리문을 작성해서 실행 해보는 것이 필요하면 SQLiteBrower를 다운로드 받아 설치하는 게 편리하다. SQLiteBrower는 http://sqlitebrowser.org/에 가서 윈도우용 32bit, 64bit, Mac, Linux, 등등 원하는 운영체제용을 다운로드 받아 설치하고 실행한다.

SQLiteBrowser를 통해 데이터베이스와 테이블을 생성하고 데이터 입력, 수정, 삭제, 검색하는 쿼리문을 작성하여 실습을 해보자.

1) 새로운 데이터베이스 생성 (New Database)

아래 [그림 21]처럼 New Database 메뉴를 선택하여 원하는 데이터베이스 이름을 작성하여 생성한다. 파일이 생성되면 [그림 22]와 같이 테이블을 생성할 수 있는 UI를 볼 수 있다.

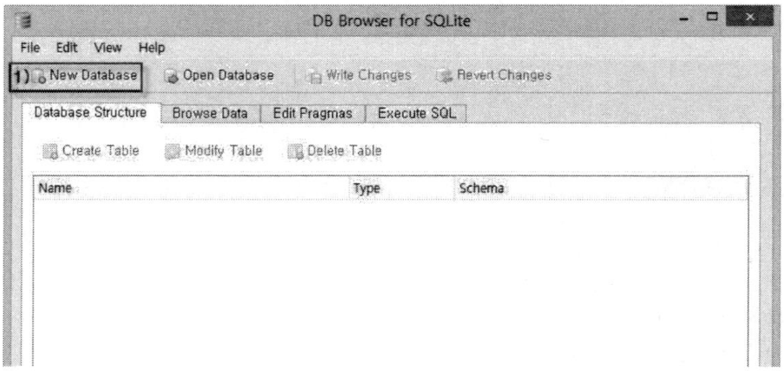

[그림 13] 데이터베이스 생성

2) 테이블 생성 (Create Table)

간단히 테스트할 테이블명은 Member로 작성하고, [Add field]를 클릭하여 필드명을 id, name, phone, address 순서로 넣어준다. 자료형은 텍스트로 하고, id에만 주키(Primary Key, PK)를 설정하고 [OK]를 선택하여 Member 테이블을 생성한다. UI를 통해 테이블을 생성하는 방법이고 쿼리문장으로 테이블을 생성하려면 다음과 같다.

<형식> create talbe 테이블명 (필드1, 필드2, 필드3, 필드4, ...);

```
CREATE TABLE Member (id TEXT NOT NULL,
                     name TEXT,
                     phone TEXT,
                     address TEXT,
                     PRIMARY KEY(id));
```

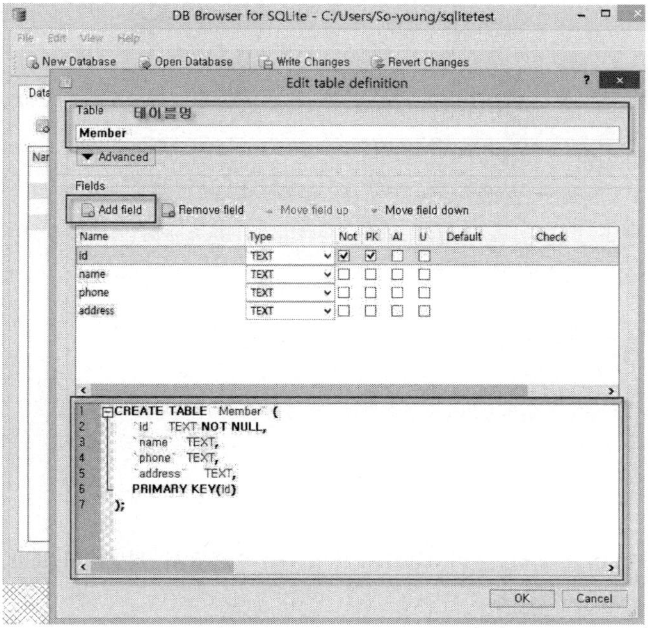

[그림 14] 데이블 생성

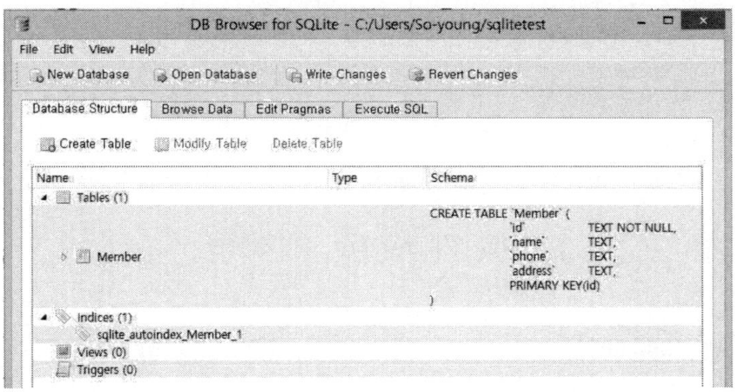

[그림 15] 데이터베이스 구조

2) 데이터 삽입 (intert문)

<형식> insert into 테이블명 values (데이터1, 데이터2, 데이터3, ...);

```
insert into Member values ('hongik', '홍익', '010-1234-5678', '세종시 조치원읍 세종로 2639');
```

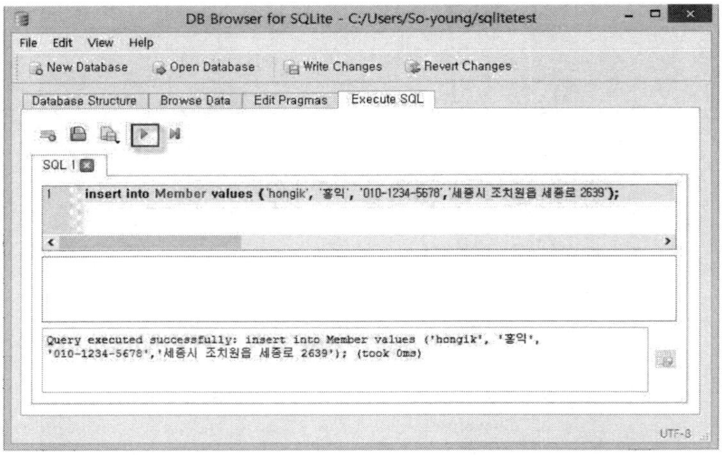

[그림 16] Insert문 수행

Insert문이 정상적으로 수행되면 데이터가 [그림 27]에서 보는 것처럼 테이블에 추가되어 있는 것을 확인할 수 있다.

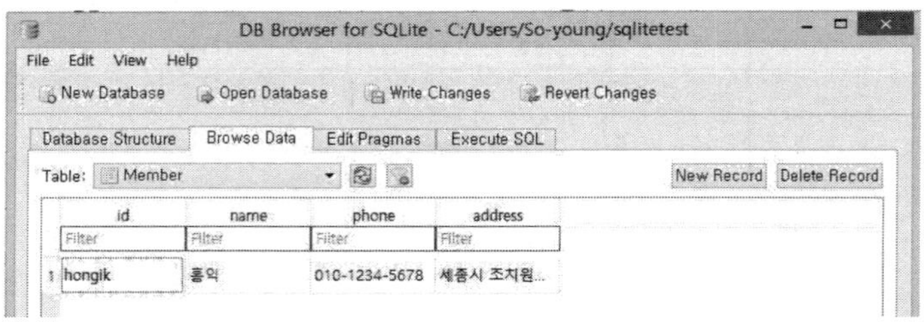

[그림 17] Member 테이블 내용

3) 데이터 수정 (update문)

<형식> update 테이블명 set 업데이트할 필드='값' where 조건절

```
update Member set phone='010-2234-5678' where id='hongik';
```

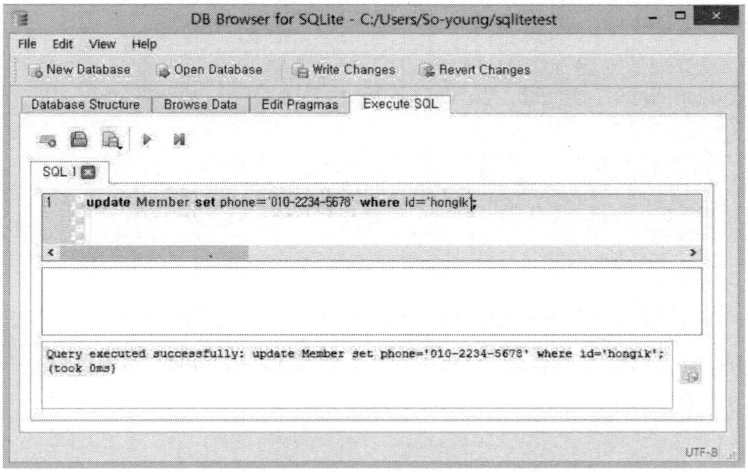

[그림 18] update문 실행

4) 데이터 삭제 (delete문)

<형식> delete from 테이블명 where 조건절

```
delete from Member where id='hongik';
```

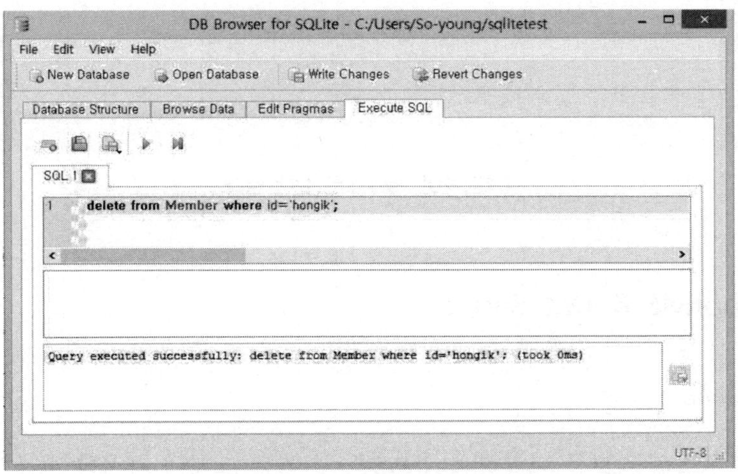

[그림 19] delete문 실행

5) 데이터 선택 (select문)

<형식> select 필드1, 필드2, 필드3, ... from 테이블명 where 조건절

① select id, name, phone, address from Member where id="hongik";

② select id, name, phone, address from Member;

select문은 테이블에서 원하는 정보를 찾고 싶을 때 사용하는데 ①은 Member 테이블에서 id가 'hongik'인 레코드만 검색해 오는 것이고, ②는 Member 테이블 있는 모든 레코드를 검색해 오는 문장이다.

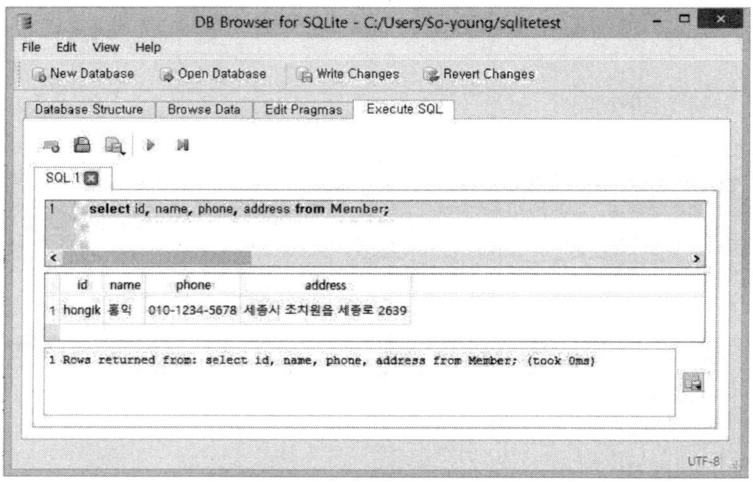

[그림 20] select문 실행 결과

3.4 Graphviz & Dot Script

3.4.1 Graphviz

Graphviz는 구조적 정보를 다양한 방법으로 표현하는 그래프 가시화 소프트웨어로써 구조적 정보를 다양한 방법으로 표현한다. Graphviz는 간단한 텍스트 언어로 작성하여 GIF, PNG, SVG, PDF, ProstScript와 같은 다양한 형식의 다이어그램을 만든다. Graphviz는 dot, neato, fdp, sfdp, twopi, circo를 제공하는데 소프트웨어 가시화에 어울리는 dot를 사용한다. dot를 제외한 다른 항목에 대한 자세한 것은 Graphviz 홈페이지에서 확인하고, http://www.graphviz.org/Download.php에서 다운로드 받아 설치한다. 다음 절에서는 dot 스크립트에 대해서 자세히 공부하도록 하자.

3.4.2 DOT Language

DOT는 일반 텍스트 그래프 설명 언어이다. DOT 언어의 기본 문법을 추상 문법을 통해 살펴보면, 아래와 같다. 터미널은 굵은 글꼴로 표시되고 비 터미널은 기울임 꼴로 표시된다. 리터럴 문자는 작은따옴표로 표시되고, 괄호()는 필요한 경우 그룹화를 나타낸다. 대괄호[]는 선택 항목을 묶는다. 세로 바 |는 대안, OR를 나타낸다.

graph : [strict] (graph | digraph) [*ID*] '{' *stmt_list* '}'
stmt_list : [*stmt* [';'] *stmt_list*]
stmt : *node_stmt*
| *edge_stmt*
| *attr_stmt*
| *ID* '=' *ID*
| *subgraph*
attr_stmt : (graph | node | edge) *attr_list*
attr_list : '[' [*a_list*] ']' [*attr_list*]
a_list : *ID* '=' *ID* [(';' | ',')] [*a_list*]
edge_stmt : (*node_id* | *subgraph*) *edgeRHS* [*attr_list*]
edgeRHS : *edgeop* (*node_id* | *subgraph*) [*edgeRHS*]
node_stmt : *node_id* [*attr_list*]
node_id : *ID* [*port*]
port : ':' *ID* [':' *compass_pt*]
| ':' *compass_pt*
subgraph : [subgraph [*ID*]] '{' *stmt_list* '}'
compass_pt : (n | ne | e | se | s | sw | w | nw | c | _)

DOT 문법도 다른 언어와 같이 키워드가 있고, 대소문자 구분이 없다. node, edge, graph, digraph, subgraph, strict가 키워드이고 이 키워드는 다른 식별자로 사용이 불가능하다.

식별자 명명 규칙은 알파벳, _, 숫자 사용가능, 단 시작은 숫자 허용 안한다. 그리고 abc_2와 "abc_2" 그리고 2.34와 "2.34"는 문법적으로 같다.

DOT 언어를 사용하여 그래프를 생성하는 방법은 1) GVEdit(Graphviz가 설치된 곳의 bin 디렉토리에 있음)를 사용하여 다이어그램을 작성해 보는 것이고, 2) 명령어를 사용하여 다이어그램을 작성해보는 것이 있다. 방법1)은 프로그램 내에서 DOT 언어로 작성한 스크립트를 실행해서 그래프가 어떠한 형태로 출력되는지 확인할 수 있고, 방법2)는 자동화를 할 때 사용할 dot 프로그램을 사용해서 생성하는 방법이다. 본 교재에서는 GVEdit에서 DOT

문법에 맞게 작성한 스크립트를 사용하여 테스트할 것이다. 그리고 명령줄을 사용하는 것은 툴체인으로 할 때 사용할 것이다.

3.4.3 명령어 인터페이스(Command line interface)

툴체인을 만들고 자동으로 소스코드 가시화를 구현할 때는 프로그램에서 명령어를 사용하여 그래프를 생성해야 한다. 그 외에 기본적으로 작성한 DOT 스크립트가 정상적으로 실행되는지 확인을 할 때 이 방법을 사용한다. 다음은 dot를 명령어를 이용하여 실행하는 방법이다.

(1) dot(Graphviz) 실행파일(경로~/dot.exe)

예 C:\Program Files (x86)\Graphviz2.24\bin\dot.exe

(2) 생성될 그래프 파일이름

예 abcDiagram

(3) 실행시킬 코드 파일(경로~/projectName.gv)

위 정보들을 이용해 커맨드 라인을 생성하면 다음과 같다.

예 C:\Users\User\Desktop

(1) -Tpng −o (2) (3)

- o : .'format '이 추가 된 입력 파일 이름을 기반으로 출력 파일 이름을 자동으로 생성(모든 파일 옵션이 무시되도록 한다.)

-Tpng : png 형태로 출력하겠다는 의미(T + 확장자명)

3.4.4 GVedit 사용법

GVedit는 Graphviz가 설치된 경로의 bin 디렉토리에 존재한다. GVEdit는 DOT 파일 생성, 보기, 편집, 처리를 할 수 있는 도구이다. 실행시키면 다음과 같은 화면이 출력된다.

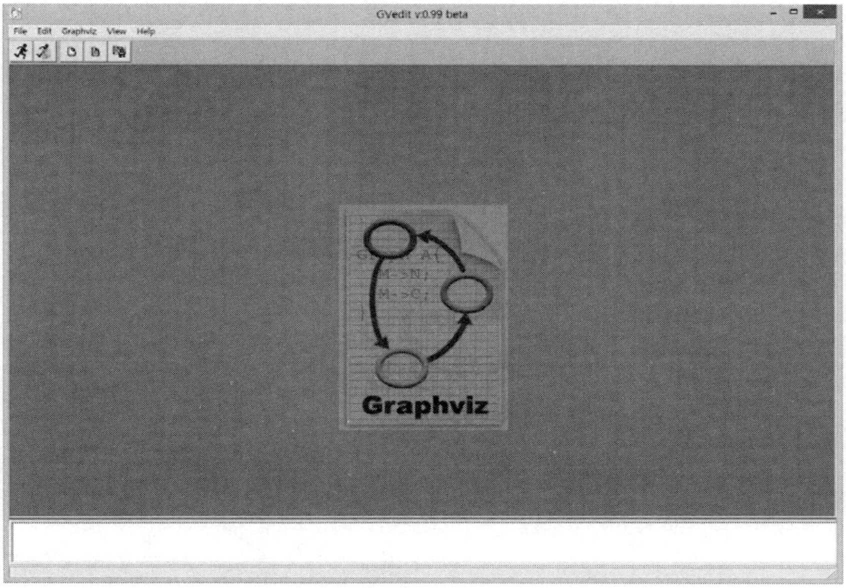

[그림 21] GVedit 첫 화면

작성을 하려면 Graphviz Layout이 필요하다. File → New 메뉴를 실행시기면 스크립트를 작성할 수 있는 레이아웃이 출력된다. 그러면 예제를 실행하여 그래프를 생성해보자.

① 메뉴에서 Graphviz → Settings를 하면 다음과 같이 Graphviz Settings 화면이 출력된다.

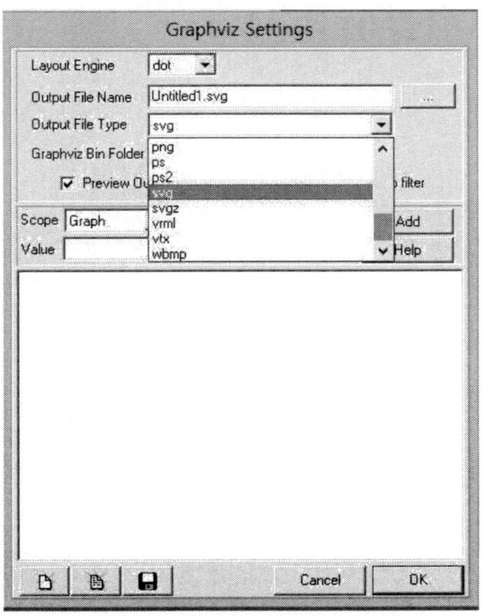

[그림 22] Graphviz Settings

<출력파일 형식>

bmp
canon
cmap
cmapx
cmapx_np
dot
emf
emfplus
eps
fig
gd
gd2
gif
gv
imap
imap_np
ismap
jpe
jpeg
jpg
metafile
pdf
pic
plain
plain-ext
png
pov
ps
ps2
svg
…

② Graphviz Layout에 왼쪽처럼 작성하고, Run 메뉴를 눌러 실행하면 ①번에서 봤던 Graphviz Settings가 출력되는데 기본으로 세팅하고 OK를 누르면, 오른쪽과 같은 그래프가 출력된다.

```
digraph G {
  main -> parse -> execute;
  main -> init;
  main -> cleanup;
  execute -> make_string;
  execute -> printf
  init -> make_string;
  main -> printf;
  execute -> compare;
}
```

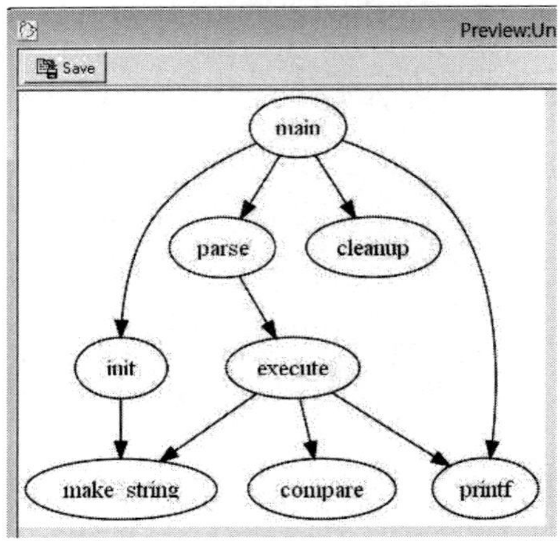

[그림 23] G에 대한 출력 결과

3.4.5 Node

- Node의 기본 형태

  `shape = ellipse, width = 7.5, height = 7.5`
  `label = "node의 이름"`

- 사용법

  `node(node 이름) [속성 ="타입",…]`

- 속성

  `shape, style, color, peripheries, …`

모양 (shape)

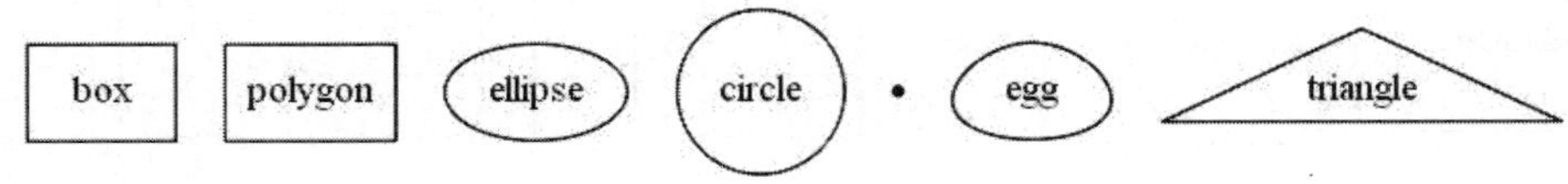


```
box [ shape=box, label="box"]
polygon [ shape=polygon, label="polygon"]
ellipse [ shape=ellipse, label="ellipse"]
circle [ shape=circle, label="circle"]
point [ shape=point, label="point"]
egg [ shape=egg, label="egg"]
triangle [ shape=triangle, label="triangle"]
```

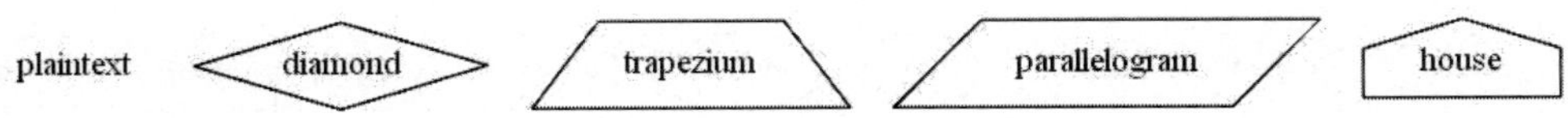


```
plaintext [ shape=plaintext, label="plaintext"]
diamond [ shape=diamond, label="diamond"]
trapezium [ shape=trapezium, label="trapezium"]
parallelogram [ shape=parallelogram, label="parallelogram"]
house [ shape=house, label="house"]
```

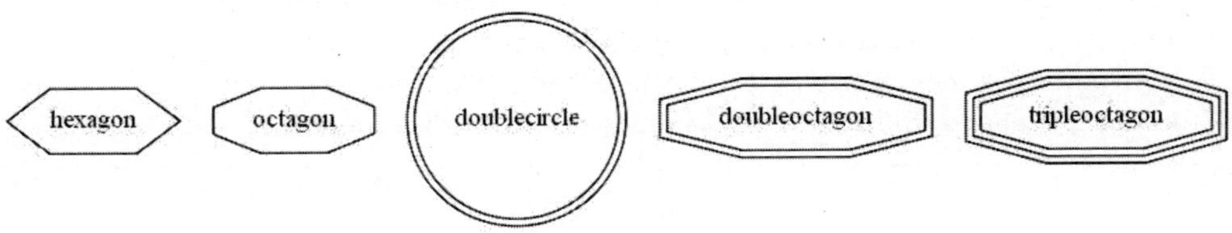


```
hexagon [ shape=hexagon, label="hexagon"]
octagon [ shape=octagon, label="octagon"]
doublecircle [ shape=doublecircle, label="doublecircle"]
doubleoctagon [ shape=doubleoctagon, label="doubleoctagon"]
tripleoctagon [ shape=tripleoctagon, label="tripleoctagon"]
```

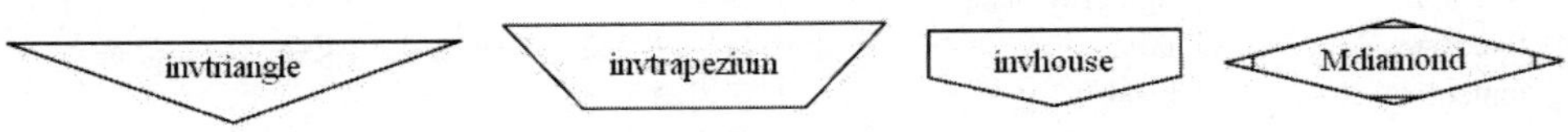


```
invtriangle [ shape=invtriangle, label="invtriangle"]
invtrapezium [ shape=invtrapezium, label="invtrapezium"]
invhouse [ shape=invhouse, label="invhouse"]
Mdiamond [ shape=Mdiamond, label="Mdiamond"]
```

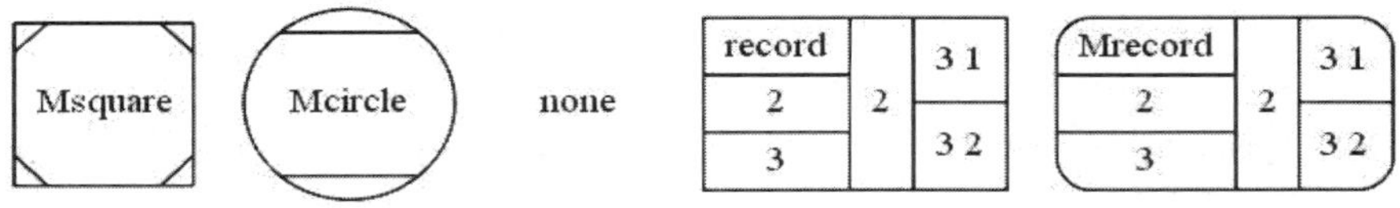


```
Msquare [ shape=Msquare, label="Msquare"]
Mcircle [ shape=Mcircle, label="Mcircle"]
none [ shape=none, label="none"]
record [ shape=record, label="{record|2|3}|2|{3 1|3 2}"]
Mrecord [ shape=Mrecord, label="{Mrecord|2|3}|2|{3 1|3 2}"]
```

스타일 (style)

```
solid [ shape=ellipse, style=solid label="solid"]
dashed [ shape=ellipse, style=dashed label="dashed"]
dotted [ shape=ellipse, style=dotted label="dotted"]
bold [ shape=ellipse, style=bold label="bold"]
rounded [ shape=ellipse, style=rounded label="rounded"]
diagonals [ shape=box, style=diagonals label="diagonals"]
filled [ shape=ellipse, style=filled label="filled"]
striped [ shape=box, style=striped label="striped"]
wedged [ shape=ellipse, style=wedged label="wedged"]
```

노드 속성 및 설명

노드 이름	기본값	설명
color	black	노드색
comment		문자
distortion	0.0	노드 왜곡
fillcolor	lightgrey/black	채우기 색
fixedsize	false	문자가 노드 사이즈에 영향을 받지 않음
fontcolor	black	글자색
fontname	Times-Roman	글자모양
fontsize	14	글자크기
group		노드의 그룹이름
height	.5	노드 높이
label	node name	문자
layer	overlay range	all, id, id:id
orientation	0.0	노드 회전 각도
peripheries	shape-dependent	노드 경계 개수
regular	false	정다각형 만들기(true/false)

shape	ellipse	노드 모양
shapefile	external	
sides	4	다각형 면의 개수(sides=4는 사각형)
skew	0.0	비스듬한 모양
style		그래픽 옵션(bold, dotted, filled, ...)
URL		노드와 관련된 URL
width	.75	노드 넓이
z	0.0	VRML로 출력될 때 z 축

3.4.6 Edge

- 사용법(모든 선 적용)
  edge[속성 = "타입",⋯]
- 사용법(하나의 edge에만 적용)
  A->B[속성 = "타입",⋯]
- 속성
  style, arrowhead, color, label, ⋯
- style 예

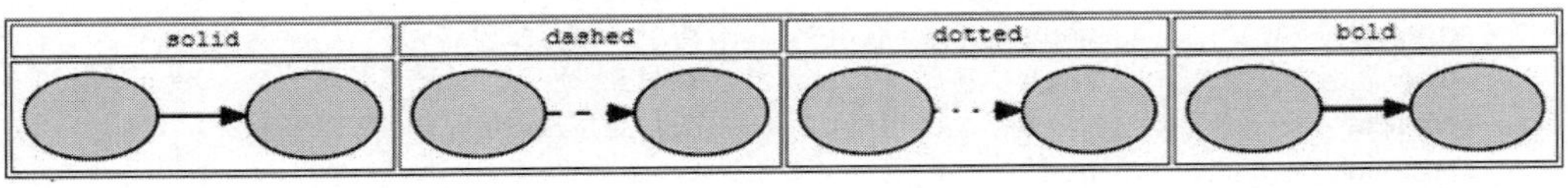

- 화살표 끝 모양 (arrowhead) 예

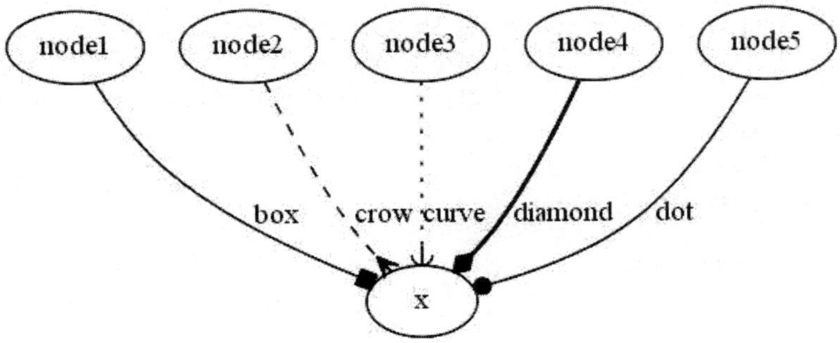


```
"node1"->"x" [arrowhead="box", label="box", style="solid"]
"node2"->"x" [arrowhead=crow, label="crow", style="dashed"]
"node3"->"x" [arrowhead=curve, label="curve", style="dotted"]
"node4"->"x" [arrowhead=diamond, label="diamond", style="bold"]
"node5"->"x" [arrowhead=dot, label="dot", style="solid"]
```

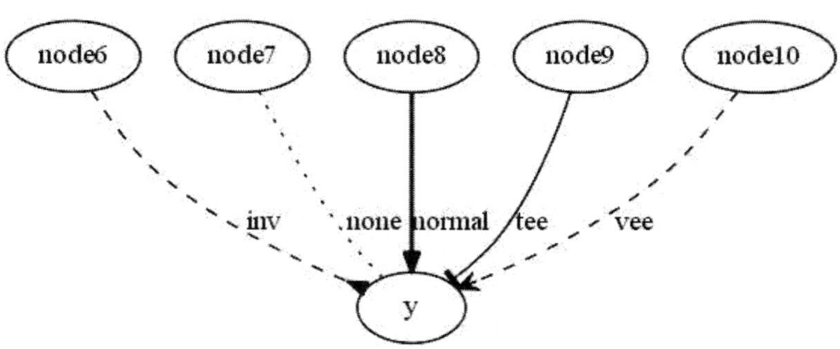


```
"node6"->"y" [arrowhead=inv, label="inv", style="dashed"]
"node7"->"y" [arrowhead=none, label="none", style="dotted"]
"node8"->"y" [arrowhead=normal, label="normal", style="bold"]
"node9"->"y" [arrowhead=tee, label="tee", style="solid"]
"node10"->"y" [arrowhead=vee, label="vee", style="dashed"]
```

- Edge 속성 및 설명

Edge 이름	기본값	설명
arrowhead	normal	화살표 시작 모양
arrowsize	1.0	화살표 크기
arrowtail	normal	화살표 끝 모양
color	black	화살표 색
comment		화살표 코멘트
constraint	true	
decorate		
dir	orward	화살표 방향(forward, back, both, or none)
fontcolor	black	화살표 글자 색상
fontname	Times-Roman	화살표 글자 모양
fontsize	14	화살표 글자 크기
headlabel	-25.0	화살표 라벨
headport	1.0	화살표가 꼭지점 위치(n, ne, e, se, s, sw, w, nw)
headURL	false	
label	black	
labelangle	Times-Roman	
labeldistance	14	
labelfloat	overlay range	
labelfontcolor		
labelfontname		
labelfontsize	1	
layer		
lhead		
ltail		
minlen		
samehead		

merged		
sametail		
onto		
style		
Section		
taillabel		
tailport		
tailURL	1	
weight		

3.4.7 Color

```
digraph G {
size ="4,4";
main [shape=box]; /* this is a comment */
main -> parse [weight=8];
parse -> execute;
main -> init [style=dotted];
main -> cleanup;
execute -> { make_string; printf}
init -> make_string;
 edge [color=red]; // so is this
 main -> printf [style=bold,label="100 times"];
 make_string [label="make a\nstring"];
 node [shape=box,style=filled,color=".7 .3 1.0"];
 execute -> compare;
}
```

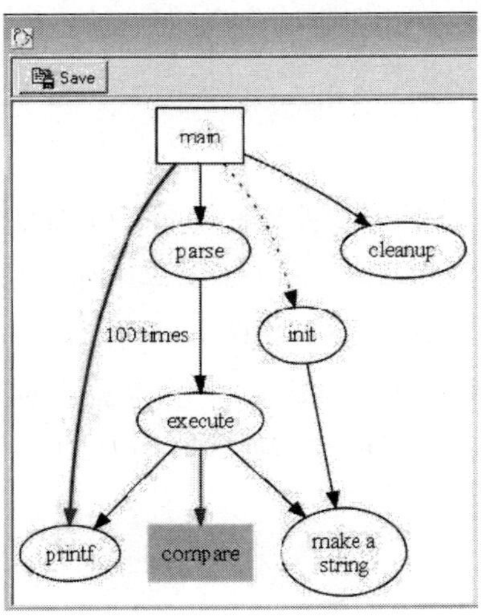

- field: 도형의 속을 색으로 채움
- color = "RGB"로도 가능하고, "Yellow" 등도 가능

3.4.8 Dot 스크립트 실습

1) 다각형

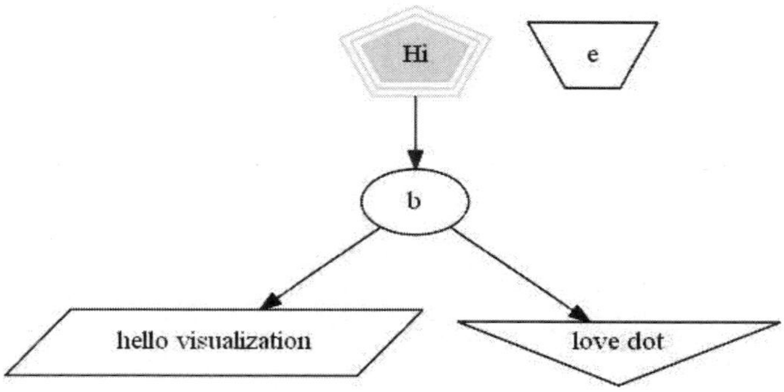

[그림 24] 다각형 활용

```
digraph G {
   a -> b -> c;
   b -> d;
   a
[shape=polygon,sides=5,peripheries=3,color=lightblue,style=filled,label
="Hi"];
   c [shape=polygon,sides=4,skew=.4,label="hello visualization"];
   d [shape=invtriangle, label="love dot"];
   e [shape=polygon,sides=4,distortion=0.7];
}
```

[그림 45]는 다각형을 이용하여 트리형태로 a, b, c, d, e의 관계를 보여준다. a에 대해 shape=polygon, sides=5, label="Hi"로 작성해서 sides가 5이므로 오각형이 그려지고 내용을 "Hi"로 하고, 색상은 밝은 파랑으로 해서 밝은 파랑의 오각형에 "Hi"가 표시되었다. 다른 노드들도 모두 작성된 속성에 따라 표현이 된 것을 확인할 수 있다. 각 속성들의 값을 변경하면서 실습을 해보면 쉽게 이해할 수 있으니 반드시 실습을 해보길 바란다.

2) 레코드 형태로 출력

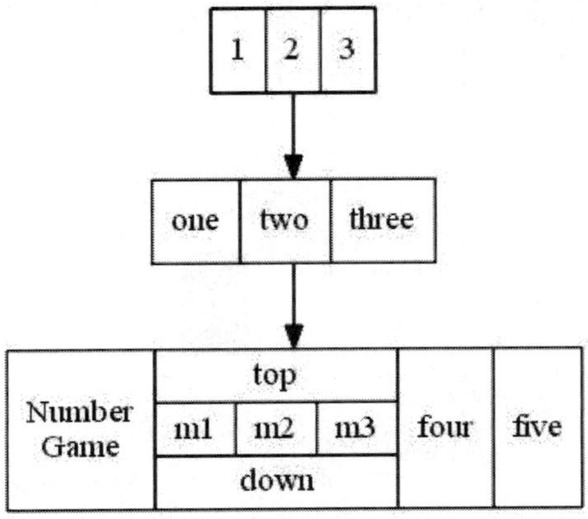

[그림 25] 레코드 활용

```
 digraph structs {
 node [shape=record];
     struct1 [shape=record,label="1| 2| 3"];
     struct2 [shape=record,label=" one| two| three"];
     struct3 [shape=record,label="Number\nGame |{ top |{m1| m2|m3}| down}|
four | five"];
     struct1 -> struct2;
     struct2 -> struct3;
}
```

[그림 46]은 레코드를 사용하여 데이터가 레코드 형태로 출력되게 한다. 하나의 레코드에서 데이터를 분리하는 것은 |를 사용하면 된다. 그리고 스크립트의 struct3를 보면, \n을 볼 수 있는데 dot 스크립트에서 여러줄을 표현하고 싶을 때 이스케이프 시퀀스(escape sequences)를 사용할 수 있다. 제공되는 이스케이프 시퀀스는 \n(중앙 정렬), \l(왼쪽 정렬), \r(오른쪽 정렬)이 있다. 이스케이프 시퀀스를 교체해가며 실습을 해보길 바란다.

3) HTML 테이블과 클러스터링

Dot 스크립트에서 HTML의 <Table> 태그를 사용할 수 있는데, 이 기능을 사용하면 결과화면처럼 테이블로 데이터를 가시화할 수 있어 편리하다. [그림 40]을 보면 "Color Show"라는 명칭으로 클러스터링된 Red, Green, Blue를 볼 수 있는데 ①은 파랑 박스로 클러스터링된 "Color Show"를 보여주는 라벨이름과 색상, 폰트크기를 각각 작성한다. ②는

Red, Green, Blue 네모박스를 표현하기 위해 "colorshow"라는 명칭으로 HTML의 테이블 태그를 사용하여 쉽게 표 형식으로 출력한다. 주의해야할 점은 ②를 작성할 때 대표명칭에 해당하는 "colorshow"를 작성하지 않으면 문법오류가 발생하므로 꼭 "colorshow"와 같은 테이블 명칭에 해당하는 대표명칭을 기술해야 한다.

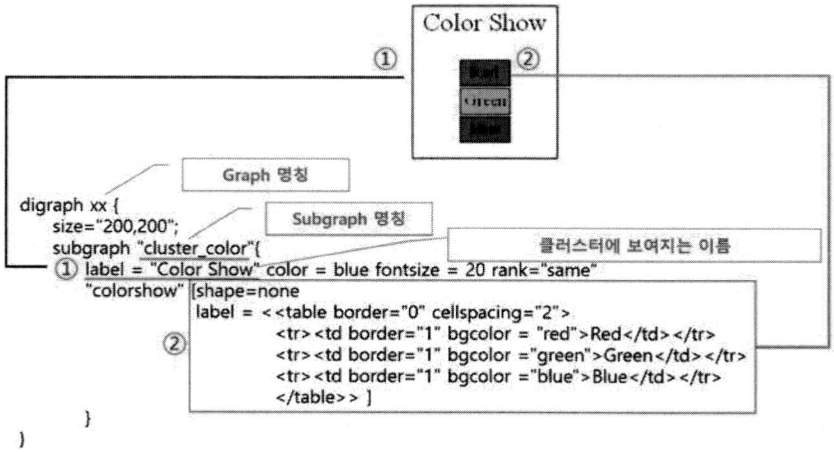

[그림 26] HTML 테이블 태그 활용 Dot 스크립트 예제

다음은 클러스터링 방법에 대해 설명하려 한다. 클러스터링은 그룹화라고 생각하면 이해가 빠를 것이다. [그림 41]은 (A)그룹과 (B)그룹을 각각 클러스터링으로 표현한 그림이다.

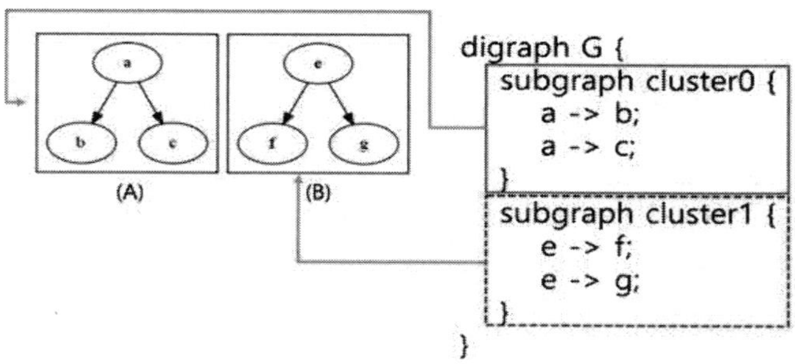

[그림 27] 클러스터링 예제ll

[그림 41]의 (A)는 cluster0이고, (B)는 cluster1이다. ->는 방향을 표시하며 각각 cluster0, cluster1이라는 명칭으로 subgraph를 작성하였다. 만약 위 예제에서 (A)의 클러스터에 <ABC>로 라벨을 표현하고 싶다면 어떻게 해야 할지 생각해보자.

이젠 [그림 41]의 예제를 활용하여 [그림42]와 같은 그래프가 생성되도록 해보자. 아래

[그림 42]를 보면 앞에서 라벨을 표시하려던 <ABC>가 삽입되어 있다. 위에서 생각해보기로 한 라벨표시는 어떤 내용을 추가하면 되는지 모두 알 것이라 생각한다. 답은 바로 cluster0이 시작되는 곳의 {label="<ABC>"를 추가해주면 깔끔하게 해결이 된다. 그러면 다른 문제를 생각해보자. [그림 42]에 보면 c가 g를 지시하고 c가 cluster1전체를 지시하는데 이 문제의 해결방법은 무엇일지 작성해보자.

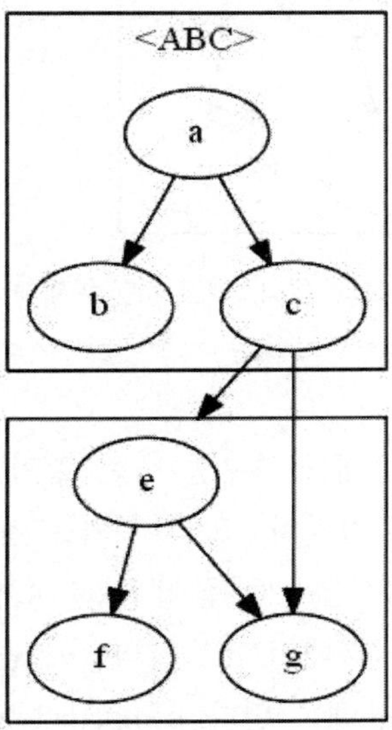

[그림 28] 클러스터링 예제 II

<스크립트 내용 작성>

기본적으로 방향 표시는 ->으로 하는데, c -> e, c -> g를 [그림 41]의 스크립트에 추가하면 가능할 것 같다. 그런데 여기서 그림을 주의깊게 살펴보면 c->e로 가는 듯한데 cluster1 전체를 지시하고 있다. 따라서 [그림 42]의 형태로 그래프가 출력되려면 아래 스크립트처럼 작성을 해야 할 것 같다.

```
digraph G {
  subgraph cluster0 {label="<ABC>"
     a -> b;
     a -> c;
  }
  subgraph cluster1 {
     e -> f;
     e -> g;
  }
  c -> g;
  c -> e [lhead=cluster1];
}
```

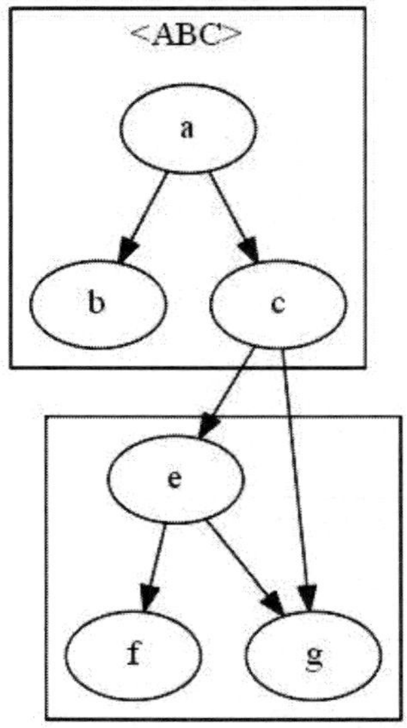

[그림 29] 클러스터링 기본 예제 III

실습을 해보면 우리가 원하던 그래프가 출력이 되었나? 고개를 갸우뚱 하는 일이 분명히 발생할 것이다. 위 예제를 실행하면 [그림 43]의 형태로 출력되어 [그림 42]와는 분명히 다른 부분이 있다. 어느 곳이 다른지 찾았는가? 바로 c -> e로 가는 부분이 [그림 43]> 에서는 명확히 e를 지시하는데 [그림 42]는 cluster1을 지시하는 형태이므로 위의 스크립트에는 문제가 있다. 이 문제를 해결하려면 compound 속성을 사용해야 한다. compound=true를 추가하면 [그림 42]의 형태로 화살표를 지시할 수 있도록 한다. compound=true는 노드와 클러스터를 연결하도록 한다. 이때 lhead와 ltail 속성을 사용하는데, 이 속성들은 이름에서 알 수 있듯이 머리냐 꼬리냐를 구분할 수 있게 한다. 그러면 이젠 [그림 41]을 완성할 수 있을 것이다. [그림 41]에 대한 답은 아래 [그림 44]의 스크립트와 같다. 그리고 [그림 45]는 ltail을 사용하여 화살표 방향의 위치를 다르게 표현한 것이므로 [그림 44, 45]의 차이를 실습을 통해 익힐 수 있도록 하자.

```
digraph G {
  compound=true;
  subgraph cluster0 {
      label="<ABC>"
      a -> b;
      a -> c;
  }
  subgraph cluster1 {
      e -> f;
      e -> g;
  }
  c -> g;
  c -> e [lhead=cluster1];
}
```

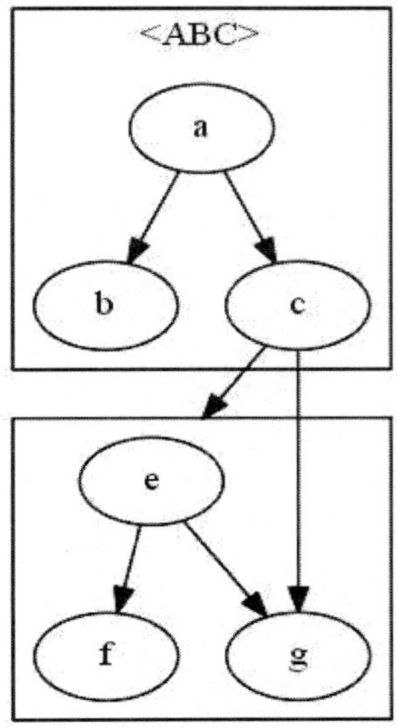

[그림 30] Compound 사용한 클러스터링 (lhead)

```
digraph G {
  compound=true;
  subgraph cluster0 {
      label="<ABC>"
      a -> b;
      a -> c;
  }
  subgraph cluster1 {
      e -> f;
      e -> g;
  }
  c -> g;
  c -> e [ltail=cluster0];
}
```

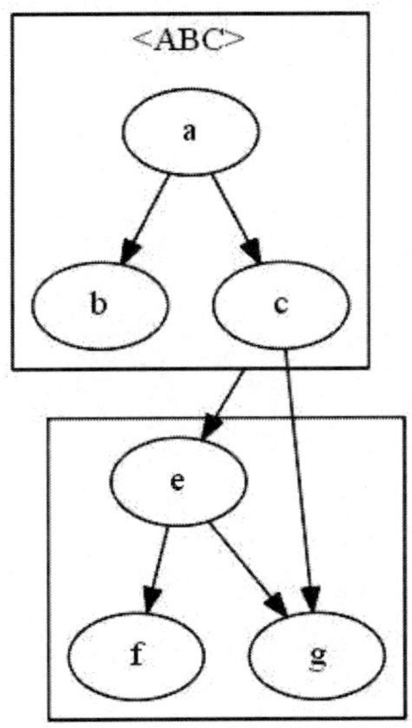

[그림 31] compound 사용한 클러스터링 (ltail)

Chapter 04

SW Visualization의 기본(프로그램 구현)

4.1 SW Visualization 프로그램의 개요

기본적으로 본 교재에서 제시하는 소프트웨어 가시화를 위한 프로그램은 오픈소스(소스 네비게이터, SQLite, Graphviz)로 툴체인을 구성한다. 각 프로그램의 역할에 대해 설명하면 다음과 같다.

- Source Navigator: 소스 네비게이터는 파서로써 소스 코드를 스캔하고 기존 C, C++, Java, Tcl, FORTRAN, COBOL 등과 같은 프로그램에서 정보를 추출하고, 이 정보를 사용하여 데이터베이스를 작성한다. 데이터베이스는 내부 프로그램 구조, 함수 선언의 위치, 클래스 선언의 내용 및 프로그램 구성 요소 간의 관계를 나타낸다. 소프트웨어 가시화에서는 소스 코드 구문분석을 하는데 사용한다.
- SQLite: 별도의 서버 없이 데이터베이스 엔진을 구현하는 라이브러리로써 응용 프로그램에 넣어 사용하는 비교적 가벼운 데이터베이스이다. 소프트웨어 가시화에서는 소스 네이게이터를 통해 분석된 데이터를 데이터베이스화 하는데 SQLite를 사용한다.
- Graphviz: Graphviz는 소프트웨어 가시화에서 각자 정한 소프트웨어 품질 지표나 출력하고 싶은 정보를 Dot 스크립트를 작성하여 그래프화 시켜주는 도구이다.

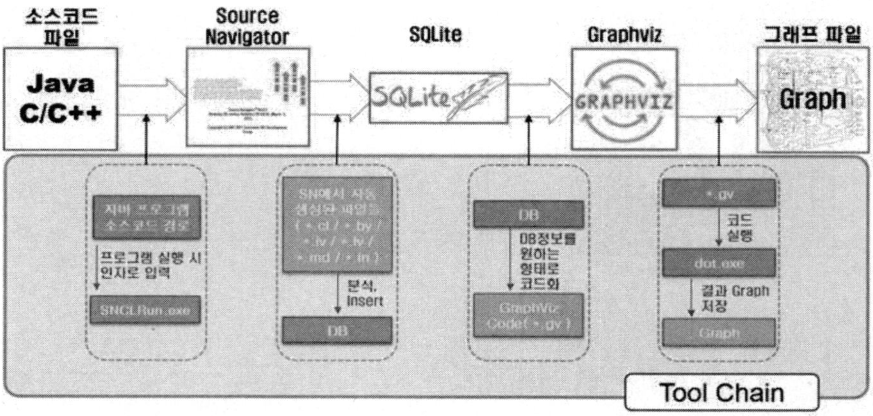

[그림 1] SW가시화 시스템 구성요소

위 도구들을 엮어서 툴체인이라고 부른다. 개발할 때 3장에서 다룬 도구 설치를 완료하고 각 도구를 활용하여 데이터를 분석하고 정제하고 추출하여 소프트웨어를 가시화한다. 순서는 [그림 1]에서 보는 것처럼 ① 자바, C/C++과 같은 프로그램을 소스 네비게이터를 통해 구문 분석을 하고, ② 그 결과로 나온 SNDB 파일을 SQLite 데이터베이스에 저장하고 필요한 정보를 추출하여 ③ Dot 스크립트를 통해 그래프로 소프트웨어 가시화를 한다.

4.2 데이터베이스 생성 프로그램(SN –> SQLite)

분석 결과에 지표를 적용하기 위해서는 그 결과의 DB화가 필요하다. SNDB4 파일에 생성되는 모든 바이너리 파일을 각각 하나의 데이터베이스 테이블에 저장한다. 이 작업을 위해 본 교재에서 제공하는 [SimpleSWV] 이클립스 자바 프로젝트를 이클립스에 import한다. 데이터베이스를 사용하기 위해서는 SQLite 라이브러리를 다운로드 받아서 프로젝트의 라이브러리에 추가한다.

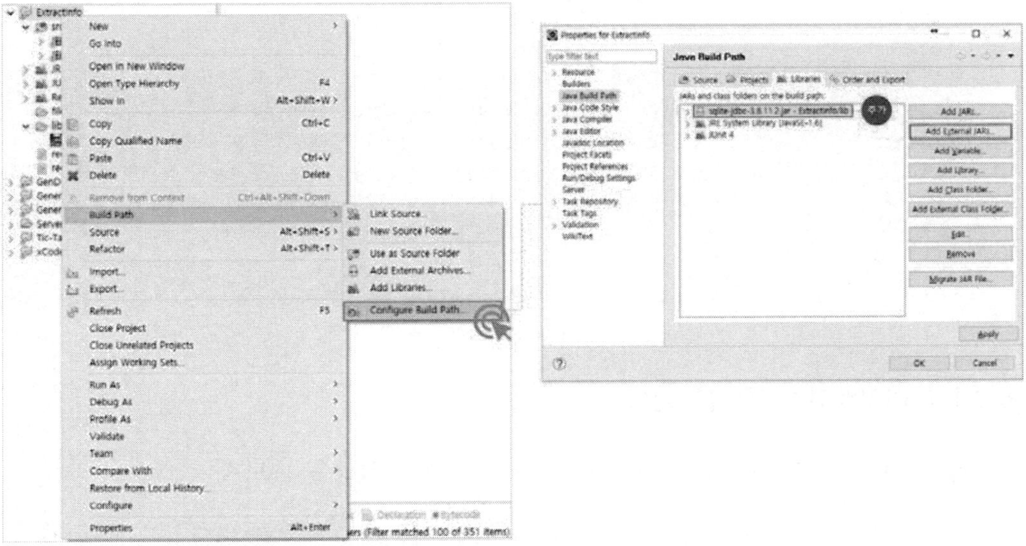

[그림 2] SQLite 라이브러리 import

Package Explorer를 보면 해당 프로젝트 라이브러리에 sqlite-jdbc-(version).jar가 추가된 것을 확인할 수 있다.

[그림 3] 라이브러리 추가 완료

SWVToolChain 클래스의 main() 안의 코드를 보면 다음과 같이 되어있는 것을 확인할 수 있다.

1) Step0_DB_initialization() 메서드는 데이터베이스를 초기화 하는 작업을 한다.
2) Step1_ExtractInformation() 메서드는 데이터베이스에서 정보를 추출하는데 이때 SQLite에서 제공하는 dbdump.exe를 실행하여 SNDB4 파일을 정제하고 여기에서 추출된 정보를 데이터베이스에 저장하는 것 까지 담당한다.
3) Step2_Visualization() 메서드는 데이터베이스에서 우리가 표현하고자 하는 지표를 준수하기 위해 가시화하려는 항목들을 쿼리문을 통해 데이터베이스에서 정보를 추출하여 Dot 스크립트를 작성하고 Graphviz를 실행하여 소프트웨어를 가시화하는 일을

담당한다.

```
runArchitecture.Step0_DB_initialization();  // 데이터베이스 초기화
runArchitecture.Step1_ExtractInfomation(); // 데이터베이스에서 정보 추출
runArchitecture.Step2_Visualization();  // Graphviz를 통한 소프트웨어 가시화
                ......
                ......
                ......
```

4.2.1 데이터베이스 테이블 생성

Step0 부터 Step2까지의 소스코드를 하나씩 보면서 설명을 해보자.

```
001: public void Step0_DB_initialization(){
002:   // Project 만들기
003:   String project_name = "QUIZ-PC";
004:
005:   // DB의 Schema 를 만들기
006:   DB db = new DB();
007:   boolean r = db.init();
008:
009:   assertTrue(r);
010: }
```

- 3번째 줄은 우리가 만들 프로젝트를 데이터베이스에 저장하기 위한 프로젝트 이름을 만드는 부분으로 본 교재에서는 “QUIZ-PC”라고 작성하였다.
- 6, 7번째 줄에서 데이터베이스 연동과 데이터베이스 테이블을 생성한다.
- 9번 assertTrue(r)은 데이터베이스 초기화가 정상적으로 되었을 때 boolean 값이 true를 반환하는지 검사하는 assert 메서드이다.

위 소스의 init() 메서드를 실행해서 데이터베이스 연동과 테이블 생성을 한다. 우선 프로젝트관련 정보를 입력할 수 있는 PROJECT, SNDB4CL라는 테이블을 생성해보자.

```
create table PROJECT (NAME TEXT PRIMARY KEY, DESC TEXT);
```

```
stat.executeUpdate("create table SNDB4CL "
                    + "(NAME TEXT, "
                    + "START_LINE_NO TEXT, "
                    + "FILENAME_WITH_PATH TEXT, "
                    + "END_LINE_NO TEXT, "
                    + "ATTRIBUTES TEXT, "
                    + "PROJECT_NAME TEXT)");
```

저자는 소스 네비게이터에서 분석된 데이터베이스 종류(cl, by, in, iv, ...)를 모두 데이터베이스화 하였다. 각 SNDB 파일이 갖고 있는 고유의 데이터 형식이 있는데, 그 형식은 3장의 소스 네비게이터에 보면 자세히 설명하였다. 3장을 참고하여 각 SNDB 파일이 갖고 있는 고유 데이터 형식에 맞게 테이블을 위의 테이블생성 소스를 참고하여 만들어보길 바란다.

그러면 자바에서 SQLite에 접속하기 위한 코드를 살펴보자. 앞에서 sqlite-jdbc-(version).jar를 라이브러리로 등록했으면 아래 코드를 작성하여 데이터베이스를 연동할 수 있다.

```
// JDBC driver loading
Class.forName("SQLite.JDBCDriver").newInstance();

conn = DriverManager.getConnection("jdbc:sqlite:/" + dbName);
```

4.2.2 데이터베이스에 정보 저장

데이터베이스에 테이블을 생성했다면 그 다음에는 데이터를 저장하는 작업을 해야 한다. 여기에서 필요한 프로그램은 앞서 설치했던 소스 네비게이터가 필요하고, 소스 네비게이터에서 제공하는 dbdump.exe가 필요하다. 소스 네비게이터는 소스 코드 구문분석을 해서 SNDB 파일을 생성하고, dbdump.exe는 만들어진 SNDB의 형태가 바이너리로 되어있어서 그것을 읽어주는 역할을 한다.

```
public void Step1_ExtractInfomation() {
  // DB 만들기
  DB db = new DB();

  // Project 만들기
  String project_name = "QUIZ-PC";
  String project_desc = "HMPMS Project";

  Project p = db.mkProject(project_name, project_desc);


  if( p == null) {
    p = db.getProject(project_name);
  }

  assertNotNull(p);

  // 동일 이름의 이전 Project 정보 삭제
  p.clear();

  // 정보 추출
  String dir = "C:\\DEV\\SN\\bin\\QuizPCProj\\SNDB4";
  String cmd = "C:/DEV/SN/bin/dbdump.exe";

  p.extractInfo(dir, cmd);
}
```

4.3 품질지표를 통한 가시화 요소 분석 프로그램(SQLite -> SQLite)

개발 소프트웨어의 현재 품질수준을 객관적으로 평가하기 위한 지표 설정이 필요하다. 소스 코드의 내부 구조와 품질을 측정하는 지표로는 결합도와 응집도가 있다[19]. 본 장에서는 결합도와 응집도의 정의를 설명하고, 각 항목에 대한 예시코드를 설명하여 어떻게 데이터베이스에서 자료를 추출해야 하는지 까지 다룬다. 이 교재를 읽고 있다면 개발된 소프트웨어 또는 개발 중인 소프트웨어에 대한 품질지표를 교재 2장을 참고하여 설정하고 해당 품질지표를 지향하는 낮은 결합도와 높은 응집도를 갖는 좋은 소프트웨어를 개발할 수 있도록 하는 것이 본 장의 목표이다.

---

19) So Young Moon, Chae Yun Seo, R. Youngchul Kim, "A Survey for Software Visualization", JOURNAL OF PLATFORM TECHNOLOGY, Vol. 4, No. 3, 22-29, 2016.9

4.3.1 결합도

결합도는 모듈 간의 상호의존하는 정도 또는 두 모듈 사이의 연관관계를 의미한다. 독립적인 모듈이 되기 위해서는 각 모듈간의 결합도가 약해 야 하며 의존하는 모듈이 적어야 한다.

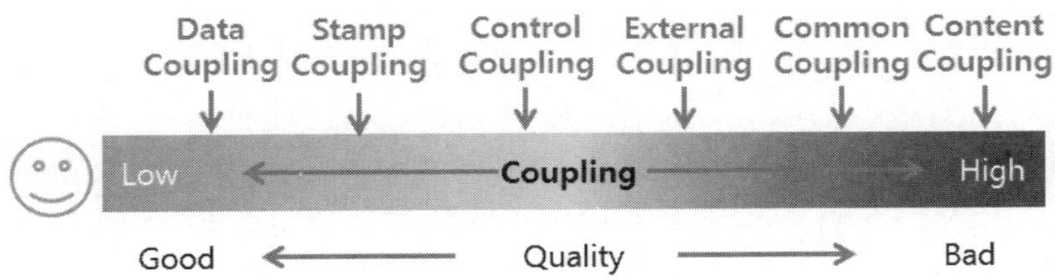

[그림 4] 결합도 스펙트럼

- 자료 결합도 : 모듈간의 인터페이스가 자료 요소만으로 구성된 결합도이다. 한 모듈이 다른 모듈을 호출하면서 매개 변수나 인수로 데이터를 넘겨주고, 호출 받은 모듈은 받은 데이터에 대한 처리 결과를 돌려주는 방식으로 모듈 간의 내 용을 전혀 알 필요가 없고 다른 모듈에 전혀 영향을 끼지치 않는 가장 바람직 한 결합도이다. 간단히 말하면, 모듈 간 파라미터로 기본 자료형(int, long, float, double, char, short, byte, boolean) 데이터를 전달한다.

  - Sample #1

```
public class DataCoupling{
    DataCallee c;

    void Data_Caller(){
        int i = 1;
        int j = 2;
        c.Data_Callee(i);
    }
}
```

```
public class DataCallee{

    void Data_Callee(int i){
        System.out.println(i);
    }
}
```

- 스탬프 결합도 : 모듈간의 인터페이스로 배열이나 레코드 등의 자료 구조가 전 달되는 결합도이다. 두 모듈이 동일한 자료 구조를 조회하는 방식이며 자료 구 조의 변화는 실제로 조회하지 않는 모듈에까지도 영향을 미치게 된다. 다시 말하면, 모듈 간 파라미터로 기본 자료형이 아닌 복잡한 자료 구조(배열, 객체)이다.

▸ Sample #1

```
public class StampCoupling{
    StampCallee s;

    void Stamp_Caller(){
        s.Stamp_Callee(int[] i);
    }
}
```

```
public class StampCallee{

    void Stamp_Callee(int[] i){
        System.out.println(i);
    }
}
```

```
- select class, symbol_name, ref_class, ref_symbol, ref_argument_types,
  filename, ref_type from RefersTo where ref_type <> 'ma' and ref_type <>
  'e' and ref_type <> 'ec' and class <> '#' and ref_argument_types <> ''
```

호출/참조 관계 정보를 저장한 'RefersTo' 테이블의 정보를 select한다. 단, 참조 타입이 'ma(Macros, 매크로)', 'e(Enums, 열거형)', 'ec(Enum Values, 열거형 변수)'인 경우는 제외하고 class의 이름이 '#'으로 불명확한 경우도 제외한다. 자료 결합도와 스탬프 결합도는 파라미터가 자료형인지 아닌지에 따라 구분할 수 있기 때문에 파라미터가 ''로 없을 시는 제외한다.

- 제어 결합도 : 논리적인 흐름을 제어하는 데 사용하는 제어 요소 (Function Code, Switch , Tag, Flag)가 전달되는 결합도이다. 상위 모듈이 하위 모듈의 상세한 처리 절차를 알고 통제하는 경우나 처리 기능이 두 모듈에 분리되어 설계된 경우이다. 즉, 모듈 간 파라미터가 모듈의 제어를 지시하는 데이터로 사용한다. 호출 파라미터가 if문이나 switch문 같은 분기 조건으로 사용된다.

▸ Sample #1

```
public class ControlCoupling{
   ControlCallee con;

   void Control_Caller(){
      con.Control_Callee("TRUE");
   }
}
```

```
public class ControlCallee{

   void Control_Callee(String s){
      if(s.equals("TRUE") System.out.println("TRUE);
      else System.out.println("FALSE");
   }
}
```

```
- select class, symbol_name, ref_class, ref_symbol, filename, ref_type
  from RefersTo " where  ref_type <> 'ma' and ref_type <> 'e' and ref_type
  <> 'ec' and class <> '#' and ref_type <> 'lv' and ref_type <> 'cl' and
  ref_type <> 't'
```

호출/참조 관계 정보를 저장한 'RefersTo' 테이블의 정보를 select한다. 단, 참조 타입이 'ma(Macros, 매크로)', 'e(Enums, 열거형)', 'ec(Enum Values, 열거형 변수)'인 경우는 제외하고 class의 이름이 '#'으로 불명확한 경우도 제외한다. 제어 결합도는 파라미터로 boolean 자료형과 같은 논리 자료형이 전달되는 경우로 참조 타입이 'lv(Lacal variables, ' 지역 변수')', 'cl(Classes, '클래스')', 't(Typedefs, '선언자')' 인 경우는 제외시킨다.

▶ 외부 결합도 : 한 모듈에서 외부로 선언한 데이터(변수)를 다른 모듈에서 참조 하는 결합도이다. 모듈 간에 외부 자료를 공유한다. 호출 파라미터에 File, Font, HTTP와 같은 외부 데이터를 전달한다.

▸ Sample #1

```
public class ExtCoupling{
    ExtCallee con;
    File f;

    void Ext_Caller(){
        if(f.exists(){
            e.Ext_Callee(f);
        }
    }
}
```

```
public class ExtCallee{

    void Ext_Callee(File f){
        f.delete();
    }
}
```

```
- select class, symbol_name, ref_class, ref_symbol, caller_ argument_
  types, filename, ref_type from RefersTo where ref_type <> 'ma' and
  ref_type <> 'e' and ref_type <> 'ec' and ref_type <> 'lv' and ref_type <>
  'gv' and class <> '#'
```

호출/참조 관계 정보를 저장한 'RefersTo' 테이블의 정보를 select한다. 단, 참조 타입이 'ma(Macros, 매크로)', 'e(Enums, 열거형)', 'ec(Enum Values, 열거형 변수)'인 경우는 제외하고 class의 이름이 '#'으로 불명확한 경우도 제외한다. 외부 결합도는 파라미터로 file자료형과 같은 외부 데이터가 전달되는 경우로 참조 타입이 'lv(Lacal variables, '지역 변수')', 'gv(Global variables, '전역 변수')'인 경우는 제외시킨다.

- 공유 결합도 : 공유되는 공통 데이터 영역을 여러 모듈이 사용할 때의 결합도 이다. 공통 데이터 영역의 내용을 조금만 변경하더라도 이를 사용하는 모든 모듈에 영향을 미치게 되므로 독립성이 약하다. 호출 시 static으로 선언된 메소드를 호출한다.

▸ Sample #1

```
public class CommonCoupling{

    void Common_Caller(){
        CommonCallee.Common_Callee();
    }
}
```

```
public class CommonCallee{
    static int a;

    public static void Common_Callee(){
        System.out.println();
    }
}
```

- Select class, symbol_name, ref_class, ref_symbol from RefersTo where ref_type = 'gv'

호출/참조 관계 정보를 저장한 'RefersTo' 테이블의 정보를 select한다. 공통 결합도는 하나의 데이터를 여러 모듈에서 공통적으로 사용하는 것을 의미한다. 따라서 참조 타입이 'gv(Global variables, '전역 변수')'인 경우는 제외시킨다.

▶ 내용 결합도 : 한 모듈의 다른 모듈의 내부 기능 및 그 내부 자료를 직접 참조 하거나 수정할 때의 결합도이다. 특정 모듈이 다른 모듈의 내부 기능이나 내부 자료를 참조한다. 호출 시 get/set 메소드를 호출하고 해당 메소드가 있는 클래스에 private형 변수가 있다.

▸ Sample #1

```
public class ContentCoupling{
    ContentCallee c;

    public void Content_Caller(){
        c.setC(1);
        c.getC();
    }
}
```

```
public class ContentCallee{
    private int c;

    void setC(int x){
        c = x;
    }
    void getC(){
        return c;
    }
}
```

- select R.class, R.symbol_name, R.ref_class, R.ref_symbol, R.filename, R.ref_type, R.position from RefersTo as R LEFT JOIN MethodImplementations as M on R.ref_symbol = M.name where R.ref_type = 'ud' and R.class <> '#' and M.name IS NULL and R.ref_argument_types = '' and R.access <> 'p' order by R.class, R.symbol_name, R.position

호출/참조 관계 정보를 저장한 'RefersTo' 테이블의 정보를 select한다. 내용 결합도는 참조 시에 파라미터가 존재하지 않고 접근 지정자와 같이 다른 모듈 내의 자료에 직접적으로 접근하는 경우를 의미한다. 따라서 메소드 구현 정보를 저장한 'MethodImplementation' 테이블의 정보도 select한다. 조건절을 통해서 'access(접근지정자)'가 'p(passed)'인 경우만을 선택한다.

4.3.2 응집도

응집도는 정보 은닉 개념을 확장한 것으로 모듈 안의 요소들이 서로 관련되어있는 정도, 즉 모듈이 독립적인 기능으로 정의되어 있는 정도를 의미한다.

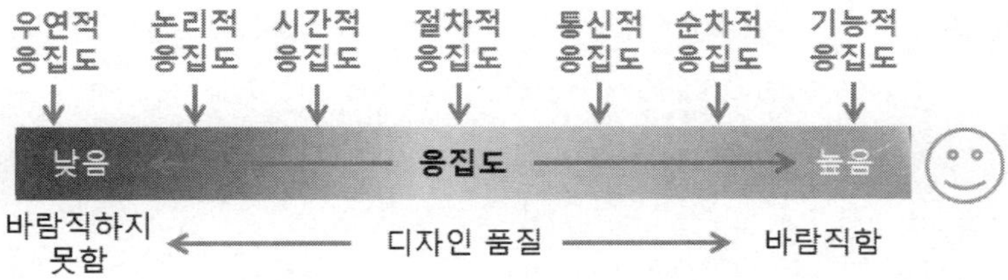

[그림 5] 응집도 스펙트럼

- 기능적 응집도 : 특정 모듈안의 모든 요소들이 한 가지 기능과 관련된다. 이런 모듈은 오직 하나의 기능을 수행함으로써 이해하기 쉽고 수정하기 쉽다. 모든 Statement에서 대입되는 변수가 공통적으로 사용되거나 메소드 호출이 한번 실행된다.

‣ Sample #1

```
public class Functional{

    double computePay(float hours, float wage(){
        double pay;

        pay = wage * 40.0;
        pay = pay + (wage * 1.5 * (hours - 40.0));

        return pay;
    }
}
```

‣ Sample #2

```
public class Functional2{

   double squareRoot(double rear){
      double result = Math.sart(rear);
      return result;
   }
}
```

- 순차적 응집도 : 모듈 내 한 구성요소의 출력이 다른 구성요소의 입력이 된다. 메소드의 반환 값이 다음 메소드의 입력 파라미터로 사용된다.

‣ Sample #1

```
public class Sequential{

    void processGrade(){
        int numberGrade;
        int letterGrade;

        //1.Get the number grade from the user
        numberGrade = getGrade();

       //2. Convert it from number to letter
       letterGrade = computeLetter(numberGrade);

       //3. Display the results
       displayLetter(letterGrade);
    }
}
```

▶ 교환적 응집도 : 모듈의 모든 요소들이 공통된 데이터에 의해서 관련 없는 기능들을 수행한다.

→ 여러 메소드 호출에서 전달되는 파라미터가 동일하다.

‣ Sample #1

```
public class Communicational{

    void Compute_Matrix(int transform_matrix[][], int inverse_matrix[][]){
        int[][] aMatrix = { {0}, {0} };

        for(int i=0;i<5;i++){
             for(int j=0;j<5;j++){
                  aMatrix[i][j] = i+j;
             }
        }
        transform_matrix = trans(aMatrix);

        inverse_matrix = inverse(aMatrix);
    }
}
```

▶ 절차적 응집도 : 모듈 내 요소들이 연관성이 있고 특정 순서에 의해 수행된다. 하나의 클래스에 있는 메소드 여러 개를 호출한다.

‣ Sample #1

```
public class Procedural extends Letter{

    void sendLetter(){
       //1. Insert the content of the letter
       writerBody();

      //2. writer salutation
      writeSalutation();

      //3. send letter to recipient
      send();
    }
}
```

▶ 시간적 응집도 : 모듈 내 요소들이 서로 다른 기능을 같은 수행에 실행한다. 초기화 모듈은 흔히 볼 수 있는 시간적 응집도 모듈이다. 메소드 호출은 일어나지 않고 변수의 초기화만 실행한다.

‣ Sample #1

```
public class Temporal{

    int no_student;
    int no_department;
    String university_name;

    void Init_Variables(){
        no_student = 0;
        no_department = 0;
        university_name = "University";
    }
}
```

▶ 논리적 응집도 : 모듈 내 요소들이 논리적으로 연관된 기능이나 비슷한 기능을 수행한다. 서로 다른 기능이지만 많은 부분이 중복된다.

➜ ase에 따라 비슷한 기능을 수행하는 switch문이 논리적 응집도에 포함된다.

▸ Sample #1

```
public class Logical{

   long solve_equation(int no_equ, long x){
       long y = 0;

       switch(no_equ){
            case 1:
                 y = 5 * x * x;
                 break;
            case 2:
                 y = 6 * x * x * x;
                 break;
            case 3:
                 y = 7 * x * x * x * x;
                 break;
        }

        y = y + 6 * x + 4;
        return y;
   }
}
```

4.4 가시화 프로그램 (SQLite -〉 Dot)

본 절은 Dot 스크립트를 사용하여 소프트웨어 가시화를 구현하는 것이 목표이다. 앞 절에서 결합도와 응집도를 언급했는데, 본 절의 실습에서는 A모듈과 B모듈의 호출관계를 구현한다. 결합도, 응집도와 관련된 가시화는 본 절의 5장 활용편에서 하나씩 따라가며 구현해 보면 쉽게 할 수 있을 것이다.

교재에서 제공하는 소스를 살펴보면 Visualization() 메서드가 있는데, 이 부분이 실질적으로 가시화를 해주는 부분이다. 9줄~19줄은 A모듈과 B모듈관의 호출관계를 나타내기 위해 작성해줘야 하는 부분으로 extractSndb4메서드 안에 파라미터를 설명하면 다음과 같다. 첫 번째와 두 번째 파라미터는 데이터베이스명, 프로젝트명, 프로젝트설명, SNDB4의 경로를 입력한다.

```
001: public void Visualization() {
002:   DB db = new DB();
003:   // Project 읽기
004:   String project_name = "QUIZ-PC";
005:   Project p= db.getProject(project_name);
006:
007:  public ArrayList<String> extract(File file, String extensionStr) {
008: String cmdLine = "\"" + getPath() + "\"  \"" + file.getAbsolutePath() +"\"";
009:   Toolchain tc = new Toolchain();
010:   tc.extractSndb4(dbName, projName, projDesc, sndb4Path);
       ... 중략 (cl에 대한 추출만 간단히 소스코드 보여줌)...
011:   Dbdump dd = new Dbdump(dbdumpPath);
012:   ArrayList<String> list = new ArrayList<String>();
013:   Process p = Runtime.getRuntime().exec(cmdLine);
014:   if(f.getAbsolutePath().endsWith(".cl")) {
015:      System.out.println("Get .cl file!");
016:      ArrayList<String> strList = dd.extract(f, ".cl");
017:      ArrayList<Sndb4Cl> list = makeClList(strList, projName);
018:      dbHelper.insertClList(list);
019:   }
020:   ... 중략 ...
021: SimpleDateFormat simpleDF = new SimpleDateFormat("yyyy-MM-dd-HHmmss",
Locale.KOREA);
022:   String mTime = simpleDF.format(new Date());
023:
024:   // Dot 로 그래프 생성
025:   //String graphic_file_name = ".\\images\\" + project_name + "(" +
mTime + ").png";
026:   String graphic_file_name = ".\\" + project_name + ".png";
027:   String dot = "C:\\Program Files\\Graphviz2.24\\bin\\dot";
028:   //String dot = grgDotPath;
029:
030:   a.genDot(dot, graphic_file_name);
031: }
```

9줄~19줄 사이의 값은 입력하려면 참조해야 할 것이 소스 네비게이터를 통해 만들어진 SNDB 파일이 dbdump.exe를 통해 데이터베이스에 저장되어 있는데, 데이터베이스에 저장된 내용을 읽어서 9줄~19줄과 같은 코드를 완성해야 한다.

데이터베이스 구조 | 데이터 보기 | Pragma 수정 | SQL 실행

테이블: TYPE

	NAME	TYPE	FILE	LINENO	ANNOTATE	PROJECT_NAME
	필터	필터	필터	필터	필터	필터
1	ActiveObj	Definition	C:/DEV/quiz-pc/quiz-pc/···	000015	struct	Quiz-PC
2	AnswerListe···	Definition	C:/DEV/quiz-pc/quiz-pc/···	000086	struct	Quiz-PC
3	ArrayList	Definition	C:/DEV/quiz-pc/quiz-pc/···	000057	struct	Quiz-PC
4	ConnectionT···	Definition	C:/DEV/quiz-pc/quiz-pc/···	000012	struct	Quiz-PC
5	GController	Definition	C:/DEV/quiz-pc/quiz-pc/···	000009	struct	Quiz-PC
6	GMainClient	Definition	C:/DEV/quiz-pc/quiz-pc/···	000006	struct	Quiz-PC
7	GModel	Definition	C:/DEV/quiz-pc/quiz-pc/···	000016	struct	Quiz-PC
8	GView	Definition	C:/DEV/quiz-pc/quiz-pc/···	000040	struct	Quiz-PC
9	HelpListener	Definition	C:/DEV/quiz-pc/quiz-pc/···	000040	struct	Quiz-PC
10	IOClient	Definition	C:/DEV/quiz-pc/quiz-pc/···	000019	struct	Quiz-PC
11	IOServer	Definition	C:/DEV/quiz-pc/quiz-pc/···	000019	struct	Quiz-PC
12	MenuListener	Definition	C:/DEV/quiz-pc/quiz-pc/···	000054	struct	Quiz-PC
13	OSDetectorC···	Definition	C:/DEV/quiz-pc/quiz-pc/···	000002	struct	Quiz-PC
14	OSDetectorS···	Definition	C:/DEV/quiz-pc/quiz-pc/···	000002	struct	Quiz-PC
15	Options	Definition	C:/DEV/quiz-pc/quiz-pc/···	000005	struct	Quiz-PC
16	QuestionsCli···	Definition	C:/DEV/quiz-pc/quiz-pc/···	000017	struct	Quiz-PC
17	QuestionsS···	Definition	C:/DEV/quiz-pc/quiz-pc/···	000007	struct	Quiz-PC
18	ResultListener	Definition	C:/DEV/quiz-pc/quiz-pc/···	000147	struct	Quiz-PC
19	Server	Definition	C:/DEV/quiz-pc/quiz-pc/···	000016	struct	Quiz-PC
20	SettingsListe···	Definition	C:/DEV/quiz-pc/quiz-pc/···	000123	struct	Quiz-PC
21	SingleQuesti···	Definition	C:/DEV/quiz-pc/quiz-pc/···	000008	struct	Quiz-PC
22	Sounds	Definition	C:/DEV/quiz-pc/quiz-pc/···	000017	struct	Quiz-PC
23	String	Definition	C:/DEV/quiz-pc/quiz-pc/···	000031	struct	Quiz-PC
24	SubmitListener	Definition	C:/DEV/quiz-pc/quiz-pc/···	000102	struct	Quiz-PC
25	TimerListener	Definition	C:/DEV/quiz-pc/quiz-pc/···	000166	struct	Quiz-PC

[그림 6] QUIZ-PC에 대한 데이터베이스

[그림 13]을 보면, ANNOTEATE 필드에 struct, method 데이터가 입력되어 있는데, 이것은 클래스의 타입을 말하는 것이다. 그 후에 [그림 14]와 같은 결과를 확인할 수 있다.

```
public String genScript() {
  String script = "digraph xx {\n";
  for(DotCluster cluster: nodeList) {
    script += "\t" + "subgraph cluster_" + cluster.getName().replace(".", "")
    + " {\n";
    script += "\t\t" + "style=filled;\n";
    script += "\t\t" + "color=lightgray;\n";
    script += "\t\t" + "label=\"" + cluster.getName() +"\";\n";
    for(String node: cluster.getNodeList()) {
          script += "\t\t" + "\"" +  node + "\" [shape=BOX, label=\"" + node +
"\"];\n";
    }
    script += "\t" + "}\n";
  }
  for(DotEdge edge: edgeList) {
    int dc = edge.getWeight().getDataCoupling();
    int sc = edge.getWeight().getStampCoupling();
    int cc = edge.getWeight().getContentCoupling();
    int total = dc + sc*2 + cc*6;
    if(total >= 20) {
      edge.setColor("red");
    }
   script += "\t" + "\"" + edge.getStart() + "\"->\"" + edge.getEnd() + "\""
+ "[shape=BOX, "
        + "color=" + edge.getColor() + ", " + "label=\"( " + dc + "*1 + " + sc + "*2 + "
         + cc + "*6 = " + total + " )\"];\n";
   }
   script += "}";
   return script;
  }
public void addNode(String node, String c) {
  for(DotCluster cluster: nodeList) {
    if(cluster.getName().equals(c)) {
      cluster.addNode(node);
      return;
    }
  }
  DotCluster newCluster = new DotCluster();
  newCluster.setName(c);
  newCluster.addNode(node);
  nodeList.add(newCluster);
}
```

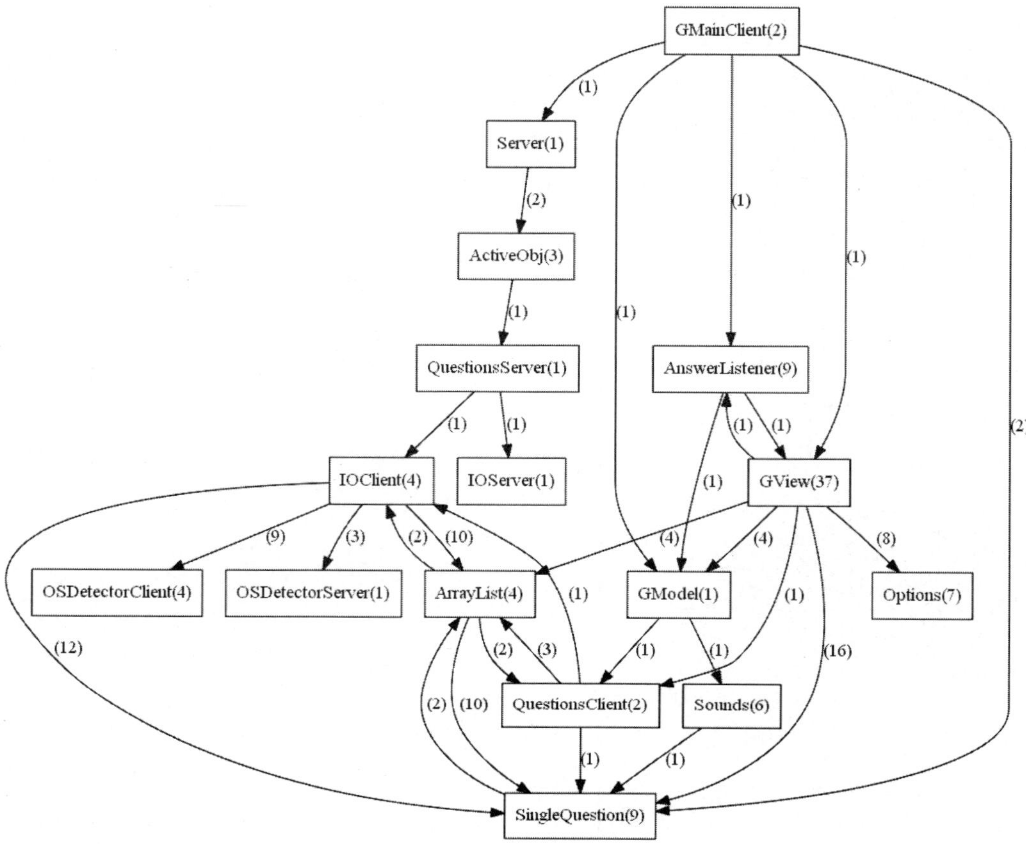

[그림 7] QUIZ-PC 가시화

위 소스코드의 30줄을 보면 a.getDot(dot, graphic_file_name);이 있는데 호출된 곳을 가서 보면 아래와 같은 코드를 볼 수 있다.

```
001: public void genDot(String dot, String graphicFileName) {
002:   String dot_contents = project.getDB().genDotGraphContents(this);
003:
004:   try {
005:     File temp = File.createTempFile("graph", ".dot");
006:       temp.deleteOnExit();
007:     BufferedWriter out = new BufferedWriter(new FileWriter(temp));
008:     out.write(dot_contents);
009:     out.close();
010:
011:
012:     System.out.println("dotting");
013:  Process p=Runtime.getRuntime().exec(dot+" -Tpng "+ temp.getAbsolutePath()
+ " -o " + graphicFileName);
014:     p.waitFor();
015:     System.out.println("done");
016:
017:   } catch (Exception e) {
018:     e.printStackTrace();
019:   }
020: }
```

2줄에서 dot 스크립드를 작성하는데 genDotGraphContents(this) 부분을 보면 아래 코드와 같다. 여기에서 작성된 스크립트를 통해 위에 있는 소스코드의 13줄에 있는 프로세스를 실행시켜 dot를 통해 가시화를 한다. 이부분을 교재에서 제공하는 소스코드를 수정하여 작성해 보길 바란다.

```
public String genDotGraphContents(Architecture architecture) {
  String content = "digraph xx { \n";
  Connection conn = getConnection();
  try {
    Statement stat = conn.createStatement();
    String architecture_name = architecture.getName();
    String project_name = architecture.getProject().getName();
      String module_query = "select MODULE_NAME, count(*) as CNT from
MODULE_MAPPING where " +
    " PROJECT_NAME='" + project_name +"' and ARCHITECTURE_NAME='" +
architecture_name
    + "' group by MODULE_NAME";


```

```
    ResultSet rs = stat.executeQuery(module_query);
    while (rs.next()) {
      String module_name = rs.getString("MODULE_NAME");
      String module_cnt = rs.getString("CNT");
              content += "\t \"" +  module_name + "\" [shape=BOX, label=\""+module_name+"("+module_cnt+")\"];\n";
    }
    rs.close();

              String dependency_query = "select AM.MODULE_NAME as FROM_MODULE, BM.MODULE_NAME as TO_MODULE , count(*) as CNT "
      + "from MODULE_MAPPING as AM, LINK, MODULE_MAPPING as BM where "
      + "AM.PROJECT_NAME ='" + project_name +"' and AM.ARCHITECTURE_NAME ='"+architecture_name+"' and "
      + "BM.PROJECT_NAME = AM.PROJECT_NAME and BM.ARCHITECTURE_NAME = AM.ARCHITECTURE_NAME and "
//      + "BM.PROJECT_NAME ='" + project_name +"' and BM.ARCHITECTURE_NAME ='"+architecture_name+"' and "
      + "LINK.PROJECT_NAME ='" + project_name +"' and "
      + "AM.TYPE_NAME = LINK.FROM_NAME and "
      + "LINK.TO_NAME = BM.TYPE_NAME "
      + "and AM.MODULE_NAME <> BM.MODULE_NAME "
      + "group by AM.MODULE_NAME, BM.MODULE_NAME";

    rs = stat.executeQuery(dependency_query);
    while (rs.next()) {
      String from_module = rs.getString("FROM_MODULE");
      String to_module = rs.getString("TO_MODULE");
      String cnt = rs.getString("CNT");
          content += "\t \"" +  from_module + "\"->\""+ to_module + "\" [shape=BOX, label=\"("+cnt+")\"];\n";
    }
    rs.close();
    stat.close();
  } catch (SQLException e) {
    e.printStackTrace();
  }
  content +=  "} ";
    return content;
}
```

Chapter **05**

SW Visualization 활용 – Target : Robot Modeling Simulation (C/C++)

5.1 Source Navigator를 Command Line에서 실행하기

- SNCommandLineRun.exe은 Command Line에서 Source Navigator를 실행하는 실행 파일이다.
- snavigator.exe는 Source Navigator를 실행하는 실행 파일이다.
- 이 두 파일을 이용하여 Command Line에서 시행하는 명령어는 다음과 같다.

```
SNCommandLineRun.exe "./snavigator.exe  -batchmode -import [타겟 파일 경로]"
```

- 두 파일 모두 Source Navigator 설치 파일의 bin폴더에 위치한다.

```
SN/SN-NG4.5/bin
```

- 파일 경로는 직접 입력하거나 dat, txt 파일에 타겟 파일의 경로를 입력하여 저장하고 이 파일들의 경로를 명령어에 입력할 수 있다.
- 여기에서는 filelist_cpp.dat파일에 타겟 파일의 경로를 입력하여 사용한다.

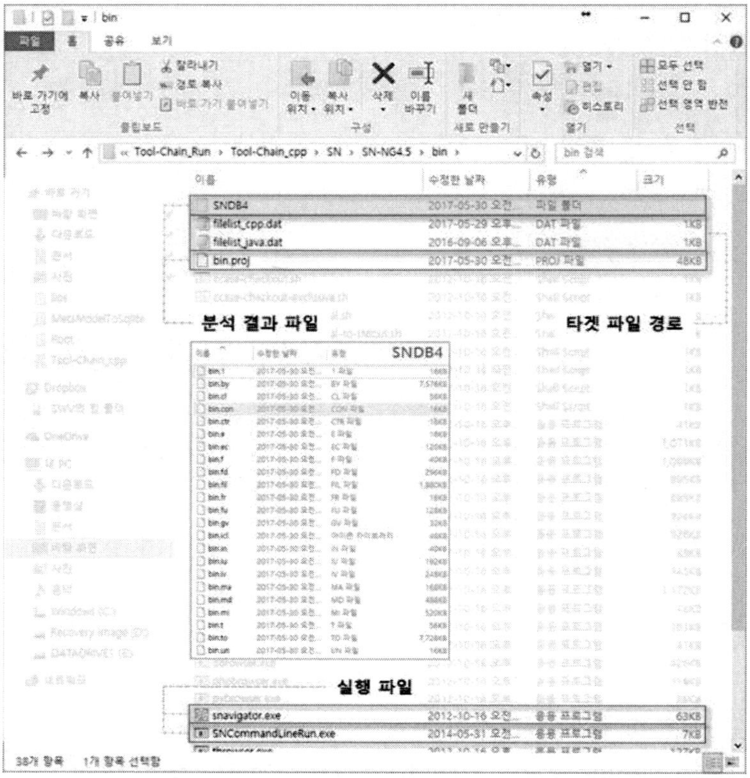

[그림 1] Source Navigator 디렉토리 구성

- 위의 명령어에서 타겟 파일 경로에 "filelist_cpp.dat"를 입력한다.
- 단, filelist_cpp.dat파일은 SNCommandLineRun.exe와 snavigator.exe와 동일한 위치인 SN/SN-NG4.5/bin에 위치해야 한다.
- 타겟 프로그램은 C/C++을 기반으로 구현된 Robot Modeling Simulation으로 다관절 로봇의 기능들을 구현한 후에 실제 로봇 제작 이전에 Simulation하는 프로그램이다.

```
filelist_cpp.dat(대상 파일 경로)
        C:\Users\yoyo\Desktop\Tool-Chain_Run\RobotModelingSimulation
```

- 실행 결과 타겟 파일 경로의 프로그램이 분석되고 그 결과 proj 파일이 생성된다. SNDB4 파일 내에 바이너리 파일들(.1, .by, .cl, .con, .ctr, .e, .ec, .f, .fd, .fil, .fr, .fu, .gv, .icl, .in, .iu, .iv, .ma, .md, .mi, .t, .to, .un등)이 생성된다. 이 파일들에는 타겟 파일의 프로그램들을 분석한 결과가 저장되어 있다.
- 이 파일들은 바이너리로 구성되기 때문에 사용자가 직접 읽을 수 없고, 이를 확인하

기 위해서는 snavigator.exe를 실행하고 bin폴더에 생성된 proj파일을 불러온다.

5.2 Source Navigator로 분석 결과 확인하기

- snavigator.exe를 실행하고 Browse...를 통해서 생성된 proj파일을 불러올 수 있다.
- 프로그램을 구성하는 파일, 클래스, 메소드, 함수 별 항목들을 확인할 수 있다.

[그림 2] Source Navigator 실행 / 열기

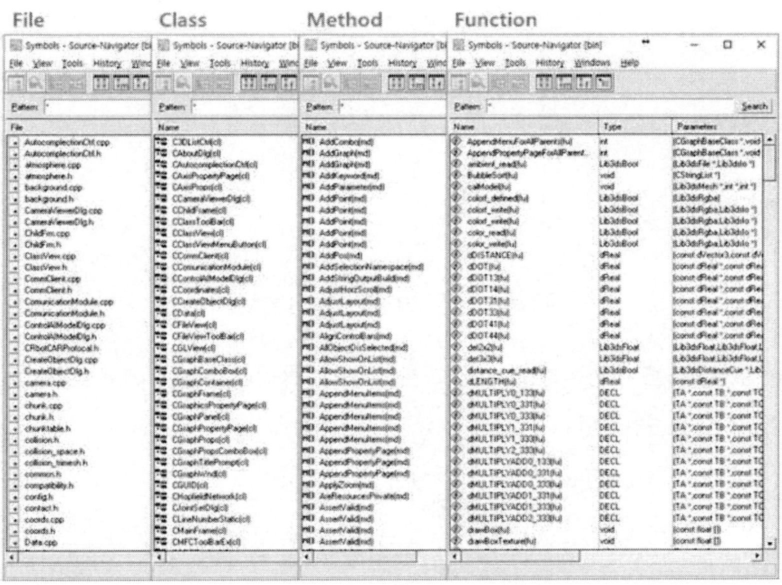

[그림 3] Source Navigator 분석 결과

5.3 Source Navigator를 이용한 분석 결과를 저장하기 위한 DB 구성

- 분석 결과에 지표를 적용하기 위해서는 그 결과의 DB화가 필요하다.
- SNDB4파일에 생성되는 모든 바이너리 파일을 각각 하나의 테이블에 저장한다.

여기에서는 가벼운 데이터베이스인 SQLite를 사용한다.

- Source Navigator를 이용한 분석 결과를 DB에 저장하기 위한 프로젝트를 생성한다.
  Project Name : ExtractInfo
- 데이터베이스를 사용하기 위해서는 SQLite 라이브러리를 다운로드 받아서 프로젝트의 라이브러리에 추가한다.

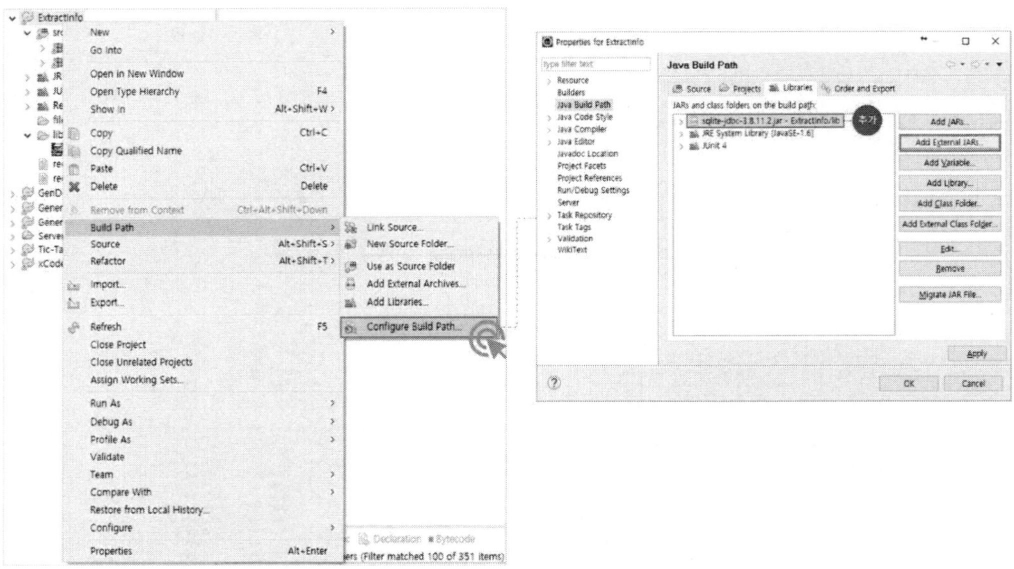

[그림 4] SQLite 라이브러리 import

- Package Explorer를 보면 해당 프로젝트 라이브러리에 sqlite-jdbc-(version).jar가 추가된 것을 확인할 수 있다.

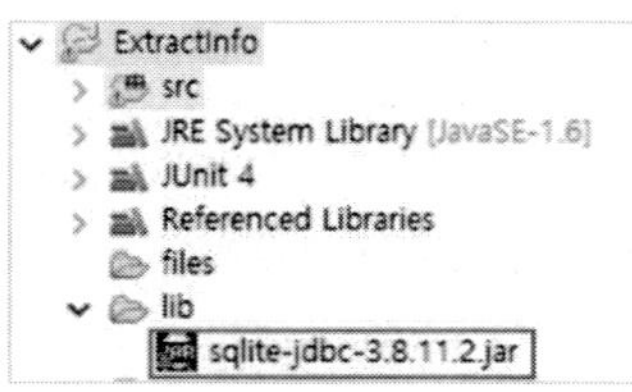

[그림 5] 라이브러리 추가 완료

- main, lib 패키지를 생성한다.

  Package Name : main, lib

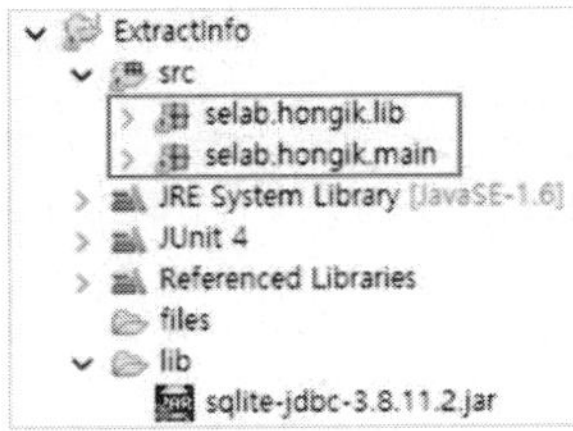

[그림 6] 패키지 생성

Program Main 클래스

- main 패키지에 main함수를 포함하는 클래스 ProgramMain을 추가한다.

  Class Name : ProgramMain

▶ main함수

- main함수에서는 두 개의 파라미터를 입력 받는데, 바이너리 파일들이 저장되어 있는 SNDB4의 경로와 바이너리 파일을 데이터베이스에 저장하기 위해 필요한 dbdump.exe의 경로이다. 이 경로는 프로젝트 경로에서의 상대 경로를 사용해도 되지만 배포용이 아닌 테스트용이라면 절대 경로를 사용하는 것이 좋다.

바이너리 파일 경로 : .../SN/SN-NG4.5/bin/SNDB4
dbdump.exe 파일 경로 : .../SN/SN-NG4.5/bin/dbdump.exe

```
public class ProgramMain{
  public static void main(String[]  args){
    if(args.length != 2){                          //Exception
        System.out.println("Error  Parameter");
        return;
    }
    ExtractInformation(args[0],  args[1]);
  }
}
```

2	main함수는 기본적으로 String 배열 형식의 파라미터를 갖는다.
3~6	위에서 설명한 바와 같이 바이너리 파일 경로와 dbdump.exe 파일 경로를 입력 받아야 하므로 2개의 String을 입력 받아야 한다. 따라서, main함수에 전달되는 파라미터(args)의 길이가 2개가 아닌 경우는 Exception 처리를 한다. 에러 메시지를 보내고, return을 통해 함수를 종료시킨다.
7	파라미터의 길이가 2인 경우는 함수가 종료되지 않고 진행되는데, DB에 저장할 데이터를 추출하는 함수(ExtractInformation)를 호출한다. 이 때, 파라미터로 전달받은 두 개의 파라미터를 배열이 아닌 String형으로 전달한다.

▶ ExtractInformation함수

- main함수에서 호출하는 ExtractInformation함수를 ProgramMain클래스 내에 구현한다.

```
1    public  class ProgramMain{
…      …
9    public static void ExtractInformation(String  dir, String cmd){
10   DB db = new DB();                                  //DB init
11   db.init();
12   }
1    }
```

10	DB 객체를 생성한다.
11	생성한 객체의 init함수를 통해 초기화한다.

◎ DB 클래스

• lib 패키지에 DB 클래스를 구현한다.

Class Name : DB

```
public class DB{
private static final String dbName = "recoveryDB.db";
private Connection conn = null;

//Connection return
private Connection getConnection(){
if(conn!=null) return conn
initDB();
return conn;
}
```

```

    //Connection close
    private boolean close(){
    try{
    if(conn!=null){
    conn.close();
    conn = null;
    }
    }catch(SQLException e){
    return false;
    }
    return true;
    }

    //Driver Load
    private Boolean initDB(){
    try{
    try{
    Class.forName(“org.sqlite.JDBC”);
    }catch(ClassNotFoundException e){
    e.printStackTrace();
    }
    conn = DriverManager.getConnection(“jdbc:sqlite:”+dbName);
    }catch(Exception ex){
    return false;
    }
    return true;
    }

    //DB init
    public boolean init(){
    Connection conn = getConnection();

    Statement stat;
    try{
    stat.executeUpdate("drop table if exists ReferredBy;");
    stat.executeUpdate("create table ReferredBy"
    + "(ref_class TEXT, ref_symbol_name TEXT,ref_type TEXT,class
TEXT,symbol TEXT,type TEXT,access TEXT,position TEXT, filename
TEXT,caller_argument_types TEXT,ref_argument_types TEXT);");
    stat.executeUpdate("drop table if exists Classes;");
    stat.executeUpdate("create table Classes"
    + "(name TEXT,start_position TEXT,filename TEXT,end_position
TEXT,attributes TEXT,blank1 TEXT,class_template TEXT,blank2
TEXT,comment TEXT);");
```

```
TEXT,end_position TEXT,attributes TEXT,blank1 TEXT,class_template
TEXT,inheritance_template TEXT,comment TEXT);");
  stat.executeUpdate("drop table if exists Include;");
  stat.executeUpdate("create table Include"
   +"(included_file TEXT,start_position TEXT,include_from_file
TEXT,end_position TEXT,attributes TEXT,blank1 TEXT,blank2
TEXT,blank3  TEXT,comment TEXT);");
  stat.executeUpdate("drop table if exists IncludeList;");
  stat.executeUpdate("create table IncludeList"
  +"(included_file TEXT,directory TEXT,blank1 TEXT);");
  stat.executeUpdate("drop table if exists InstanceVariables;");
  stat.executeUpdate("create  table InstanceVariables"
  +  "(class TEXT,variable_name TEXT,start_position TEXT,filename
TEXT,end_position TEXT,attributes TEXT,type TEXT,blank1TEXT,blank2
TEXT,comment TEXT);");
  stat.executeUpdate("drop  table if exists Macros;");
  stat.executeUpdate("create  table Macros"
  +  "(name TEXT,start_position TEXT,filename TEXT,end_position
TEXT,attributes  TEXT,blank1  TEXT,blank2  TEXT,blank3  TEXT,comment
TEXT);");
  stat.executeUpdate("drop  table if exists MethodDefinitions;");
  stat.executeUpdate("create  table MethodDefinitions"
  +  "(class TEXT,name TEXT,start_position TEXT,filename
TEXT,end_position  TEXT,attributes TEXT,ret_type TEXT,arg_types
TEXT,arg_names TEXT,comment  TEXT);");
  stat.executeUpdate("drop  table if exists MethodImplementations;");
  stat.executeUpdate("create  table MethodImplementations"
  +  "(class TEXT,name TEXT,start_position TEXT,filename
TEXT,end_position  TEXT,attributes TEXT,ret_type TEXT,arg_types
TEXT,arg_names TEXT,comment  TEXT);");
  stat.executeUpdate("drop  table if exists Typedefs;");
  stat.executeUpdate("create  table Typedefs"
  +  "(name TEXT,start_position TEXT,filename TEXT,end_position
TEXT,attributes TEXT,original TEXT,blank1 TEXT,blank2
TEXT,comment  TEXT);");
  stat.executeUpdate("drop  table if exists RefersTo;");
  stat.executeUpdate("create  table RefersTo"
  +  "(class TEXT,symbol_name TEXT,type TEXT,ref_class TEXT,ref_symbol
 TEXT,ref_type TEXT,access TEXT,position TEXT,filename
TEXT,caller_argument_types TEXT,ref_argument_types TEXT);");
  stat.executeUpdate("drop  table if exists Unions;");
  stat.executeUpdate("create  table Unions"
  +  "(name TEXT,start_position TEXT,filename TEXT,end_position
TEXT,attributes  TEXT,blank1  TEXT,blank2  TEXT,blank3  TEXT,comment
TEXT);");…
```

```
}catch(SQLException e){
e.printStackTrace();
return false;
}
return true;
}
}
```

2-3	전역 변수로 생성하는 데이터베이스의 이름(dbName)과 Connection(conn)을 선언한다.
6	DB의 Connection을 반환하는 getConnection 함수를 정의한다.
7	Connection이 null이 아닐 경우, 존재하는 Connection을 반환한다.
8-9	Connection을 위해 initDB 함수를 호출하여 Connection을 설정하고 반환한다.
13	DB의 Connection을 해제하는 close함수를 정의한다.
15-18	DB에 Connection이 존재하면 연결을 해제한다.
19-20	Connection 해제 과정에 SQLException이 발생하면 false를 반환하고, 정상으로 해제되면 true를 반환한다.
26	SQLite의 JDBC Driver를 Load하고 Connection을 생성하는 initDB 함수를 정의한다.
28-32	SQLite의 JDBC Driver를 Load한다.
33	SQLite와의 Connection을 생성한다.
41	Connection을 통해서 데이터베이스의 구조를 생성한다.
46-136	SNDB파일과 Table을 1대1로 매칭하여 저장한다. SNDB파일은 총 29개가 생성되므로, Table도 총 29개의 테이블을 생성해야 한다. 여기에서는 데이터가 존재 하지 않는 테이블을 제외하고 21개의 테이블을 생성한다. 기존에 테이블이 존재할 수도 있기 때문에 테이블을 삭제한 후에 생성한다. 단, 모든 필드의 데이터 타입은 TEXT이다.

Classes
name
start_position
filename
end_position
attributes
blank1
class_template
blank2
comment

Constants
name
start_position
filename
end_position
attributes
dec_type
blank1
blank2
comment

EnumConstants
name
start_position
filename
end_position
attributes
type
blank1
blank2
comment

Enumerations
name
start_position
filename
end_position
attributes
blank1
blank2
blank3
comment

Friends
class
name
start_position
filename
end_position
attributes
ret_type
arg_types
arg_names
comment

FunctionDefinitions
name
start_position
filename
end_position
attributes
ret_type
arg_types
arg_names
comment

Functions
name
start_position
filename
end_position
attributes
ret_type
arg_types
arg_names
comment

MethodDefinitions
class
name
start_position
filename
end_position
attributes
ret_type
arg_types
arg_names
comment

MethodImplementations
class
name
start_position
filename
end_position
attributes
ret_type
arg_types
arg_names
comment

Variables
name
start_position
filename
end_position
attributes
type
template
parameter
comment

Include
included_file
start_position
include_from_file
end_position
attributes
blank1
blank2
blank3
comment

IncludeList
included_file
directory
blank1

ProjectFiles
highlight_file
group_name
parsing_time

Inheritances
class
base_class
start_position
filename
end_position
attributes
blank1
class_template
inheritance_template
comment

InstanceVariables
class
variable_name
start_position
filename
end_position
attributes
type
blank1
blank2
comment

Macros
name
start_position
filename
end_position
attributes
blank1
blank2
blank2
comment

ReferredBy
ref_class
ref_symbol_name
ref_type
class
symbol
type
access
position
filename
caller_argument_types
ref_argument_types

RefersTo
class
symbol_name
type
ref_class
ref_symbol
ref_type
access
position
filename
caller_argument_types
ref_argument_types

SymbolsOfFiles
filename
start_position
class
identifier
type
end_position
high_start_pos
high_end_pos
arg_types

Typedefs
name
start_position
filename
end_position
attributes
original
blank1
blank2
comment

Unions
name
start_position
filename
end_position
attributes
blank1
blank2
blank3
comment

[그림 7] SNDB 파일들의 테이블화

5.4 Source Navigator를 이용한 분석 결과를 DB에 저장

- 지금까지 구현한 프로그램을 실행하면, 프로젝트 경로에 "recoveryDB.db" 파일이 생성된다.
- 이 파일을 DB Browser로 열어보면 데이터가 없는 상태로 DB의 구조가 생성되어 있다.

[그림 8] 생성된 데이터베이스 확인

◎ Project 클래스

- DB의 구조가 생성되었다면 SNDB파일들을 읽어오고 그 데이터를 DB에 저장해야 한다.
- 이 기능을 위해 lib 패키지에 Project 클래스를 구현한다.
- Class Name : Project

```
public class Project{
  private DB db;

  public DB getDB(){
    return db;
  }

public Project(String name,   String desc, DB db){
  this.db = db;
}

public void extractInfo(String   dir, String cmd){
  Fild dirFile = new File(dir);
  if(!dirFile.exists()){
     System.out.println(dir+" is not   exists");
     return;
  }

  for(File f :   dirFile.listFiles()){
     parseSANDB(cmd, f);
  }
}

public parseSANDB(String cmd,   File f){
  String cmdLine = "\"" + cmd  +"\"  \"" + f.getAbsolutePath() + "\"";

  try{
     Process p =   Runtime.getRuntime().exec(cmdLine);
     BufferedReader input
          =  new BufferedReader(new InputStreamReader(p.getInputStream()));

    String line;
    Vector<InsertDBItem>   insertDBList = new Vector<InsertDBItem>();
    int index = 0;
    String preparedStatement = null;

    while(line = input.readLine()) !=   null){
       Vector<String>   dataList = new Vector<String>();
       String[]   itemAttributeList = line.split("\\{"};
       String[]   itemList = itemAttributeList[0].split(" |;");

       for(int   i=0;i<itemList.length;i++){
         dataList.add(itemList[i].trim());
       }

```

```
            for(int  i=1;i<itemAttributeList.length;i++){
              itemAttributeList[i] = itemAttributeList[i].replaceAll("\\}", "");
              dataList.add(itemAttributeList[i].trim());
            }

            if(index  == 0){
                preparedStatement = db.MakeSQLPreparedInsertStatement(db.getTyp
                eMeanForSANDB(getFileExt(f.getAbsolutePath())), dataList);
            }
            insertDBList.add(new  InsertDBItem(dataList));
            index++;
        }

        if(preparedStatement !- null{
          System.out.println("insert DB : " + getFileExt(f.getAbsolutePath()) + " file");
          boolean outFlag =  db.insertDB(preparedStatement, insertDBList);
          if(outFlag)
              System.out.println("Complete: " + getileExt(f.getAbsolutePath()) + " file");
        }

        input.close();

      }catch(IOException e){
        e.printStackTrace();
      }
    }

    private String getFiltExt(String  fileName){
      int index = fileName.lastIndexOf(".");
      String fileExtension =  fileName.substring(index+1);
      return fileExtension;
    }
  }
```

2~10	전역 변수로 사용할 DB 객체와 getter함수, 생성자를 생성한다.
12	extractInfo 메소드는 SANDB들의 경로(dir)와 dbdump.exe의 경로(cmd)를 파라미터로 입력 받는다.
14~17	입력받은 SANDB 경로가 존재하지 않을 경우 Exception으로 에러 메시지를 보내고 메소드를 종료한다.
19~21	경로에 존재하는 각각의 SANDB파일들을 데이터화하기 위해 parseSANDB 메소드로 전달한다.
25	SANDB파일에 dbdump.exe를 사용하기 위한 명령어를 구성한다.
28~30	구성한 명령어를 실행하고 그 결과를 BufferedReader 객체에 저장한다.
32~35	BufferedReader에 저장된 Stream을 한 라인씩 로드하는데, 하나의 라인이 데이터베이스의 레코드로 저장된다. 따라서 InsertDBItem이라는 객체의 Vector 자료형을 선언해두고, 한 라인씩 InsertDBItem 객체로 만들어 Vector에 저장한다.
37~57	BufferedReader가 끝날 때까지 각 라인을 로드한다. 각 라인에 대한 처리를 통해서 InsertDBItem 객체의 Vector에 SANDB파일의 모든 데이터를 저장한다.

39~49	dbdump.exe를 통해 추출한 Stream형의 데이터의 구조는 아래와 같다. 일반적인 데이터들은 " "로 구분할 수 있고 경로의 경우는 ";"로 구분한다. 데이터들 중에서도 list형태의 데이터들은 "{ }"안에 표기하고 ","로 구분한다.
	
	`data1 data2 data3 경로;{list_data1_1,list_data1_2} {list_data2_1}`
	`……`
	
	따라서, 리스트형 데이터와 아닌경우를 구분하기 위해 String의 배열 형태인 itemAttributeList에서는 Stream 데이터를 split메소드를 사용하여 "{"를 기준으로 나누어 저장한다. 리스트형 데이터가 아닌 데이터들은 String의 배열 형태인 itemList에 " "이나 ";"로 split메소드를 사용하여 나누어 저장한다. 각각의 데이터들은 String형의 Vector인 dataList에 입력한다.

51~54	각 파일에 대한 DB테이블을 매칭하여 테이블명과 입력하려는 데이터를 파라미터로 전달하고 쿼리 문을 리턴하는 메소드를 정의한다. 쿼리문은 비슷하지만 입력하는 데이터가 다르기 때문에 PreparedStatement 객체를 사용하는 것이 좋다. 이 구조는 아래와 같다. `insert or IGNORE into (Table명) values (?, ?, ?, ?, ….);`
55	String 자료형의 Vector 데이터를 InSertDBItem자료형의 Vector에 추가한다.
59~64	각 SANDB파일의 데이터를 모두 InsertDBItem 자료형 Vector에 입력한 후에 DB 객체의 insertDB메소드를 통해서 데이터를 저장한다. 이 때, 파라미터로 PreparedStatement와 모든 데이터를 저장한 Vector를 전달한다.
73~77	각 SANDB파일에 DB테이블이 매칭된다. 처리된 데이터들을 테이블에 저장하기 위해서는 파일의 확장자에 따라 저장되는 테이블을 구분할 수 있다. 따라서 해당 SANDB파일의 이름을 파라미터로 받아 확장자를 반환한다.

• dbdump.exe를 통해 추출한 Stream 데이터를 저장하기 위한 InsertDBItem 클래스를 구현한다.

```
public class InsertDBItem{
  private Collection<String> dataList = null;
  public InsertDBItem(Collection<String> list){
    setDataList(list);
  }
  public void setDataList(Collection<String> list){
    dataList = list;
  }
  public Collection<String> getDataList(){
    return dataList;
  }
}
```

• Project 클래스를 구현하면서 DB 클래스에 추가적으로 메소드를 구현해야 한다. 각 SANDB파일에 대해 매칭되는 테이블 명을 반환해주는 메소드(getTypeMeanForSANDB), PrepardStatement 쿼리 문을 자동으로 만들어 반환해주는 메소드(MakeSQLP reparedI nsertStatement), 데이터베이스에 데이터들을 입력하는 메소드(insertDB)를 구현한다.

```
public class DB{
  …
  public String  getTypeMeanForSANDB(String input){
    if(input.equals(“by”))
         return  “ReferredBy”;
    else if(input.equals(“cl”))
         return  “Classes”;
    else if(input.equals(“con”))
         return  “Constants”;
    else if(input.equals(“e”))
         return  “Enumerations”;
    else if(input.equals(“ec”))
         return  “EnumConstants”;
    else if(input.equals(“f”))
         return  “ProjectFiles”;
    else if(input.equals(“fd”))
         return  “FunctionDefinitions”;
    else if(input.equals(“fil”))
         return  “SymbolsOfFiles”;
```

```
else if(input.equals("fr"))
return  "Friends";
else if(input.equals("fu"))
return  "Functions";
else if(input.equals("gv"))
return  "Variables";
else if(input.equals("in"))
return  "Inheritances";
else if(input.equals("iu"))
return  "Include";
else if(input.equals("icl"))
return  "IncludeList";
else if(input.equals("iv"))
return  "InstanceVariables";
else if(input.equals("ma"))
return  "Macros";
else if(input.equals("md"))
return  "MethodDefinitions";
else if(input.equals("mi"))
return  "MethodImplementations";
else if(input.equals("t"))
return  "Typedefs";
else if(input.equals("to"))
return  "RefersTo";
else if(input.equals("un"))
return  "Unions";
return "unknown";
}

public String  MakeSQLPreparedInsertStatmenet(String tableName,
Collection<String>  dataList){
  String sqlPrepareStatement = "insert or IGNORE into " + tableName + " values (";
  int i=0;
  for(String data : dataList){
    sqlPrepareStatement += "?";
    if(i != (dataList.size()-1))
                sqlPrepareStatement  += ", ";
                i++;
  }
  sqlPrepareStatement += ");";
  return sqlPrepareStatement;
}

private final int step = 1000;
public boolean insertDB(String  preparedStatement, Collection
```

```
<InsertDBItem> insertDBList){
  Connection conn =  getConnection();
  try{
    conn.setAutoCommit(false);
    int stepIdx = 0;
    PreparedStatement prep =  conn.prepareStatement(preparedStatement);

    for(InsertDBItem dbItem :  insertDBList){
              int  i = 0;

              for(String  data : dbItem.getDataList()){
        i++;
        prep.setString(i, data);
              }

              prep.addBatch();
              stepIdx++;

              if((stepIdx  % step) == 0){
        prep.executeBatch();
        conn.commit();
        prep.clearBatch();
              }
    }
    prep.executeBatch();
    conn.commit();
    prep.clearBatch();
    System.out.print(".");

    prep.close();
    conn.setAutoCommit(true);
    System.out.println();
  }catch(SQLException e){
    e.printStackTrace();
     return false;
  }
  return  true;
}
```

143~187	각 SANDB파일들을 파라미터로 입력받고 확장자를 통해서 해당파일 데이터를 저장해야하는 테이블 이름을 반환한다.
189~201	테이블명과 입력 데이터를 파라미터로 입력받고 PreparedStatement를 구성해서 반환한다.
204~230	구성한 PreparedStatement에 입력 데이터를 입력하고 DB에 입력한다.
208	여러 개의 쿼리를 한번에 수행하기 위해서 auto commit을 해제한다.
210	반복적인 쿼리를 사용하기 위해 PreparedStatement 객체를 사용한다.
212~218	전달받은 InsertDBItem들을 하나씩 로드하고, DB에 입력한다.
223~227	PreparedStatement는 1000개마다 실행하고 Batch를 삭제한다.

- ProgramMain 클래스의 ExtractInformation 함수에서 구현된 Project를 사용하는 코드를 구현한다.
- Proejct 객체를 생성하는데 db를 전달한다.
- SNDB파일들의 경로인 dir과 dbdump.exe파일의 경로인 cmd를 Project클래스의 extractInfo 메소드에 전달하여 데이터를 추출한다.

```
public class ProgramMain{

  public static void ExtractInformation(String dir, String cmd){
    ...

   Project p = new Project(db);   //Project 생성
   p.extractInfo(dir, cmd);                         //Data  Extraction
  }
}
```

5.5 DB 데이터를 기반으로 가시화

- 파싱 결과를 저장한 DB를 사용하여 품질 지표를 적용한다.
- 품질 지표를 적용한 수치 값과 함께 프로그램의 전체적인 구조를 가시화 한다.
- 가시화를 위해서는 그래프 가시화 오픈 소스인 Graphviz를 사용하므로, 다운받아야 한다.

  (http://www.graphviz.org/Download.php)
- 품질 지표 적용 및 가시화를 위한 프로젝트를 생성한다.

  Project Name : GenDOTContents(SN)

- 데이터베이스에서 데이터를 로드하기 위해서는 마찬가지로 SQLite 라이브러리가 필요하다. 앞에서와 같은 방법으로 프로젝트의 라이브러리에 추가한다.

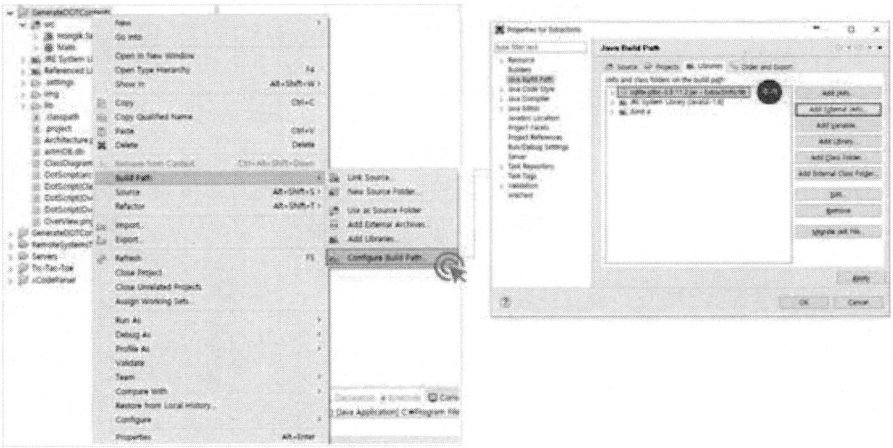

[그림 9] SQLite 라이브러리 추가

- Package Explorer를 보면 해당 프로젝트 라이브러리에 sqlite–jdbc–(version).jar가 추가된 것을 확인할 수 있다.

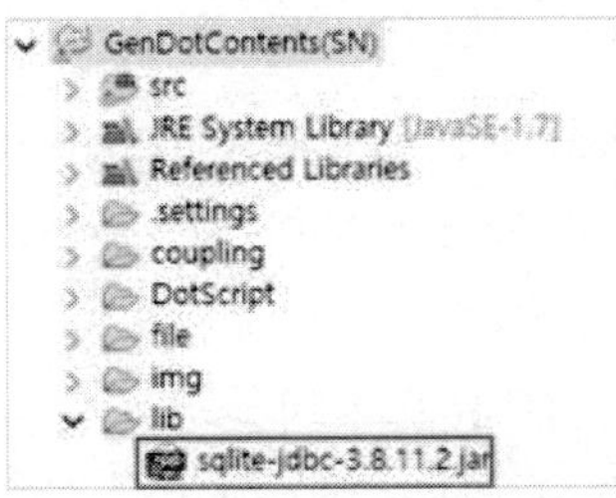

[그림 10] SQLite 라이브러리 추가 완료

- main, lib 패키지를 생성한다.

  Package Name : Calculate, DB, GenDot, Main

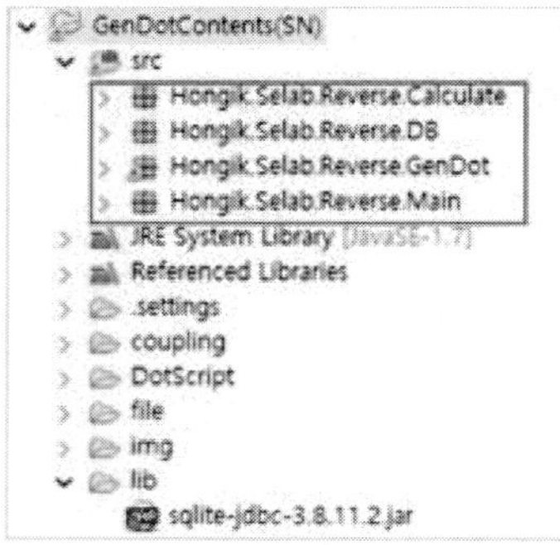

[그림 11] 패키지 생성

◎ Main 클래스

• main 패키지에 main함수를 포함하는 클래스 Main을 추가한다.

Class Name : Main

▶ main함수

- main함수에서는 Grphviz의 실행 파일(dot.exe)의 경로와 Graphviz의 정렬 옵션, 품질 지표로 사용할 결합도의 모든 종류에 대한 가시화 여부를 확인 할 수 있는 데이터를 파라미터로 입력받는다. 이 경로는 상대 경로를 사용해도 되지만 배포용이 아닌 테스트용이라면 절대 경로를 사용하는 것이 좋다. 그리고 가시화하여 저장할 이미지 파일의 이름을 미리 선언해 둔다.

Graphviz 파일 경로 : C:/Program Files (x86)/Graphviz2.24/bin/dot.exe

Graphviz 정렬 옵션 : 가시화 할 노드들의 최소 거리를 설정한다. "none"을 입력하면 Default 설정으로 0.5를 설정한다.

Coupling 가시화 옵션 : 가시화 하고자 하는 결합도는 총 5개의 종류(내용 결합도, 공통 결합도, 외부 결합도, 제어 결합도, 스탬프 결합도)가 있다. 이 옵션을 통해서 각 결합도를 가시화 할지를 결정할 수 있다. "11111"은 모든 결합도를 가시화 하는 옵션이다. 가시화 하고자 하는 결합도에 1을 입력하고 가시화 하지 않으려면 0을 입력하면 된다. 순서는 앞에서 정의한 5개의 결합도 순서대로 매칭된다. 이 옵션을 생략될 수도 있다.

```
001:  package Main;
002:
003:  import GenDot.GenerateDot;
004:
005:  public class Main {
006:
007:  public static void main(String[] args) {
008:    // TODO Auto-generated method stub
009:    String dot ="";
010:    String op_rank = "";
011:    String op_coup = "";
012:
013:    if(args.length<2||args.length>3){
014:      System.out.println("Error  Parameter");
015:      return;
016:    }else if(args.length==2){
017:      op_rank = args[1].toString();
018:    }else if(args.length==3){
019:      op_rank = args[1].toString();
020:      op_coup = args[2].toString();
021:    }
022:
023:    GenerateDot gd = new GenerateDot(dot,  op_rank, op_coup);
024:    //gd.genArchitecture_Class();
025:   }
026:
027: }
```

7	main함수는 기본적으로 String 배열 형식의 파라미터를 갖는다.
13-21	위에서 설명한 바와 같이 Graphviz 파일 경로, 정렬 옵션, 결합도 옵션을 입력 받아야 하는데 결합도 옵션은 생략이 가능하므로 두 개의 파라미터가 전달된 경우와 세 개의 파라미터가 전달된 경우에 처리가 필요하다. 그리고 두 개, 3 개가 아닌 경우는 Exception 처리를 한다. 에러 메시지를 보내고, return을 통해 함수를 종료시킨다.
23	가시화를 진행할 객체 GenerateDot를 생성하면서 파라미터로 입력 받은 옵션값들을 전달한다.
24	실제 가시화를 위해 GenerateDot 객체의 genArchitecture_Class() 함수를 호출한다. Class 단위의 프로그램의 구조를 품질 지표인 결합도를 표현하여 가시화 한다. 다른 부분이 구현될 때까지 주석으로 둔다.

◎ GenerateDot 클래스

• 가시화 기능을 수행할 GenerateDot 클래스를 GenDot 패키지에 구현한다.

Package Name : GenDot

Class Name : GenerateDot

▶ GenerateDot 생성자

생성자는 main 함수에서 전달한 Grphviz의 실행 파일(dot.exe)의 경로, 정렬 옵션, 결합도옵션을 파라미터로 입력받는다.

```
package GenDot;

import  java.sql.Date;
import java.text.SimpleDateFormat;

public class GenerateDot {
long time = System.currentTimeMillis();
SimpleDateFormat dayTime = new
SimpleDateFormat("yyyy_MM_dd(HH_mm_ss)");

String str = dayTime.format(new  Date(time));
String ranksep = "ranksep=4.0;";
String couplingOption = "11111";
DB db = new DB();
Coupling cp = new Coupling();
String dot;

public GenerateDot(String dot, String  ranksep, String option) {
  this.dot = dot;
  if(ranksep.length() > 0){
    this.ranksep = ranksep;
  }else  if(ranksep.equals("none")){
    this.ranksep = "none";
  }
  if(option.length() > 0){
    this.couplingOption = option;
  }
}

public void genArchitenture_Class() {

}

}
```

7-10	가시화 하는 이미지 파일을 구분하기 위해서 날짜와 시간을 입력하기 위해서 시스템의 현재 시간의 형식을 변환해 String 형에 저장해 둔다.
11-12	정렬 옵션과 결합도 옵션은 입력되지 않을 수도 있기 때문에 Default 설정을 위해 미리 입력해 둔다.
13-14	데이터베이스에 저장해둔 데이터를 사용하기 위해 DB 객체를 생성하고 결합도 계산을 위해서 Coupling 객체를 생성한다.
15	Graphviz에서는 가시화를 위해서 DotScript를 구성해야하기 때문에 String형인 dot에 DotScript를 구성하고자 한다.
17-27	GenerateDot 클래스의 생성자로써 전달받은 파타미터를 전역 변수에 입력시킨다.
29-31	Graphviz에 입력할 DOT Script를 구성하는 함수를 구현한다. 먼저 DB 클래스와 Coupling 클래스를 구성한 후에 수행한다.

DB 클래스

- DB 패키지에 DB 클래스를 구현한다.

Package Name : DB

Class Name : DB

```
package DB;

import java.sql.Connection;
import java.sql.DriverManager;
import java.sql.SQLException;
import java.sql.Statement;

public class DB {
private static final String dbName =  "recoveryDB.db";
private Connection conn;

/**
 * DB를  초기화한다.
 * @return 실패  시 false를 반환한다.
 */
private boolean initDB(){
  try {
    // #1. JDBC driver loading
    try {
        Class.forName("org.sqlite.JDBC");
    } catch (ClassNotFoundException e) {
    // #1. JDBC driver loading
    try {
```

```
          Class.forName("org.sqlite.JDBC");
      } catch (ClassNotFoundException e) {
        e.printStackTrace();
      }

      conn = DriverManager.getConnection("jdbc:sqlite:"  + dbName);

    }
    catch (Exception ex) {
      return false;
    }
    return true;
  }

  /**
   * DB Connection 을 반환한다.
   * @return
   * @throws Exception
   */
  public Connection getConnection() throws  Exception{
    if (conn != null)
      return conn;
    initDB();
    return conn;
  }

  public boolean close() {
    try {
      if (conn != null) {
        conn.close();
        conn = null;
      }
    } catch (SQLException e) {
      return false;
    }
    return true;
  }

  public boolean init() throws Exception{
    Connection conn = getConnection();

    // #1. Table 등록
    Statement stat;
    try {
      stat = conn.createStatement();
```

```
      stat.executeUpdate("drop table if  exists TEMP_LINK;");
      stat.executeUpdate("create table  TEMP_LINK"
           +" (Caller TEXT  ,Caller_SYM,Callee TEXT,Callee_SYM,
DAT_Count INTEGER, STMP_Count INTEGER,  CON_Count INTEGER, EXT_Count
INTEGER, COM_Count INTEGER, CONT_Count  INTEGER);");
      ReplaceSlash();
    } catch (SQLException e) {
      e.printStackTrace();
      return false;
    }
    return true;
  }

  private void ReplaceSlash() {
    Connection conn;
    Statement stat;
    try {
      conn = getConnection();
      stat = conn.createStatement();
      System.out.println("Replace  Start!");
      stat.executeUpdate("update  Constants set filename =
replace(filename,\"/\",\"\\\");");
      stat.executeUpdate("update ProjectFiles set highlight_file =
replace(highlight_file,\"/\",\"\\\");");
      stat.executeUpdate("update Enumerations set filename =
replace(filename,\"/\",\"\\\");");
      stat.executeUpdate("update EnumConstants set filename =
replace(filename,\"/\",\"\\\");");
      stat.executeUpdate("update FunctionDefinitions set filename =
replace(filename,\"/\",\"\\\");");
      stat.executeUpdate("update Friends set filename =
replace(filename,\"/\",\"\\\");");
      stat.executeUpdate("update Functions set filename =
replace(filename,\"/\",\"\\\");");
      stat.executeUpdate("update Variables set filename =
replace(filename,\"/\",\"\\\");");
      stat.executeUpdate("update Inheritances set filename =
replace(filename,\"/\",\"\\\");");
      stat.executeUpdate("update instanceVariables set filename =
replace(filename,\"/\",\"\\\");");
      stat.executeUpdate("update Macros set filename =
replace(filename,\"/\",\"\\\");");
      stat.executeUpdate("update  MethodDefinitions set filename =
replace(filename,\"/\",\"\\\");");
```

```
095:        stat.executeUpdate("update  MethodImplementations set filename =
replace(filename,\"/\",\"\\\");");
096:        stat.executeUpdate("update ypedefs set filename =
replace(filename,\"/\",\"\\\");");
097:        stat.executeUpdate("update RefersTo set filename =
replace(filename,\"/\",\"\\\");");
098:        stat.executeUpdate("update ReferredBy set filename =
replace(filename,\"/\",\"\\\");");
099:        stat.executeUpdate("update Classes set filename =
replace(filename,\"/\",\"\\\");");
100:        System.out.println("Replace End!");
101:      } catch (Exception e) {
102:        // TODO Auto-generated catch block
103:        e.printStackTrace();
104:      }
105:
106:   }
107:
108: }
```

9-10	SourceNavigator를 사용하여 파싱한 데이터베이스 파일과 DB의 Connection을 연결하기 위한 전역 변수를 미리 선언한다.
16-32	SQLite의 드라이버를 사용하여 데이터베이스의 Connection을 생성한다.
39-44	DB Connection을 반환한다.
46-56	DB Connection을 종료시킨다.
58-74	데이터베이스에 데이터를 사용하여 품질 지표인 결합도를 측정하고 TEMP_LINK 테이블에 저장한다.
76-106	DB 데이터 중에서 파일의 경로를 나타내는 데이터의 '/'를 '\'로 교체한다.

◎ Coupling 클래스

• 품질 지표인 결합도를 측정하기 위한 함수들을 정의한다.
• 결합도는 자료 결합도, 스탬프 결합도, 제어 결합도, 외부 결합도, 공통 결합도, 내용 결합도로 총 6가지 종류로 나누어진다.
• 각각의 결합도를 측정하기 위한 메소드들을 정의한다.

Package Name : Calculate

Class Name : Coupling

```
package Calculate;

public class Coupling {
public int getDatCouping(String para){
  String[] argu;
  int count = 0;
  if(para.equalsIgnoreCase("")){
    return count;
  }else{
    argu = para.split(",");
    if(argu.length == 1){
          if(para.equalsIgnoreCase("int")   ||para.equalsIgnoreCase("LONG")
              ||para.equalsIgnoreCase("float")||para.equalsIgnoreCase("double")
              ||para.equalsIgnoreCase("char")||para.equalsIgnoreCase("short")
             ||  para.equalsIgnoreCase("BOOL") || para.equalsIgnoreCase("boolean")
              ||para.equalsIgnoreCase("void")){
         count++;
      }
      return count;
    }else{
      for(int i =0;i < argu.length;   i++){
           if(argu[i].equalsIgnoreCase("int") ||argu[i].equalsIgnoreCase("LONG")
||argu[i].equalsIgnoreCase("float")||argu[i].equalsIgnoreCase("double")
||argu[i].equalsIgnoreCase("char")||argu[i].equalsIgnoreCase("short")
             || argu[i].equalsIgnoreCase("BOOL")  || para.equalsIgnoreCase("boolean")
              ||argu[i].equalsIgnoreCase("void")){
          count++;
        }
      }
      return count;
    }
  }
 }

public int getStmpCouping(String para){
  String[] argu;
  int count = 0;
  if(para.equalsIgnoreCase("")){
    count++;
    return count;
```

```
    }else{
      argu = para.split(",");
      if(argu.length == 1){
          if(!(para.equalsIgnoreCase("int")   ||para.equalsIgnoreCase("LONG")
                ||para.equalsIgnoreCase("float")||para.equalsIgnoreCase("double")
              ||para.equalsIgnoreCase("char")||para.equalsIgnoreCase("short")
            ||  para.equalsIgnoreCase("BOOL") || para.equalsIgnoreCase("boolean")
              ||para.equalsIgnoreCase("void"))){
          count++;
        }
        return count;
      }else{
        for(int i =0;i < argu.length;  i++){
            if(!(argu[i].equalsIgnoreCase("int") ||argu[i].equalsIgnoreCase("LONG")
||argu[i].equalsIgnoreCase("float")||argu[i].equalsIgnoreCase("double")
||argu[i].equalsIgnoreCase("char")||argu[i].equalsIgnoreCase("short")
                || argu[i].equalsIgnoreCase("BOOL") || para.equalsIgnoreCase("boolean")
                ||argu[i].equalsIgnoreCase("void"))){
            count++;
          }
        }
        return count;
      }
    }
  }

  public int getConCouping(String ret){

    if(ret.equalsIgnoreCase("BOOL")||ret.equals("HRESULT")  || ret.equalsIgnoreCase("boolean")   ){
      return 1;
    }else{
      return 0;
    }
  }

  public int getExtCouping(String para){
      if(para.contains("file")||para.contains("File")||para.contains("Path")){
      return 1;
    }else{
```

```
            return 0;
        }
    }

    public String SumString(int dat,int stmp,int con,int ext,int com,int cont){
        double sum = 0;
        String S_Sum ="" ;
        sum = sum(dat,stmp,con,ext,com,cont);
        if(dat!=0){
            S_Sum += "[D *   "+dat+"]";
        }
        if(stmp!=0){
            S_Sum += "[S *   "+stmp+"]";
        }
        if(con!=0){
            S_Sum += "[CL *   "+con+"]";
        }
        if(ext!=0){
            S_Sum += "[E *   "+ext+"]";
        }
        if(com!=0){
            S_Sum += "[CN *   "+com+"]";
        }
        if(cont!=0){
            S_Sum += "[CT *   "+cont+"]";
        }
        return S_Sum+" = "+sum+"   ";
    }
    public int sum(int dat,int stmp,int con,int ext,int com,int cont){
        float sum = 0;

        sum += dat*1*1;
        sum += stmp*2*1;
        sum += con*3*1;
        sum += ext*5*1.25;
        sum += com*5*1.4;
        sum += cont*6*1.7;

        return (int)sum;
    }
}
```

4-33	자료 결합도를 측정하기 위해서 메소드의 파라미터를 받아 어떤 자료형이 있는지 확인한다. 파라미터가 하나 일 수도 있고 여러 개일 수도 있기 때문에 ‘, ’를 기준으로 split()함수를 사용하여 분리하고, 자료형이 다음과 같이 기본 자료형일 경우를 자료 결합도라고 판단한다. int long float double char short BOOL boolean void
35-65	스탬프 결합도를 측정하기 위해서 메소드의 파라미터를 받아 어떤 자료형이 있는지 확인한다. 파라미터가 하나 일 수도 있고 여러 개일 수도 있기 때문에 ‘, ’를 기준으로 split()함수를 사용하여 분리하고, 자료형이 기본 자료형이 아닌 경우를 스탬프 결합도라고 판단한다.
67-74	제어 결합도를 측정하기 위해서 메소드의 파라미터를 받아 어떤 자료형이 있는지 확인한다. 파라미터가 조건문에 쓰이는 경우 프로그램을 제어하는 역할을 하기 때문에 BOOL, HRESULT, boolean 자료형의 파라미터인 경우를 제어 결합도라고 판단한다.
76-82	외부 결합도를 측정하기 위해서 메소드의 파라미터를 받아 어떤 자료형이 있는지 확인한다. 외부의 리소스를 사용하는 경우를 외부 결합도라고 할 수 있기 때문에 대표적으로 file, File, Path 자료형의 파라미터인 경우를 외부 결합도라고 판단한다.
102-125	모든 종류의 결합도 개수를 확인하고 총 결합도 수치를 계산하여 문자열로 만들고 반환한다. 가시화 시에 호출을 의미하는 화살표에 이 문자열을 라벨로 표기한다.
126-137	결합도 수치를 계산하기 위한 함수로 각 종류의 결합도에 점수를 할당할 수 있다. 점수는 소수점을 제외한 int 형으로 반환한다.

GenerateDot 클래스

- DOT Script를 구성하는 getArchietecture_Class() 메소드를 구현한다.

  ▶ getArchietecture_Class()

  Graphviz에서는 노드와 화살표를 가시화 할 수 있다. 노드를 구성하는 Dot Script와 화살표를 구성하는 Dot Script를 작성하여 하나의 String 변수에 저장하고, 이 변수를 텍스트 파일로 생성한다.

```
package GenDot;

…

import Calculate.Coupling;
import DB.DB;

public class GenerateDot {
…
public void genArchitenture_Class() throws  Exception {
  Connection conn = db.getConnection();
  db.init();

  String content = DrawRect();
  /*
   * 화살표  (결합도)
   */

  if(couplingOption.charAt(0) == '1')
   MakeStempCoupling(conn);

  /* control */
  if(couplingOption.charAt(1) == '1')
   MakeControlCoupring(conn);

  /*External*/
  if(couplingOption.charAt(2) == '1')
   MakeExternalCoupring(conn);

  /*common*/
  if(couplingOption.charAt(3) == '1')
   MakeCommonCoupring(conn);

  /*Contents*/
  if(couplingOption.charAt(4) == '1')
   MakeContentCoupling(conn);

  /*화살표*/
  DrawLine(content);

  try {
   BufferedWriter br = new  BufferedWriter(new
FileWriter(".\\ DotScript\\DotScript(architecture_class)("+str+").txt"));
   br.write(content);
   br.close();
```

```
077:     } catch (IOException e) {
078:       e.printStackTrace();
079:     }
080:     content = "";
081:   }
082:
083: }
```

43-44	Source Navigator를 이용해 파싱한 결과가 저장되어 있는 데이터베이스와의 Connection을 반환받고, 결합도 측정 결과를 저장하기 위한 테이블을 생성하는 init() 함수를 호출한다.
46	Graphviz를 사용하여 가시화할 노드의 DOT Script를 구성하기 위해 DrawRect()함수를 호출한다. 이 함수를 통해 구성한 DOT Script는 String 자료형으로 반환받는다.
51-68	프로그램 실행 시에 입력받은 결합도 옵션을 확인하면서 각 종류의 결합도를 확인하고 그 결과를 TEMP_LINk 테이블에 저장한다. 각각의 결합도를 확인하기 위한 MakeStampCoupling(), MakeControlCoupling(), MakeExternalCoupling(), MakeCommonCoupling(), MakeContentCoupling() 함수를 구현한다.
71	Graphviz를 사용하여 가시화할 화살표의 DOT Script를 구성하기 위해 DrawLine()함수를 호출한다. 이 함수는 파라미터로 노드를 구성한 DOT Script를 전달하고, 화살표의 DOT Script를 추가한다.
73-79	DOT Script가 입력된 변수 content를 텍스트로 구성해 DotScript 파일 경로에 생성한다.

ClusterData 클래스

• 클래스를 가시화 노드로 정의했다. 이 노드를 가시화 할 때, 패키지로 그룹화 하기 위해서 패키지의 이름과 그 패키지에 포함되는 파일의 이름을 리스트로 구성하는 클래스를 생성한다.

ClusterData 생성자

```
package GenDot;

import java.util.LinkedList;

public class ClusterData {
String m_directoryName;
LinkedList<String> m_items = new  LinkedList<>();
}
```

6	파일들을 포함하는 패키지의 이름을 String 자료형으로 선언한다.
7	패키지에 포함되는 파일들을 String 자료형의 리스트로 선언한다.

▶ parse 클래스

- 데이터베이스의 데이터를 분석하여 결합도를 측정하고 그 결과를 TEMP_LINK 테이블에 입력한다. 이 때, 분석 결과를 TEMP_LINk에 입력하기 위한 클래스를 생성한다. 이 클래스를 TEMP_LINK 테이블의 데이터 구조와 동일한 필드를 갖고 있다. 테이블에 데이터 추가 시 parse 객체를 생성하여 간편하게 수행할 수 있다.

```
package GenDot;

public class parse {
private String caller;
private String caller_sym;
private String callee;
private String callee_sym;
private int dat_count;
private int stmp_count;
private int con_count;
private int ext_count;
private int com_count;
private int cont_count;
public parse(String caller,String   caller_sym,String callee,String
callee_sym, int dat_count,
     int stmp_count, int con_count, int   ext_count, int com_count,
int cont_count){
   this.caller = caller;
   this.caller_sym = caller_sym;
   this.callee = callee;
   this.callee_sym = callee_sym;
   this.dat_count = dat_count;
   this.stmp_count = stmp_count;
   this.ext_count = ext_count;
   this.con_count = con_count;
   this.com_count = com_count;
   this.cont_count = cont_count;
 }

public String getCaller() {
   return caller;
 }
```

```
  public void setCaller(String caller) {
    this.caller = caller;
  }
  public String getCallee() {
    return callee;
  }
  public void setCallee(String callee) {
    this.callee = callee;
  }

  public int getDat_count() {
    return dat_count;
  }

  public void setDat_count(int dat_count) {
    this.dat_count = dat_count;
  }

  public int getStmp_count() {
    return stmp_count;
  }

  public void setStmp_count(int stmp_count)   {
    this.stmp_count = stmp_count;
  }

  public int getCon_count() {
    return con_count;
  }

  public void setCon_count(int con_count) {
    this.con_count = con_count;
  }

  public int getExt_count() {
    return ext_count;
  }

  public void setExt_count(int ext_count) {
    this.ext_count = ext_count;
  }

  public int getCom_count() {
    return com_count;
  }
```

```
076:
077:   public void setCom_count(int com_count) {
078:     this.com_count = com_count;
079:   }
080:
081:   public int getCont_count() {
082:     return cont_count;
083:   }
084:
085:   public void setCont_count(int cont_count) {
086:     this.cont_count = cont_count;
087:   }
088:
089:   public String getCaller_sym() {
090:     return caller_sym;
091:   }
092:
093:   public void setCaller_sym(String caller_sym) {
094:     this.caller_sym = caller_sym;
095:   }
096:
097:   public String getCallee_sym() {
098:     return callee_sym;
099:   }
100:
101:   public void setCallee_sym(String callee_sym) {
102:     this.callee_sym = callee_sym;
103:   }
104: }
```

4-13	TEMP_LINK 테이블의 데이터와 동일하게 필드를 선언한다.
14-26	생성자에서 각 데이터를 전달 받아 전역 변수에 대입한다.
28-103	각 변수에 대한 get, set 함수를 생성한다.

◎ DB 클래스

• 품질지표인 결합도를 측정하여 TEMP_LINK 테이블에 입력하기 위한 함수를 생성한다.

▶ insertLinks() 메소드

```
package DB;
…
import GenDot.parse;
public  class DB {
…
  int step = 1000;
…
  public void  insertLinks(Vector<GenDot.parse> links) throws Exception {
    Connection conn = getConnection();
    try {
      PreparedStatement prep = conn.prepareStatement("insert or IGNORE into TEMP_LINK values (?, ?, ?,  ?, ?, ?, ?, ?, ?, ?);");
      conn.setAutoCommit(false);

      for(int i=0;i<links.size(); i++) {
        parse p = links.get(i);
        prep.setString(1, p.getCaller());
        prep.setString(2,  p.getCaller_sym());
        prep.setString(3, p.getCallee());
        prep.setString(4,  p.getCallee_sym());
        prep.setInt(5, p.getDat_count());
        prep.setInt(6, p.getStmp_count());
        prep.setInt(7, p.getCon_count());
        prep.setInt(8, p.getExt_count());
        prep.setInt(9, p.getCom_count());
        prep.setInt(10, p.getCont_count());
        prep.addBatch();

        if ((i % step) == 0) {
          prep.executeBatch();
          conn.commit();
          prep.clearBatch();
          System.out.print(".");
        }
      }

      prep.executeBatch();
      conn.commit();
      prep.clearBatch();
```

```
145:       conn.setAutoCommit(true);
146:       prep.close();
147:       System.out.println();
148:     } catch (SQLException e) {
149:       e.printStackTrace();
150:     }
151:   }
152:
153: }
```

15	여러 데이터를 한번에 입력하기 위해 PreParedStatement를 사용하는데 1000개의 레코드가 모일 때마다 Batch가 수행된다.
116	PreparedStatement를 구성한다.
119-143	반환받은 parse의 리스트들을 PreparedStatement를 사용하여 데이터베이스에 입력 시킨다.

GenerateDot 클래스

- DOT Script를 구성하기 위한 DrawRect(), DrawLine() 메소드를 구현하고, 결합도를 측정하여 TEMP_LINK테이블에 입력하는 MakeStampCoupling(), MakeControlCoupling(), MakeExternalCoupling(), MakeCommonCoupling(), MakeContentCoupling() 메소드를 구현한다.

DrawRect()

Graphviz에서의 노드를 DOT Script로 구성한다. 데이터베이스의 데이터를 통해 프로그램이 어떤 클래스로 구성되어 있는지 확인하여 노드로 만들고, 패키지로 그룹화 한다. 그리고 해당 클래스를 구성하는 메소드의 수, 라인 수를 라벨에 표기한다.

```
package GenDot;

…

import Calculate.Coupling;
import DB.DB;

public class GenerateDot {
…
private String DrawRect() throws Exception   {
```

```
     String content = "";
     String dir[];
     String class_name;
     Connection conn = db.getConnection();
     Statement stat = conn.createStatement();
     Statement stat2 =  conn.createStatement();
     String module_query = "select name,  filename from Classes";

     ResultSet rs =  stat.executeQuery(module_query);
     ResultSet rs2 = null ;
     if(ranksep.equals("none"))
       content = "digraph xx { \n  ";
     else
       content = "digraph xx { \n  rankdir=RL; "+ranksep;
     /*
      * 모듈  그리기
      */
    HashMap<String, ClusterData>  clusterGraphMap = new HashMap<>();
     while (rs.next()) {
       class_name =  rs.getString("name");
       String temp =  Replace(rs.getString("filename"));
       dir = temp.split("/");
       String dir_name = dir[dir.length-2];
       ClusterData data =  clusterGraphMap.get(dir_name);
       if(data == null)
       {
         ClusterData newData = new  ClusterData();
         newData.m_directoryName = dir_name;
         newData.m_items.add( class_name );
         clusterGraphMap.put(dir_name,  newData);
       }
       else
       {
         data.m_items.add( class_name );
       }
     }
    Collection<ClusterData> dataList =  clusterGraphMap.values();
    Iterator<ClusterData> iter_cluster  = dataList.iterator();

      while(iter_cluster.hasNext())
      {
        ClusterData data =  iter_cluster.next();
        if(ranksep.equals("none"))
        {
          content+= "\t subgraph  cluster"+ data.m_directoryName
```

```
            +"{ \n\t label = \"["+ data.m_directoryName +"]\"; \n\t"
            +"color = blue; \n\t  fontsize = 40; \n\t fontcolor = blue; \n";
        }
        else
        {
          content+= "\t subgraph   cluster"+ data.m_directoryName
              +"{ rank=same; \n\t label  = \"["+ data.m_directoryName +"]\"; \n\t"
              +"color = blue; \n\t fontsize  = 40; \n\t fontcolor = blue; \n";
        }
        int size = data.m_items.size();
        for(int i=0; i < size; i++)
        {
          String query1 = "select count(class),sum(end_position)-sum(start_position) as Lines from SymbolsOfFiles where class ='"+data.m_items.get(i)+"' and type =  'mi'";
          rs2 = stat2.executeQuery(query1);
          while(rs2.next()){
            int count_method =  rs2.getInt("count(class)");
            int count_lines =  (int)rs2.getFloat("Lines");
            if(i == 0)
            {
              if(count_method>20||count_lines>1000){
              content+="\t  \""+ data.m_items.get(i) +"\" "
                        +"[shape=BOX,color = red,style = bold,fontcolor = red,label=\""+data.m_items.get(i)+"("+count_method+","+count_lines+")  \"]";
             }else{
              content+="\t  \""+ data.m_items.get(i) +"\" "
+"[shape=BOX,label=\""+data.m_items.get(i)+"("+count_method+","+count_lines+")  \"]";
             }

            }
            else if(i == (size - 1))
            {
              if(count_method>20||count_lines>1000){
              content+="  \""+ data.m_items.get(i) +"\" "
                        +"[shape=BOX,color = red,style = bold,fontcolor = red,label=\""+data.m_items.get(i)+"("+count_method+","+count_lines+")  \"]";

             }else{
              content+="  \""+ data.m_items.get(i) +"\" "
                      +"[shape=BOX, label=\""+data.m_items.get(i)+"("+count_method+","+count_lines+")  \"]";

             }
```

```
168:               }
169:               else
170:               {
171:                   if(count_method>20||count_lines>1000){
172:                   content+="   \""+ data.m_items.get(i) +"\" "
173:                       +"[shape=BOX, color  = red,style = bold,fontcolor = red,
label=\""+data.m_items.get(i)+"("+count_method+","+count_lines+")   \"]";
174:                  }else{
175:                   content+="   \""+ data.m_items.get(i) +"\" "
176:                           +"[shape=BOX,
label=\""+data.m_items.get(i)+"("+count_method+","+count_lines+")   \"]";
177:                  }
178:               }
179:             }
180:             rs2.close();
181:           }
182:           content+=";\t\n\t}\n";
183:       }
184:       rs.close();
185:       return content;
186:     }
187:
188:     private String Replace(String path){
189:       String temp;
190:       temp = path.replaceAll("\\\\",   "/");
191:       return temp;
192:     }
193: }
```

84-86	DOT Script를 구성하기 위한 String 자료형 변수와 패키지로 그룹화하기 위해 데이터베이스의 파일 경로를 저장하기 위한 String 배열형 변수, 노드인 클래스의 이름을 저장할 String 자료형 변수를 선언한다.
90-92	SourceNavigator를 이용한 파싱 결과 데이터베이스에서 Classes 테이블의 filename(파일 경로), name(클래스 이름) 컬럼을 모두 로드한다.
94-97	프로그램 실행 시 정렬 옵션에 따라서 DOT Script를 구성한다.
101-119	패키지명을 key로 지정하고, 패키지와 내부의 클래스 리스트로 구성된 ClusterData를 data로 갖는 HashMap을 선언한다. ResultSet 객체를 key(패키지명)가 없는 경우는 key와 data를 포함한 Map을 입력하고, key(패키지명)이 있는 경우는 해당 key에 data를 추가한다.
120-137	HashMap을 사용하여 구성한 ClusterData에 Iterator를 사용하여 하나씩 로드한다. 먼저 패키지명에 따라서 서브그래프를 구성하는데 프로그램 실행 시에 정렬 옵션에

	따라서 서브 그래프의 정렬 옵션이 설정된다.
138-179	해당 패키지의 모든 클래스 노드를 생성한다. 메소드의 개수가 20개 이상이거나 코드의 길이가 1000라인 이상일 때 빨간색으로 표현하여 가시성을 높인다.
188-192	데이터베이스의 데이터에서 파일 경로의 표기가 '\'인 것을 '/'로 교체한다.

▶ MakeStampCoupling() 메소드

자료 결합도, 스탬프 결합도를 측정하기 위한 함수를 정의한다.

```
package GenDot;
...
public class GenerateDot {
...
private void MakeStempCoupling(Connection   conn) throws Exception {
  Vector<parse> ref_class = new   Vector<parse>();
  String module_query = "select   class, symbol_name, ref_class, ref_symbol, ref_argument_types, filename,   ref_type "
      + "from RefersTo "
      + "where  ref_type <> 'ma' and ref_type   <> 'e' and ref_type <> 'ec' and class <> '#' and   ref_argument_types <> ''" ;

  Statement stat = conn.createStatement();
  ResultSet rs =   stat.executeQuery(module_query);

  while(rs.next())
  {
    String Caller_class =   rs.getString("class");
    String Callee_class =   rs.getString("ref_class");
    String Caller =   rs.getString("symbol_name");
    String Callee = rs.getString("ref_symbol");
    String parameter =   rs.getString("ref_argument_types");
    String ref_type =   rs.getString("ref_type");

      if(Callee_class.contains("#"))
    {
        if(ref_type.equals("cl")||ref_type.equals("t"))
      {
        Callee_class = Callee;
      }
      else
      {
        String query1 = "select type   from instancevariables where variable_name = '" +Callee+"'";
```

```
        Statement stat2 = conn.createStatement();
        ResultSet rs2 =  stat2.executeQuery(query1);

        while(rs2.next()){
          String c_type =  rs2.getString("type");
          if(  c_type.startsWith("C") && !c_type.contains("CString")  ) { //!c_type.contains("CString") ||

            c_type =  StringDeletePointerArray(c_type);
            Callee_class = c_type;
            break;
          }
        }
        rs2.close();
          if(Callee_class.contains("#"))
        {
          query1 = "select  class,identifier from SymbolsOfFiles where identifier = '"  +Callee+"'";
          rs2 =  stat2.executeQuery(query1);

          while(rs2.next()){
            Callee_class =  rs2.getString("class");
            //parameter =  rs2.getString("arg_types");
            break;
          }
        }
        rs2.close();
      }
    }

    if(Callee_class.equals("#"))
      continue;
    //System.out.println(Callee_class  +" :: "+ Callee);

      parameter=StringDeletePointerArray(parameter);
    if(!Caller_class.equals(Callee_class))
    {
      //System.out.println(parameter +"::"+cp.getDatCouping(parameter)+"::"+cp.getStmpCouping(parameter));

      ref_class.add(new  parse(Caller_class,Caller,
          Callee_class,Callee,
          cp.getDatCouping(parameter),
          cp.getStmpCouping(parameter),
          0,
```

```
265:          0,
266:          0,
267:          0));
268:      }
269:    }
270:    rs.close();
271:    db.insertLinks(ref_class);
272:  }
…
559:  public String   StringDeletePointerArray(String input)
560:  {
561:    input = input.replace("[",   "");
562:    input = input.replace("]",   "");
563:    input = input.replace("*",   "");
564:    input = input.replace("&",   "");
565:    input = input.replace(" ",   "");
566:    input = input.replace("const",   "");
567:    return input.trim();
568:  }
```

198-200	결합도를 식별하기 위해서는 참조 데이터를 확인해야 하기 때문에 RefersTo 테이블의 데이터를 select한다. 조건을 통해서 참조 타입이 매크로나 열거형 변수인 경우를 제외하고, 참조하는 클래스의 이름이 '#'인 경우와 파라미터가 없는 경우 또한 제외한다.
214-248	참조 대상의 클래스(Callee_class)가 '#'으로 생략된 경우는 참조 대상 자체가클래스이거나 typedef로 선언된 구조체인 경우와 참조 대상의 클래스 내부 필드나 함수인 경우로 나누어질 수 있다. 전자의 경우는 참조 타입이 'cl(클래스)', 't(typeef 구조체)'인지를 확인하여 참조 대상의 클래스를 참조 대상의 이름과 동일하게 설정한다. 후자에서는 참조한 대상이 C에서 기본적으로 제공하는 기본 자료형인지를 확인하기 위해서 instancevariables 테이블을 사용하여 type을 select한다. 기본 자료형의 경우 그 이름을 참조 대상의 클래스로 저장한다. 또, 참조 대상 클래스의 내부 필드나 함수인지를 확인하기 위해 SymbolsOfFiles 테이블에서참조 대상을 확인한다.
255-268	호출 하는 클래스와 호출 대상 클래스가 동일하다면 결합도라고 할 수 없다 따라서 이를 구분하는 조건문을 작성하고, 참조 시에 전달한 파라미터 정보를 getDatCoupling(), getStmpCoupling() 함수에 전달하여 자료 결합도와 스탬프 결합도 수치를 반환받는다. 그리고 앞에서 RefersTo 테이블에서 가져온 데이터들을 사용하여 TEMP_LINK 테이블에 데이터를 저장하기 위한 parse객체를 생성하고 DB 객체의 insertLinks() 함수에 전달해 데이터 베이스에 입력한다.

▶ MakeControlCoupling() 메소드

제어 결합도를 측정하기 위한 함수를 정의한다.

```
package   GenDot;
...
  public class GenerateDot {
...
  private void   MakeControlCoupring(Connection conn) throws Exception{
    Vector<parse> ref_class = new   Vector<parse>();
    Statement  stat = conn.createStatement();
    String module_query = "select   class, symbol_name, ref_class, ref_symbol, filename, ref_type "
        + "from RefersTo "
        + "where  ref_type <> 'ma' and ref_type   <> 'e' and ref_type <> 'ec' and class <> '#' and ref_type   <> 'lv' and ref_type <> 'cl' and ref_type <> 't'" ;
    ResultSet rs =   stat.executeQuery(module_query);
    while(rs.next()){
      String Caller_class =   rs.getString("class");
      String Callee_class =   rs.getString("ref_class");
      String Caller =   rs.getString("symbol_name");
      String Callee =   rs.getString("ref_symbol");
      String return_type = "";
      String query2 ="";
        if(Callee_class.contains("#"))
      {
        query2 = "select   class,name,ret_type from MethodImplementations where   name='"+Callee+"'";
      }
      else
      {
        query2 = "select   class,name,ret_type from MethodImplementations where   name='"+Callee+"' and class='"+Callee_class+"'";
      }
      Statement  stat2 = conn.createStatement();
      ResultSet rs2 =   stat2.executeQuery(query2);
      if(rs2.next())
      {
        Callee_class =   rs2.getString("class");
        return_type =   rs2.getString("ret_type");
```

```
307:       }
308:       rs2.close();
309:
310:       if(Callee_class.equals("#"))
311:         continue;
312:
313:         return_type=StringDeletePointerArray(return_type);
314:
315:       int control_num =   cp.getConCouping(return_type.trim());
316:       if(control_num == 0)
317:         continue;
318:
319:         if(!Caller_class.equals(Callee_class)){
320:         ref_class.add(new   parse(Caller_class,Caller,
321:             Callee_class,Callee,
322:             0,
323:             0,
324:               cp.getConCouping(return_type.trim()),
325:             0,
326:             0,
327:             0));
328:       }
329:     }
330:     rs.close();
331:     db.insertLinks(ref_class);
332:   }
```

279-281	결합도를 식별하기 위해서는 참조 데이터를 확인해야 하기 때문에 RefersTo 테이블의 데이터를 select한다. 조건을 통해서 참조 타입이 매크로나 열거형 변수, typedef, 지역 변수, 클래스인 경우를 제외하고 참조하는 클래스가 '#'으로 생략된 경우를 참조한 경우는 제외한다.
292-308	참조 대상의 클래스(Callee_class)가 '#'으로 생략된 경우는 MethodImplementations 테이블에서 구현된 메소드들 중에서 이름(name)이참조 대상과 동일한 경우의 클래스를 참조 대상 클래스로 설정한다.
319-331	참조 하는 클래스와 참조 대상 클래스가 동일하다면 결합도라고 할 수 없다 따라서 이를 구분하는 조건문을 작성하고, 참조 시에 리턴 데이터를 getConCoupling() 함수에 전달하여 제어 결합도 수치를 반환받는다. 그리고 앞에서 RefersTo 테이블에서 가져온 데이터들을 사용하여 TEMP_LINK 테이블에 데이터를 저장하기 위한 parse객체를 생성하고 DB 객체의 insertLinks() 함수에 전달해 데이터베이스에 입력한다.

▶ MakeExternalCoupling() 메소드

외부 결합도를 측정하기 위한 함수를 정의한다.

```
package GenDot;
...
public class GenerateDot {
...
private void  MakeExternalCoupring(Connection conn) throws Exception{
  Vector<parse> ref_class = new  Vector<parse>();
  String module_query = "select  class, symbol_name, ref_class, ref_symbol, caller_argument_types, filename,  ref_type "
      + "from RefersTo "
     + "where  ref_type <> 'ma' and ref_type  <> 'e' and ref_type <> 'ec' and ref_type <> 'lv' and  ref_type <> 'gv' and class <> '#'" ;
  Statement stat = conn.createStatement();
  ResultSet rs = stat.executeQuery(module_query);

  while(rs.next()){
    int ext_sum = 0;
    String Caller_class =  rs.getString("class");
    String Callee_class =  rs.getString("ref_class");
    String Caller =  rs.getString("symbol_name");
    String Callee =  rs.getString("ref_symbol");
//     String filename =  rs.getString("filename");
    String ref_type =  rs.getString("ref_type");

      if(Callee_class.contains("#"))
    {
      if(ref_type.equals("cl")||ref_type.equals("t"))
      {
        Callee_class = Callee;
      }
      else  if(ref_type.equals("ud"))
      {
        String query1 = "select type  from instancevariables where variable_name = '" +Callee+"'";

        Statement stat2 =  conn.createStatement();
        ResultSet rs2 =  stat2.executeQuery(query1);

        while(rs2.next()){
          String c_type = rs2.getString("type");
          if(  c_type.startsWith("C") &&  !c_type.contains("CString") ) {
//!c_type.contains("CString") ||
```

```

            c_type =  StringDeletePointerArray(c_type);
            Callee_class = c_type;
            break;
          }
        }
        rs2.close();
      }
    }

    if(Callee_class.equals("#"))
      continue;
    //System.out.println(Caller_class  +" :: "+ Caller);

    String query = "select  count(name) from Classes where name = '"+Callee_class+"'";
    Statement stat2 =  conn.createStatement();
    ResultSet rs2 =  stat2.executeQuery(query);

    while(rs2.next()){

      int count =  rs2.getInt("count(name)");

      if(count == 0){
        query = "select count(name)  from Enumerations where name = '"+Callee_class+"'";
        Statement stat3 =  conn.createStatement();
        ResultSet rs3 =  stat3.executeQuery(query);

        while(rs3.next()){
          count =  rs3.getInt("count(name)");
          if(count == 0){
            ext_sum++;
          }
        }
        rs3.close();
      }
      break;
    }
    rs2.close();

      if(!Caller_class.equals(Callee_class)){
      if(ext_sum > 0){
        ref_class.add(new parse(Caller_class,Caller,
            Callee_class,Callee,
```

```
410:            0,
411:            0,
412:            0,
413:            ext_sum,
414:            0,
415:            0));
416:        }
417:
418:      }
419:      ext_sum = 0;
420:    }
421:    rs.close();
422:
423:    db.insertLinks(ref_class);
424:    ref_class.clear();
425:
426:  }
```

336-338	결합도를 식별하기 위해서는 참조 데이터를 확인해야 하기 때문에 RefersTo 테이블의 데이터를 select한다. 조건을 통해서 참조 타입이 매크로나 열거형 변수, 지역 변수, 전역 변수가 아니고, 호출 하는 클래스가 '#'으로 생략된 경우는 제외한다. 외부 결합도는 외부에서 선언된 자료를 공유하는 것이므로 지역 변수, 전역 변수를 모두 제외해야한다.
351-375	참조 대상의 클래스(Callee_class)가 '#'으로 생략된 경우는 참조 대상 자체가 클래스이거나 typedef로 선언된 구조체인 경우와 'ud'타입으로 정의되지 않은 타입(초기화되지 않은 경우))인 경우로 나누어질 수 있다. 전자의 경우는 참조 타입이 'cl(클래스)', 't(typeef 구조체)'인지를 확인하여 참조 대상의 클래스를 참조 대상의 이름과 동일하게 설정한다. 후자에서는 참조한 대상이 C에서 기본적으로 제공하는 기본 자료형인지를 확인하기 위해서 instancevariables 테이블을 사용하여 type을 select한다. 기본 자료형의 경우 그 이름을 참조 대상의 클래스로 저장한다.
381-404	호출 대상 클래스가 Classes 테이블에 있는지 확인하고, 없을 시에는 외부 인터페이스일 수도 있기 때문에 Enumerations 테이블도 확인한다. 그 개수가 외부 결합도 측정 수치이다. 동일하다면 결합도라고 할 수 없다
406-423	RefersTo 테이블에서 가져온 데이터들과 외부 결합도 수치를 사용하여 TEMP_LINK 테이블에 데이터를 저장하기 위한 parse객체를 생성하고 DB 객체의 insertLinks() 함수에 전달해 데이터베이스에 입력한다.

▶ MakeCommonCoupling() 메소드

```
package GenDot;
...
public class GenerateDot {
...
    private void MakeCommonCoupring(Connection conn) throws Exception{
      Vector<parse> ref_class = new Vector<parse>();
      String query = "Select class, symbol_name, ref_class, ref_symbol from RefersTo where ref_type = 'gv'";
      Statement stat = conn.createStatement();
      ResultSet rs = stat.executeQuery(query);
      while(rs.next()){
        String Caller_class = rs.getString("class");
        String Callee_class = rs.getString("ref_class");
        String Caller = rs.getString("symbol_name");
        String Callee = rs.getString("ref_symbol");
        String filename = "";
          if(!Caller_class.equals(Callee_class)){
          ref_class.add(new parse(Caller_class,Caller,
              Callee_class,Callee,
              0,
              0,
              0,
              0,
              1,
              0));
        }
      }
      rs.close();
      db.insertLinks(ref_class);
      ref_class.clear();
  }
```

430	결합도를 식별하기 위해서는 참조 데이터를 확인해야 하기 때문에 RefersTo 테이블의 데이터를 select한다. 조건을 통해서 참조 타입이 전역 변수인 경우가 선택한다. 공유 결합도는 공유 영역에 정의한 데이터 즉, 전역 변수를 여러 개의 모듈이 공동으로 사용하는 것이다.
446-450	전역 변수가 선언된 클래스의 경우는 RefersTo 테이블에서 검색한 데이터와 함께 공통 결합도 수치를 1로 설정하여 TEMP_LINk 테이블에 데이터를 저장하기 위한 parse객체를 생성한다. DB 객체의 insertLinks() 함수에 parse 객체를 전달해 데이터베이스에 입력한다.

MakeContentCoupling() 메소드

```
001:   package GenDot;
...
021:   public class GenerateDot {
...
462:   private void  MakeContentCoupling(Connection conn) throws Exception {
463:     Vector<parse> ref_class = new  Vector<parse>();
464:     String query = "select R.class,  R.symbol_name, R.ref_class,
R.ref_symbol, R.filename, R.ref_type, R.position  from RefersTo as R LEFT JOIN
MethodImplementations as M on R.ref_symbol =  M.name where R.ref_type =
'ud' and R.class <> '#' and M.name IS NULL  and R.ref_argument_types = ''
and R.access <> 'p' order by R.class,  R.symbol_name, R.position"; //  and
access = 'w'";
465:     Statement  stat = conn.createStatement();
466:     ResultSet rs = stat.executeQuery(query);
467:
468:     String old_position = "";
469:     String old_Caller_class = "";
470:     Vector<String> ref_symbol_list =  new Vector<String>();
471:     while(rs.next()){
472:       String Caller_class =  rs.getString("class");
473:       String Callee_class =  rs.getString("ref_class");
474:       String Caller =  rs.getString("symbol_name");
475:       String Callee =  rs.getString("ref_symbol");
476:       String position =  rs.getString("position");
477:
478:         if(Callee.equalsIgnoreCase("NULL") ||
Callee.equalsIgnoreCase("TRUE") ||
479:             Callee.equalsIgnoreCase("FALSE") ||
Callee.equalsIgnoreCase("L"))
480:         continue;
481:
```

```
    if(!position.equals(old_position))
    {
      if(ref_symbol_list.size() > 1)
      {
System.out.println(ref_symbol_list+"::"+old_position+"::"+old_Caller_class);

        for(int i=0; i <  ref_symbol_list.size(); i++)
        {
          String ref_symbol =  ref_symbol_list.get(i);
          String query1 = "select  count(variable_name), type from
instancevariables where class =  '"+old_Caller_class+"' and variable_name =
'"+ref_symbol+"'";
          Statement  stat2 = conn.createStatement();
          ResultSet rs2 =  stat2.executeQuery(query1);
          rs2.next();
          int val = rs2.getInt(1);

          if(val > 0)
          {
            String c_type =  StringDeletePointerArray(rs2.getString(2));
            String query2 = "select  count(name) from Classes where
name = '"+c_type+"'";
            Statement  stat3 = conn.createStatement();
            ResultSet rs3 =  stat3.executeQuery(query2);
            rs3.next();
            int classCheckVal =  rs3.getInt(1);
            if(classCheckVal > 0)
            {
              //System.out.println(Callee);
              Callee_class = c_type;
              ref_class.add(new  parse(old_Caller_class,Caller,
                  Callee_class,ref_symbol,
                  0,
                  0,
                  0,
                  0,
                  0,
                  1));
            }
          }

        }
      }
      ref_symbol_list.clear();
```

```
523:         //if(position_count == 0)
524:         ref_symbol_list.add(Callee);
525:
526:       }
527:       else
528:       {
529:         ref_symbol_list.add(Callee);
530:       }
531:       old_position = position;
532:       old_Caller_class = Caller_class;
533:     }
534:     rs.close();
535:     db.insertLinks(ref_class);
536:   }
```

464	결합도를 식별하기 위해서는 참조 데이터를 확인해야 하기 때문에 RefersTo 테이블의 데이터를 select한다. 이 때, 참조 대상 클래스의 메소드들을 MethodImplementation 테이블에서 검색하는데 LEFT JOIN을 통해서 존재하지 않는 메소드일 경우 NULL로 출력한다. 조건을 통해서 참조 타입이 'ud'이고 참조 하는 클래스가 '#'으로 생략되지 않고 참조 대상 클래스의 메소드가 중복되어 NULL인 경우를 선택한다. 또한, 내용 결합도는 다른 클래스의 내부 자료에 직접적으로 접근하는 것이기 때문에 참조 시에 파라미터가 존재하지 않고 접근지정자는 사용만 하는 Passed이다.
482-495	내용 결합도는 직접적으로 다른 클래스의 내부 자료에 접근해야 하기때문에객체 생성과 함께 객체의 접근 연산자를 사용하게 된다. 따라서 함수의 호출 위치(position)을 통해서 동일한 라인에서 참조되는 참조 대상들을 리스트로 저장하고, 리스트가 1개 보다 클 경우 객체 생성과 객체의 접근 연산자가 동시에 수행된다는 것을 확인할 수 있다. 현재 참조 인스턴스가 현재 클래스에서 생성되었는지는 InstanceVariables 테이블을 통해서 확인한다.
499-518	참조하는 인스턴스의 클래스가 Class 테이블에 있는지 확인하여 C에서 제공하는 API 인지 사용자가 생성한 클래스 인지 확인한다. 사용자가 직접 생성한 클래스의 경우, 내용 결합도 수치를 1로 설정하고 TEMP_LINk 테이블에 데이터를 저장하기 위한 parse객체를 생성한다.
535	DB 객체의 insertLinks() 함수에 parse 객체를 전달해 데이터베이스에 입력한다.

▶ DrawLine()

Graphviz에서의 라인(호출 관계)을 DOT Script로 구성한다. 데이터베이스의 데이터를 통해 프로그램이 어떤 클래스들끼리 호출 관계를 갖는지 확인하여 화살표로 표시하고, 그리고 결합도 수치를 라벨에 표기한다.

```
package GenDot;

…

import Calculate.Coupling;
import DB.DB;

public class GenerateDot {
…
public void DrawLine(String content)   throws Exception{
  String query = "select Caller,   Callee,
sum(DAT_Count),sum(STMP_Count),sum(CON_Count),sum(EXT_Count),sum(COM_Count),
sum(CONT_Count)   "
      + "from TEMP_LINK group by   Caller, Callee";
  6
  Connection conn = db.getConnection();
  Statement stat = conn.createStatement();
  ResultSet rs = stat.executeQuery(query);


  while(rs.next()){
      int dat =   rs.getInt("sum(DAT_Count)");
      int stmp =   rs.getInt("sum(STMP_Count)");
      int con = rs.getInt("sum(CON_Count)");
      int ext =   rs.getInt("sum(EXT_Count)");
      int com =   rs.getInt("sum(COM_Count)");
      int cont =   rs.getInt("sum(CONT_Count)");

      if(cp.sum(dat, stmp, con, ext, com,   cont) > 25){
          content+= "\t   \""+rs.getString("Caller")+""
              +"\"->\""+rs.getString("Callee")+""
            +"\"   [shape=BOX,style = bold, label=\""+cp.SumString
(dat, stmp, con,   ext, com, cont)+"\" ,color = red];\n";
        }else{
         content+= "\t   \""+rs.getString("Caller")+""
              +"\"->\""+rs.getString("Callee")+""
            +"\" [shape=BOX,   label=\""+cp.SumString(dat, stmp, con,
ext, com,   cont)+"\"];\n";
        }
  }
  rs.close();
  content+=  "} ";
  genDotImage(dot,  ".\\img\\Architecture(class)("+str+").png", content);
}
```

543-544	결합도 수치를 저장해 놓은 TEMP_LINK 테이블의 데이터를 검색한다. 호출이 중복될 수 있기 때문에 호출 하는 클래스와 호출 대상 클래스를 그룹화하고 각각의 결합도 수치를 합한다.
558-565	결합도 수치의 합이 25가 넘는 경우는 화살표를 빨간색으로 표시하고 아닌 경우는 검은색으로 표기한다. 호출 관계의 Dot Script는 '->'로 표기한다.
570	이미지로 출력하기 위해 genDotImage() 함수를 호출한다. 작성한 DotScript(content)와 이미지를 출력하고자하는 경로와 이름을 파라미터로 전달한다.

- getDotImage()

Graphviz에서의 라인(호출 관계)을 DOT Script로 구성한다. 데이터베이스의 데이터를 통해 프로그램이 어떤 클래스들끼리 호출 관계를 갖는지 확인하여 화살표로 표시하고, 그리고 결합도 수치를 라벨에 표기한다.

```
001:   package GenDot;
002:
…
015:
016:   import Calculate.Coupling;
017:   import DB.DB;
018:
019:   public class GenerateDot {
…
573:   public void genDotImage(String dot, String   graphicFileName,String
genDotGraphContents) {
574:     String dot_contents =   genDotGraphContents;
575:     System.out.println(str);
576:     try {
577:       File temp =   File.createTempFile("graph", ".dot");
578:
579:       temp.deleteOnExit();
580:      BufferedWriter out = new   BufferedWriter(new FileWriter(temp));
581:       out.write(dot_contents);
582:       out.close();
583:
584:         System.out.println("dotting");
585:      System.out.println(dot + " -Tpng  " + temp.getAbsolutePath() + " -o "
+ graphicFileName);
586:       Process p =  Runtime.getRuntime().exec(dot + " -Tpng "
+temp.getAbsolutePath() + " -o " + graphicFileName);
587:       p.waitFor();
588:       System.out.println("done");
589:
```

```
590:     } catch (Exception e) {
591:       e.printStackTrace();
592:     }
593:   }
```

577-582	기존에 있던 파일을 삭제하고 BufferedWriter 객체를 사용하여 전달받은 Dot Script 텍스트를 입력한다.
586-587	입력된 데이터를 Graphviz를 사용하여 그림으로 출력한다.

5.6 가시화

타겟 프로그램은 다관절 로봇의 시뮬레이션 프로그램을 사용했다. 이 프로그램은 모델로부터 테스트케이스를 만들고 가상의 시뮬레이터에서 수행한다. 이를 통해서 설계와 실행의 시간차를 줄여 테스트 케이스의 오류를 쉽게 발견하고 설계상에서 발생하는 문제를 빠르게 대처 가능하다.

전체 그림

전체적인 구조는 다음과 같다. 모든 클래스를 노드로 표현하고 패키지 별로 묶어 서브 그래프로 나타낸다. 모든 호출은 화살표로 표시한다.

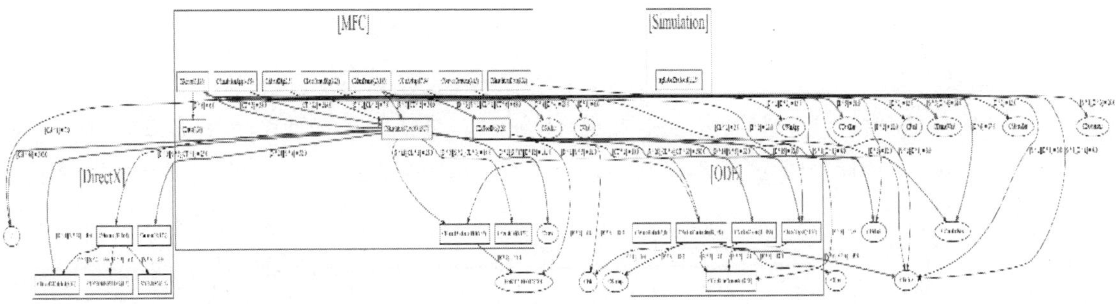

[그림 12] 가시화 Overview

패키지

패키지는 다음과 같이 파란색 서브 그래프로 나타낸다. 상단의 라벨([ODE])은 패키지의 이름을 의미한다. 패키지 내부에는 해당 패키지에 포함되는 클래스들이 노드들이 사각형 모양의 노드로 표현된다. 패키지에 포함되지 않는 노드들은 타원형 노드로 나타낸다.

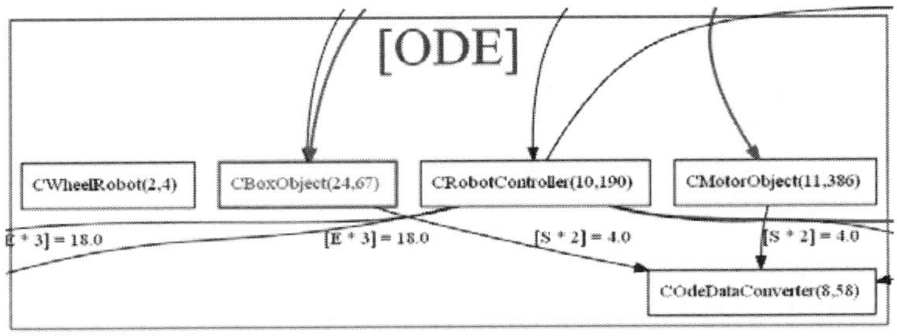

[그림 13] 패키지 가시화

클래스

클래스는 다음과 같이 사각형 또는 타원형 노드로 나타낸다. 사각형 노드는 사용자가 선언한 클래스를 의미하고, 타원형 노드는 C++에서 제공하는 API 패키지의 클래스를 의미한다. 노드의 라벨로는 해당 클래스의 이름이 표기되며 괄호 안에는 라인 수, 내부 메소드의 개수가 표기된다. API 패키지의 클래스일 경우는 이름만 표기된다. 라인 수나 내부 메소드의 개수가 많은 경우는 빨간색으로 나타내어 가시성을 높인다.

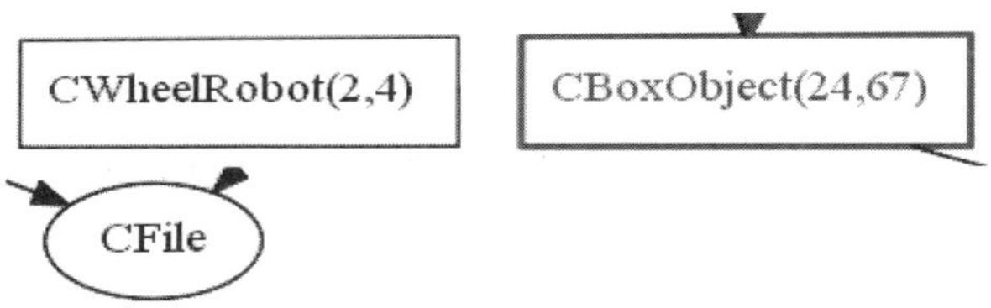

[그림 14] 클래스 가시화

호출

호출 관계는 다음과 같이 화살표로 나타낸다. 화살표의 라벨로는 결합도의 종류, 개수, 수치를 표기한다. 결합도 수치가 높은 경우는 빨간색으로 나타내어 가시성을 높인다.

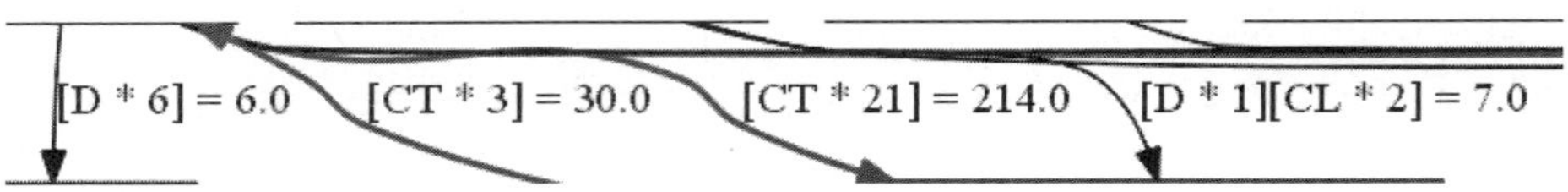

[그림 15] 호출 관계와 결합도 가시화

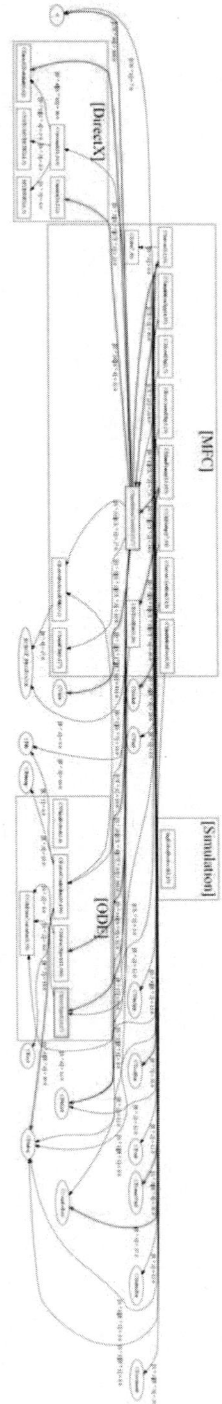

P239 참조

Chapter 06

SW Visualization 활용 – Target : Quiz PC(Java)

6.1 Source Navigator를 Command Line에서 실행하기

- SNCommandLineRun.exe은 Command Line에서 Source Navigator를 실행하는 실행 파일이다.
- snavigator.exe는 Source Navigator를 실행하는 실행 파일이다.
- 이 두 파일을 이용하여 Command Line에서 시행하는 명령어는 다음과 같다.

```
SNCommandLineRun.exe "./snavigator.exe  -batchmode -import [타겟 파일 경로]"
```

- 두 파일 모두 Source Navigator 설치 파일의 bin폴더에 위치한다.

```
SN/SN-NG4.5/bin
```

- 실행 결과 타겟 파일 경로의 프로그램이 분석되고 그 결과 proj 파일이 생성된다.

6.2 프로그램 구현

▸ SELabVisualizer.java(hongik.selab.visualizer.main)

```
public class SELabVisualizer {
    public static void main(String[] args) throws Exception{
        // Check Arguments
        if(args.length < 2){
            System.out.println("java SELabVisualizer [input directory path] [output file name]");
            System.exit(1);
        }

        // Check File
        File file = new File(args[0]);
        if(!file.exists()){
            System.out.println(file.getAbsolutePath() + " does not exist!");
            System.exit(1);
        }

        Logger logger = new ParserLogger(args[1]);
        DB db = new DB(args[1]+".sqlite");
        pareDir(file, db.getStatment(), logger);
        logger.close();

        logger = new DotLogger(args[1]);
        DotScriptParser2 dotScriptParser = new DotScriptParser2(db.getStatment(), args[1] + ".png", logger);
        String UMLDiagramScript = dotScriptParser.makeUMLClassDiagramScript();
        dotScriptParser.drawGraph(UMLDiagramScript);
        logger.close();

        db.getStatment().executeUpdate("drop table if exists LINK_TABLE;");
        db.getStatment().executeUpdate("create table LINK_TABLE (link_type TEXT, count INT, color TEXT);");
        db.getStatment().executeQuery("insert or IGNORE into LINK_TABLE values ('association', " + DotScriptParser2.assoc_cnt + ", 'blue');");
        db.getStatment().executeQuery("insert or IGNORE into LINK_TABLE values ('local', " + DotScriptParser2.local_cnt + ", 'chocolate1');");
        db.getStatment().executeQuery("insert or IGNORE into LINK_TABLE values ('parameter', " + DotScriptParser2.param_cnt + ", 'green');");
```

```
        db.getStatment().executeQuery("insert or IGNORE into LINK_TABLE values ('return', " + DotScriptParser2.return_cnt + ", 'darkorchid2');");
        db.getStatment().executeQuery("insert or IGNORE into LINK_TABLE values ('parent', " + DotScriptParser2.parent_cnt + ", 'black');");
        db.getStatment().executeQuery("insert or IGNORE into LINK_TABLE values ('interface', " + DotScriptParser2.interface_cnt + ", 'red');");

        db.disconnectDB();
    }
    public static void pareDir(File file, Statement stmt, Logger logger){
        if(file.isDirectory())
            for(File f : file.listFiles())
                pareDir(f, stmt, logger);
        else{
            int extStart = file.getName().lastIndexOf('.');
            int extEnd = file.getName().length();
            String ext = file.getName().substring(extStart, extEnd).toLowerCase();
            if(ext.equals(".java")){
                startParse(file, stmt, logger);
            }
        }
    }
    public static void startParse(File file, Statement stmt, Logger logger){
        System.out.println(file.getAbsolutePath());
        JavaParser parser = new JavaParser(file, stmt, logger);
        parser.createClassDiagramTable();
    }
}
```

4~7	Argument 2가지 [input directory path] [output file name]이 입력되었는지 확인한다. 만약 입력 개수가 부족하면 에러로 간주한다.
10~14	Input directory path에서 입력 받은 경로 내에 파일이 존재하는지 여부를 확인한다. 만약 없으면 에러로 간주한다.
16~19	ParserLogger 객체 생성하고 저장할 위치 전달한다. DB 객체 생성하고 저장할 위치 전달한다. pareDir 메소드 호출한다. logger를 닫는다.
21~25	DotLogger 객체 생성하고 저장할 위치 전달한다. dotScriptParser 객체 생성하고, DB statement와 저장할 경로 및 logger 전달한다. UMLClassDiagram생성하는dot script를 UMLClassDiagram 변수에 저장한다. 이를 drawGraph 메소드에 전달한다. logger를 닫는다.
27~37	LINK_TABLE을 생성하고 row를 입력하는 쿼리를 실행한다. DB연결을 해제한다.
39~41	입력받은 파일 경로가 디렉터리일 경우 재귀적으로 모든 디렉토리를 찾고 java 확장자인 파일만 startParse로 전달한다.
51~55	JavaPaser 객체 생성하고, 파일, statement, logger를 전달한다. createClassDiagramTable 메소드를 호출한다.

▶ Logger.java(hongik.selab.visualizer.logger)

```
001: public interface Logger {
002:     public static final String indent = "            ";
003:     public void writeLog(String log);
004:     public void close();
005: }
```

1~5	Logger 인터페이스에서는 변수 indent와 writeLog(), close() 메소드를 정의한다.

▶ ParserLogger.java(hongik.selab.visualizer.logger)

```
public class ParserLogger implements Logger {
    private PrintWriter printWriter;

    public ParserLogger(String filePath){
        // Extract extension
        try{
            File file = new File(filePath+"_parselog.txt");
```

```
008:            if(!file.exists())
009:                file.createNewFile();
010:            printWriter = new PrintWriter(file);
011:        }catch(Exception e){e.printStackTrace();}
012:    }
013:
014:    public void writeLog(String log){
015:        Date now = new Date(System.currentTimeMillis());
016:        SimpleDateFormat format = new SimpleDateFormat("yyyy-MM-dd
HH-mm-ss");
017:        String time = format.format(now);
018:
019:        printWriter.println(time + " : " + log);
020:    }
021:    public void close(){printWriter.close();}
022: }
```

4~12	ParserLogger 클래스의 생성자로, 파일경로를 가져와 _parselog.txt 파일을 생성한다.
14~21	로그를 저장하는 메소드로, 현재 시간을 받아 시간마다 로그를 입력한다. 그 후 printWirter를 닫는다.

▶ DotLogger.java(hongik.selab.visualizer.logger)

```
public class DotLogger implements Logger {
    private PrintWriter printWriter;

    public DotLogger(String filePath){
        // Extract extension
        try{
            File file = new File(filePath+"_dotlog.txt");
            if(!file.exists())
                file.createNewFile();
            printWriter = new PrintWriter(file);
        }catch(Exception e){e.printStackTrace();}
    }

    public void writeLog(String log){
        Date now = new Date(System.currentTimeMillis());
        SimpleDateFormat format = new SimpleDateFormat("yyyy-MM-dd
HH-mm-ss");
        String time = format.format(now);
```

```

        printWriter.println(time + " : " + log);
    }
    public void close(){printWriter.close();}
}
```

전체	전체적으로 출력 파일명이 _dotlog.txt 인 것을 제외하고는 ParserLogger 클래스와 동일하다.

▶ JavaParser.java(hongik.selab.visualizer.javaparser)

```
public class JavaParser {
    private Statement stmt; // Variable for Database

    // Variable's for parser
    private CompilationUnit compliationUnit;
    private String fileName;

    private Logger logger;

    public JavaParser(File file, Statement stmt, Logger logger){
        if(!file.exists()){
            System.out.println(file.getAbsolutePath() + " does not exist!");
            System.exit(1);
        }
        this.stmt = stmt;
        this.logger = logger;
        init(file);
    }
    public void init(File file){
        // Extract source code from file
        fileName = file.getName();

        BufferedReader reader = null;
        try {
            reader = new BufferedReader(new InputStreamReader(new FileInputStream(file)));
        } catch (FileNotFoundException e) {e.printStackTrace();}
        if(reader == null) System.exit(1);

        StringBuilder source = new StringBuilder();char[] buf = new char[10];
```

```
030:         int numRead = 0;
031:         try {
032:             while ((numRead = reader.read(buf)) != -1) {
033:                 String readData = String.valueOf(buf, 0, numRead);
034:                 source.append(readData);
035:                 buf = new char[1024];
036:             }
037:         } catch (IOException e) {e.printStackTrace();}
038: 
039:         try {reader.close();}
040:         catch (IOException e) { e.printStackTrace(); }
041: 
042:         // Setting ASTParser
043:         ASTParser parser = ASTParser.newParser(AST.JLS8);
044:         parser.setKind(ASTParser.K_COMPILATION_UNIT);
045:         parser.setSource(source.toString().toCharArray());
046:         parser.setStatementsRecovery(true);
047:         parser.setBindingsRecovery(true);
048:         parser.setResolveBindings(true);
049: 
050:         Map<?, ?> options = JavaCore.getOptions();
051:        JavaCore.setComplianceOptions(JavaCore.VERSION_1_8, options);
052:         parser.setCompilerOptions(options);
053: 
054:         compliationUnit = (CompilationUnit)parser.createAST(null);
055:     }
056: 
057:     // The method drawing class diagram
058:     public void createClassDiagramTable(){
059:         DotScriptParser classParser = new DotScriptParser(stmt, compliationUnit,
fileName, logger);
060:         classParser.startParse();
061:     }
062: }
```

10~18	파일이 존재하지 않으면 오류 메시지를 출력해준다. 파라미터로 전달받은 stmt와 logger을 현재 객체에 저장한다. init 메소드에 file을 전달한다.
19~55	소스코드를 읽어 변수 source에 저장한다. ASTParser를 셋팅하고, 파서를 만들어준다.
58~61	DotScriptParser 객체를 생성하면서 생성자에 4개의 변수를 전달한다. 객체의 startParse 메소드를 호출한다.

▸ DotScriptParser.java(hongik.selab.visualizer.javaparser)

```
public class DotScriptParser {

    private java.sql.Statement stmt;
    private CompilationUnit compilationUnit;

    private String fileName;
    private Logger logger;

    private HashMap<String, String> genericMap;

    public DotScriptParser(java.sql.Statement stmt, CompilationUnit compilationUnit, String fileName, Logger logger){
        this.stmt = stmt;
        this.compilationUnit = compilationUnit;
        this.fileName = fileName;
        this.logger = logger;

        genericMap = new HashMap<>();

        // Make class table
        String createTable = "create table if not exists CLASS_DIAGRAM_CLASS "
                + "(file_name TEXT, class_access TEXT, is_final_class INTEGER, "
                + "class_type TEXT, class_name TEXT, "
                + "parent_class TEXT, parent_interface TEXT, "
                + "assoc_class TEXT, local_link TEXT, "
                + "param_link TEXT, return_link TEXT);";
        try {
            stmt.executeUpdate(createTable);
        } catch (SQLException e) {
            e.printStackTrace();
        }

        // Make member table
        createTable = "create table if not exists CLASS_DIAGRAM_MEMBER "
                + "(class_name TEXT, mem_type TEXT, mem_access TEXT, "
                + "is_static INTEGER, is_final INTEGER, "
                + "def_type TEXT, mem_name TEXT, par_type TEXT);";
        try {
            stmt.executeUpdate(createTable);
        } catch (SQLException e) {
            e.printStackTrace();
        }
```

```
    }

    public void startParse(){
        @SuppressWarnings("unchecked")
        List<AbstractTypeDeclaration> types = compilationUnit.types();
        for(AbstractTypeDeclaration type : types){
            if(type instanceof TypeDeclaration){
                typeDeclaration((TypeDeclaration)type);
            }
            else{
                 logger.writeLog("[" + fileName + "](Info)" + type.toString() +
" is not TypeDeclaration");
            }
        }
    }

    @SuppressWarnings("unchecked")
    public void typeDeclaration(TypeDeclaration type){
        DiagramClassTable tuple = new DiagramClassTable();

        // Insert filename
        tuple.file_name = fileName;

        List<Modifier> modifiers = type.modifiers();
        Iterator iter = modifiers.iterator();
        while(iter.hasNext())
        {
          Object object = iter.next();
          if(object instanceof Modifier)
          {
            Modifier modifier = (Modifier) object;
            // Insert field access level
                if(modifier.isPrivate())
                    tuple.class_access = "private";
                else if(modifier.isPublic())
                    tuple.class_access = "public";
                else if(modifier.isProtected())
                    tuple.class_access = "protected";

                // Insert check final field
                tuple.is_final_class = modifier.isFinal() ? 1:0;

                tuple.class_type = type.isInterface() ? "interface" :
                    modifier.isAbstract() ? "abstract" : "class";
          }
```

```
        }
        if(modifiers.isEmpty())
            tuple.class_type = type.isInterface() ? "interface" : "class";
        if(tuple.class_access.length() == 0)
            tuple.class_access = "package";

        // Insert class name
        tuple.class_name = type.getName().getFullyQualifiedName();

        // Insert generic
        List<TypeParameter> typeParameters = type.typeParameters();
        TypeParameter typeParameter = null;
        int typeParameterCount = typeParameters.size()-1;

        if(typeParameterCount >= 0){
            String genericKey = tuple.class_name;

            tuple.class_name += "<";
            for(int i=0; i<typeParameterCount; i++){
                typeParameter = typeParameters.get(i);
                tuple.class_name +=
typeParameter.getName().getFullyQualifiedName() + ", ";
            }
            typeParameter = typeParameters.get(typeParameterCount);
            tuple.class_name +=
typeParameter.getName().getFullyQualifiedName() + ">";

            String genericValue = tuple.class_name;

            genericMap.put(genericKey, genericValue);
        }

        // Insert parent class
        Type parentClass = type.getSuperclassType();
        if(parentClass != null){
                tuple.parent_class = parentClass.toString();
        }

        // Insert interfaces
        List<Type> interfaces = type.superInterfaceTypes();
        int interfaceCount = interfaces.size()-1;
        for(int i=0; i<interfaceCount; i++){
            tuple.parent_interface.add(interfaces.get(i).toString());
        }
        tuple.parent_interface.add((interfaceCount < 0) ? "" :
```

```
                            interfaces.get(interfaceCount).toString());
        {
            StringBuilder log = new StringBuilder();
            log.append("[" + fileName + "](TypeDeclaration) ");
            log.append(tuple.class_access + " ");
            if(tuple.is_final_class == 1)
                log.append("final ");
            log.append(tuple.class_type + " ");
            log.append(tuple.class_name + " ");
            if(tuple.parent_class != null && tuple.parent_class.length() > 0)
                log.append("extends " + tuple.parent_class + " ");
            if(tuple.parent_interface.size() > 0){
                log.append("implements ");
                for(String parentInterface : tuple.parent_interface){
                    log.append(parentInterface + ", ");
                }
            }
            logger.writeLog( log.substring(0, log.length()-2) + ";");
        }

        // Insert variables
        for(FieldDeclaration field : type.getFields())
            fieldDeclaration(field, tuple, true);

        // Insert methods
        for(MethodDeclaration method : type.getMethods())
            methodDeclaration(method, tuple);

        // Insert inner classes after insertion current class
        insertClassDiagramTable(tuple);
        for(TypeDeclaration newType : type.getTypes())
            typeDeclaration(newType);
    }

    public void fieldDeclaration(FieldDeclaration field, DiagramClassTable tuple, boolean isAssociation){
        Member member = tuple.createMember();

        // Insert the class which member belongs
        member.class_name = tuple.class_name;

        // Insert member type
        member.mem_type = "field";

        @SuppressWarnings("unchecked")
```

```
        List modifiers = field.modifiers();
        Iterator iter = modifiers.iterator();
        while(iter.hasNext())
        {
          Object object = iter.next();
          if(object instanceof Modifier)
          {
            Modifier modifier = (Modifier) object;
            // Insert field access level
                if(modifier.isPrivate())
                    member.mem_access = "private";
                else if(modifier.isPublic())
                    member.mem_access = "public";
                else if(modifier.isProtected())
                    member.mem_access = "protected";
                // Insert check final field
                if(modifier.isFinal())
                    member.is_final = 1;
                // Insert check static field
                if(modifier.isStatic())
                    member.is_static = 1;
          }
        }
            if(member.mem_access.length() == 0)
            member.mem_access = "package";
        // Insert definition type
        member.def_type = field.getType().toString();
        if(!field.getType().isPrimitiveType()){
            if(!(field.getType().isArrayType() &&
((ArrayType)field.getType()).getElementType().isPrimitiveType())){
                if(member.def_type.contains("<")){
                    String association = member.def_type.
                             substring(0, member.def_type.lastIndexOf("<"));
                    if(genericMap.containsKey(association))
                         tuple.assoc_class.add(genericMap.get(association));
                    else
                        tuple.assoc_class.add(association + "<T>");
                }
                else{
                    if(tuple.class_name.contains("<") &&
                            !tuple.class_name.substring(
                                                     tuple.class_name.
lastIndexOf("<"),tuple.class_name.length())
```

```
                                    .contains(member.def_type))
                        tuple.assoc_class.add(member.def_type);
                    tuple.assoc_class.add(field.getType().toString());
                }
            }
        }

        @SuppressWarnings("unchecked")
        List<VariableDeclarationFragment> fragments = field.fragments();
        for(VariableDeclarationFragment fragment : fragments){
            member.mem_name = fragment.getName().getFullyQualifiedName();
            for(int i=0; i<fragment.getExtraDimensions(); i++)
                member.def_type += "[]";
            tuple.member.add(member);
        }

        {
            StringBuilder log = new StringBuilder();
            log.append("[" + fileName + "](FieldDeclaration) ");
            log.append(member.mem_access + " ");
            if(member.is_static == 1)
                log.append("static ");
            if(member.is_final == 1)
                log.append("final ");
            log.append(member.def_type + " ");

            for(Object parameter : field.fragments())
                log.append(parameter + ", ");
            logger.writeLog( log.substring(0, log.length()-2) + ";");
        }
    }

    public void methodDeclaration(MethodDeclaration method, DiagramClassTable tuple){
        Member member = tuple.createMember();

        // Insert the class which member belongs
        member.class_name = tuple.class_name;

        // Insert member type
        member.mem_type = "method";

        @SuppressWarnings("unchecked")
        List<Object> modifiers = method.modifiers();
        for(Object obj : modifiers){
```

```
            if(!(obj instanceof Modifier))
                continue;
            Modifier modifier = (Modifier)obj;
            // Insert field access level
            if(modifier.isPrivate())
                member.mem_access = "private";
            else if(modifier.isPrivate())
                member.mem_access = "protected";
            else if(modifier.isPublic())
                member.mem_access = "public";

            // Insert check final method
            member.is_final = modifier.isFinal() ? 1:0;

            // Insert check static method
            member.is_static = modifier.isStatic() ? 1:0;
        }
        if(member.mem_access.length() == 0)
            member.mem_access = "package";

        // Insert definition type
        if(method.getReturnType2() != null){
            member.def_type = method.getReturnType2().toString();
            if(!method.getReturnType2().isPrimitiveType()){
                    if(member.def_type.contains("<")){
                        String association = member.def_type.
                                substring(0, member.def_type.lastIndexOf("<"));
                        if(genericMap.containsKey(association))
                            tuple.return_link.add(genericMap.get(association));
                        else
                            tuple.return_link.add(association + "<T>");
                    }
                    else{
                        if(tuple.class_name.contains("<") &&
                                !tuple.class_name.substring(
                                        tuple.class_name.lastIndexOf("<"),
tuple.class_name.length())
                                        .contains(member.def_type))
                            tuple.return_link.add(member.def_type);
                    }
                }
            }
        }
        else
            member.def_type = "void";
```

```
        // Insert method name
        member.mem_name = method.getName().getFullyQualifiedName();


        // Insert method parameters
        @SuppressWarnings("unchecked")
        List<SingleVariableDeclaration> parameters = method.parameters();
        for(SingleVariableDeclaration parameter : parameters){
            member.par_type.add(parameter.getType().toString());

            if(!parameter.getType().isPrimitiveType()){
                if(!(parameter.getType().isArrayType() && ((ArrayType)parameter.getType()).getElementType().isPrimitiveType())){
                    if(member.def_type.contains("<")){
                        String association = member.def_type.
                                    substring(0, member.def_type.lastIndexOf("<"));
                        if(genericMap.containsKey(association))
                            tuple.param_link.add(genericMap.get(association));
                        else
                            tuple.param_link.add(association + "<T>");
                    }
                    else{
                        if(tuple.class_name.contains("<") &&
                                !tuple.class_name.substring(
                                        tuple.class_name.lastIndexOf("<"), tuple.class_name.length())
                                        .contains(member.def_type))
                            tuple.param_link.add(member.def_type);
                    }
                }
            }
        }
        // check method's body
        Block block = method.getBody();
        if(block != null){
            @SuppressWarnings("unchecked")
            List<Statement> statements = block.statements();
            for(Statement statement : statements)
                processStatement(statement, tuple);
        }

        tuple.member.add(member);

        {
```

```
            StringBuilder log = new StringBuilder();
            log.append("[" + fileName + "](MethodDeclaration) ");
            log.append(member.mem_access + " ");
            if(member.is_static == 1)
                log.append("static ");
            if(member.is_final == 1)
                log.append("final ");
            log.append(member.def_type + " ");
            log.append(member.mem_name + "(");

            for(Object parameter : method.parameters())
                log.append(parameter + ", ");
            if(!method.parameters().isEmpty())
                logger.writeLog( log.substring(0, log.length()-2) + ");");
            else
                logger.writeLog( log + ");");
        }
    }

    public void processStatement(Statement statement, DiagramClassTable tuple){
        if(statement instanceof VariableDeclarationStatement){
            // If statement is variable declaration, just insert dependency
                                    VariableDeclarationStatement varDeclStat =
(VariableDeclarationStatement)statement;

            if(!varDeclStat.getType().isPrimitiveType()){
                if(!(varDeclStat.getType().isArrayType() &&
((ArrayType)varDeclStat.getType()).getElementType().isPrimitiveType())){
                    if(varDeclStat.getType().toString().contains("<")){
                        String association = varDeclStat.getType().toString().
                                                                      substring(0,
varDeclStat.getType().toString().lastIndexOf("<"));
                            if(genericMap.containsKey(association))
                                tuple.local_link.add(genericMap.get(association));
                        else
                            tuple.local_link.add(association + "<T>");
                    }
                    else{
                        if(tuple.class_name.contains("<") &&
                                !tuple.class_name.substring(
                                                tuple.class_name.lastIndexOf("<"),
tuple.class_name.length())
.contains(varDeclStat.getType().toString()))
```

```
                        tuple.local_link.add(varDeclStat.getType().toString());
                    }
                }
            }
        }
        else if(statement instanceof TypeDeclarationStatement){
            // Recursive function
            TypeDeclarationStatement typeDeclStat = (TypeDeclarationStatement)statement;

            AbstractTypeDeclaration type = typeDeclStat.getDeclaration();
            if(type instanceof TypeDeclaration){
                typeDeclaration((TypeDeclaration)type);
            }
            else{
                logger.writeLog("[" + fileName + "](Warnning) " + type.toString() + " is not TypeDeclaration");
            }
        }
    }

    public void insertClassDiagramTable(DiagramClassTable tuple){
        // Insert into class table
        StringBuilder insertQuery = new StringBuilder("insert or IGNORE into CLASS_DIAGRAM_CLASS values (");
        insertQuery.append("'" + tuple.file_name + "', ");
        insertQuery.append("'" + tuple.class_access + "', ");
        insertQuery.append(tuple.is_final_class + ", ");
        insertQuery.append("'" + tuple.class_type + "', ");
        insertQuery.append("'" + tuple.class_name + "', ");
        insertQuery.append("'" + tuple.parent_class + "', ");

        StringBuilder builder = new StringBuilder();
        for(String parentInterface : tuple.parent_interface)
            builder.append(parentInterface + ", ");
        String parentInterface = builder.toString();
        if(parentInterface.length() >= 2)
            parentInterface = parentInterface.substring(0, parentInterface.length()-2);
        insertQuery.append("'" + parentInterface + "', ");

        builder = new StringBuilder();
        for(String association : tuple.assoc_class)
```

```
            builder.append(association + ", ");
        String association = builder.toString();
        if(association.length() >= 2)
            association = association.substring(0, association.length()-2);
        insertQuery.append("'" + association + "', ");

        builder = new StringBuilder();
        for(String local : tuple.local_link)
            builder.append(local + ", ");
        String local_link = builder.toString();
        if(local_link.length() >= 2)
            local_link = local_link.substring(0, local_link.length()-2);
        insertQuery.append("'" + local_link + "', ");

        builder = new StringBuilder();
        for(String param : tuple.param_link)
            builder.append(param + ", ");
        String param_link = builder.toString();
        if(param_link.length() >= 2)
            param_link = param_link.substring(0, param_link.length()-2);
        insertQuery.append("'" + param_link + "', ");

        builder = new StringBuilder();
        for(String returns : tuple.return_link)
            builder.append(returns + ", ");
        String return_link = builder.toString();
        if(return_link.length() >= 2)
            return_link = return_link.substring(0, return_link.length()-2);
        insertQuery.append("'" + return_link + "');");

        logger.writeLog("[" + fileName + "](SQL)" + insertQuery);
        try {
            stmt.execute(insertQuery.toString());
        } catch (SQLException e) {
            e.printStackTrace();
        }

        // Insert into member table
        for(Member member : tuple.member){
            insertQuery = new StringBuilder("insert or IGNORE into CLASS_DIAGRAM_MEMBER values (");
            insertQuery.append("'" + member.class_name + "', ");
            insertQuery.append("'" + member.mem_type + "', ");
            insertQuery.append("'" + member.mem_access + "', ");
            insertQuery.append(member.is_static + ", ");
```

```
471:             insertQuery.append(member.is_final + ", ");
472:             insertQuery.append("'" + member.def_type + "', ");
473:             insertQuery.append("'" + member.mem_name + "', ");
474:
475:             builder = new StringBuilder();
476:             for(String parameter : member.par_type)
477:                 builder.append(parameter + ", ");
478:             String parameter = builder.toString();
479:             if(parameter.length() >= 2)
480:                 parameter = parameter.substring(0, parameter.length()-2);
481:             insertQuery.append("'" + parameter + "');");
482:
483:             logger.writeLog("[" + fileName + "](SQL)]" + insertQuery);
484:             try {
485:                stmt.execute(insertQuery.toString());
486:             } catch (SQLException e) {
487:                e.printStackTrace();
488:             }
489:         }
490:     }
491: }
```

12~17	생성자가 받은 파라미터를 객체에 저장하고, HashMap을 선언한다.
20~42	class 테이블과 member 테이블을 생성하는 쿼리문을 실행한다.
44~55	@suppressWarning을 이용하여 컴파일러의 검증되지 않은 연산자 관련 경고를 억제한다. type이 TypeDeclaration 형이면 type을 인수로 전달하여 typeDeclaration 메소드를 호출한다.
58~161	iterator로 modifier을 받아 형태에 따라 tuple에 접근지정자 입력, 클래스 타입, final, interface 또는 abstract 여부, 클래스 이름, 제네릭, 부모 클래스, 부모 인터페이스 여부 등을 입력하고 로그에 모두 저장한다. 또한 fieldDeclaration, methodDeclaration, typeDeclaration을 호출한다.
163~247	클래스 이름, 타입, 접근 지정자, final, static, package, definition type을 입력하고 모두 로그에 모두 저장한다.
249~366	클래스 이름, 타입, 접근 지정자, final, static, package, 메소드 이름, 파라미터 타입, 파라미터 이름을 입력하고 모두 로그에 모두 저장한다. 메소드의 body가 있으면 processStatement 메소드에 statement, tuple 을 전달한다.
368~405	파라미터 statement가 VariableDeclarationStatement형이면 varDeclStat가 Primitive 타입 이면서, 또한 array 타입이 아니면서 Primitive 타입일 때, "<"를 포함하고 있으면 association을 찾아 저장하고 genericMap의 key에 존재하면 tuple.local_link에 추가

	한다. 또한 "<"를 포함하고 있지 않으면 class_name의 "<" 포함하고 있으면서 tuple.class_name.substring이 varDeclStat를 포함하고있지 않으면 varDeclStat를 tuple.local_link에 추가한다. 파라미터 statement가 VariableDeclarationStatement형이 아니고 TypeDelarationStatment면 typeDelaration 메소드를 호출한다.
407~490	tuple의 각각 저장된 속성들을 insertQuery에 쿼리로 추가한다. 저장해둔 parent_interface, assoc_class, local_link, param_link, return_link을 각각 builder에 저장했다가 insertQuery에 추가한다. member 테이블에 모든 멤버들의 속성 데이터들과 파라미터를 insertQuery에 추가한다.

DotScriptParser.java(hongik.selab.visualizer.drawer)

```
public class DotScriptParser {
    public static int assoc_cnt = 0;
    public static int local_cnt = 0;
    public static int param_cnt = 0;
    public static int return_cnt = 0;
    public static int parent_cnt = 0;
    public static int interface_cnt = 0;

    private Logger logger;
    private String filePath;

    private final String dot = "C:/Program Files (x86)/Graphviz2.38/bin/dot";

    private Statement stmt;

    public DotScriptParser(Statement stmt, String filePath, Logger logger){
        this.filePath = filePath;
        this.stmt = stmt;
        this.logger = logger;
    }

    public String makeUMLClassDiagramScript() throws SQLException{
        ArrayList<DiagramClassTable> classList = new ArrayList<>();

        String resultScript = "digraph g {\n";

        // Make extracting class query
        String getClassQuery = "select * from CLASS_DIAGRAM_CLASS";
        logger.writeLog("[" + filePath + "](Class)" + getClassQuery);
        ResultSet classSet = stmt.executeQuery(getClassQuery);

        while(classSet.next()){
```

```
            // Extract class's information
            DiagramClassTable newClass = new DiagramClassTable();
            newClass.file_name = classSet.getString("file_name");
            newClass.class_access = classSet.getString("class_access");
            newClass.is_final_class = classSet.getInt("is_final_class");
            newClass.class_type = classSet.getString("class_type");
            newClass.class_name = classSet.getString("class_name");
            newClass.parent_class = classSet.getString("parent_class");
            for(String parInterface : classSet.getString("parent_interface").split(", "))
                newClass.parent_interface.add(parInterface);
            for(String assocClass : classSet.getString("assoc_class").split(", "))
                newClass.assoc_class.add(assocClass);
            for(String dependClass : classSet.getString("local_link").split(", "))
                newClass.local_link.add(dependClass);
            for(String dependClass : classSet.getString("param_link").split(", "))
                newClass.param_link.add(dependClass);
            for(String dependClass : classSet.getString("return_link").split(", "))
                newClass.return_link.add(dependClass);

            classList.add(newClass);
        }

        for(DiagramClassTable classUnit : classList){
            String class_name = classUnit.class_name;

            // Make extracting member query
            String getMemberQuery = "select * from CLASS_DIAGRAM_MEMBER "
                    + "where class_name='" + class_name + "'";
            logger.writeLog("[" + filePath + "](Member)" + getMemberQuery);
            ResultSet memberSet = stmt.executeQuery(getMemberQuery);

            while(memberSet.next()){
                // Extract member's information
                Member newMember = classUnit.createMember();
                newMember.class_name = class_name;
                newMember.mem_type = memberSet.getString("mem_type");
                newMember.mem_access = memberSet.getString("mem_access");
                newMember.is_static = memberSet.getInt("is_static");
                newMember.is_final = memberSet.getInt("is_final");
                newMember.def_type = memberSet.getString("def_type");
                newMember.mem_name = memberSet.getString("mem_name");

```

```
                for(String parameter : memberSet.getString("par_type").split(", "))
                    newMember.par_type.add(parameter);

                classUnit.member.add(newMember);
            }
        }

        // Create class box dot script syntax
        for(DiagramClassTable classUnit : classList){
            resultScript += "    " + classUnit.class_name + "[\n";
            resultScript += "        shape=record,\n";
            resultScript += "        label=\"{";

            // Create class head
            if(classUnit.class_access != null){
                resultScript += "(" + classUnit.class_access + ")\\n";
            }
            resultScript += "<<" + classUnit.class_type + ">>\\n";
            resultScript += classUnit.class_name;

            // Divide member type
            ArrayList<Member> fields = new ArrayList<>();
            ArrayList<Member> methods = new ArrayList<>();
            for(Member memberUnit : classUnit.member)
                if(memberUnit.mem_type.equals("field"))
                    fields.add(memberUnit);
                else if(memberUnit.mem_type.equals("method"))
                    methods.add(memberUnit);

            // Create field
            resultScript += "|";
            for(Member field : fields){
                // Access
                if(field.mem_access.equals("public"))
                    resultScript += "+ ";
                else if(field.mem_access.equals("private"))
                    resultScript += "- ";
                else if(field.mem_access.equals("protected"))
                    resultScript += "# ";
                else if(field.mem_access.equals("package"))
                    resultScript += "~ ";

                // Static
                if(field.is_static == 1){
```

```
                /** Underline **/
            }

            // Field name and definition type
            resultScript += field.mem_name + " : " + field.def_type;

            // Final
            if(field.is_final == 1)
                resultScript += " \\{readOnly\\}";

            // End of unit
            resultScript += "\\n";
        }

        // Create function
        resultScript += "|";
        for(Member method : methods){
            // Access
            if(method.mem_access.equals("public"))
                resultScript += "+ ";
            else if(method.mem_access.equals("private"))
                resultScript += "- ";
            else if(method.mem_access.equals("protected"))
                resultScript += "# ";
            else if(method.mem_access.equals("package"))
                resultScript += "~ ";

            // Static
            if(method.is_static == 1){
                /** Underline **/
            }

            // Method name
            resultScript += method.mem_name;

            // Parameters
            resultScript += "(";
            if(method.par_type.size() > 0){
                int i;
                for(i=0; i<method.par_type.size()-1; i++){
                    resultScript += method.par_type.get(i) + ", ";
                }
                resultScript += method.par_type.get(i);
            }
```

```
                resultScript += ")";

                // Function return type
               if(method.def_type != null && method.def_type.length() > 0)
                   resultScript += " : " + method.def_type;
                else
                   resultScript += " : void";

                // Final
                if(method.is_final == 1){
                   resultScript += " \\{readOnly}\\";
                }
                resultScript += "\\n";
            }

            // End of class unit
            resultScript += "}\"\n";
            resultScript += "    ];\n";
        }
        resultScript = resultScript.replace(">", "\\>").replace("<", "\\<");


        // Create edges
        for(DiagramClassTable classUnit : classList){
            // Generalization
            if(classUnit.parent_class != null && classUnit.parent_class.length() > 0){
                resultScript += "    edge[color=black];\n";
                resultScript += "    \"" + classUnit.class_name + "\" -> \""
                             + classUnit.parent_class +"\";\n";
                parent_cnt ++;
            }

            // Realization
            for(String parentInterface : classUnit.parent_interface)
                if(parentInterface.length() > 0){
                    resultScript += "    edge[color=red];\n";
                    resultScript += "    \"" + classUnit.class_name + "\" -> \""
                             + parentInterface + "\"[style=dotted];\n";
                    interface_cnt ++;
                }

            // Local link
            for(String local_link : classUnit.local_link)
```

```
                if(!classUnit.assoc_class.contains(local_link))
                    if(local_link.length() > 0){
                        resultScript += "    edge[color=chocolate1];\n";
                        resultScript += "    \"" + classUnit.class_name + "\" -> \""
                                                            + local_link + "\"[style=dotted,arrowhead=vee];\n";
                        local_cnt ++;
                    }

            // Parameter link
            for(String param_link : classUnit.param_link)
                if(!classUnit.assoc_class.contains(param_link))
                    if(param_link.length() > 0){
                        resultScript += "    edge[color=green];\n";
                        resultScript += "    \"" + classUnit.class_name + "\" -> \""
                                                            + param_link + "\"[style=dotted,arrowhead=vee];\n";
                        param_cnt ++;
                    }

            // Return link
            for(String return_link : classUnit.return_link)
                if(!classUnit.assoc_class.contains(return_link))
                    if(return_link.length() > 0){
                        resultScript += "    edge[color=darkorchid2];\n";
                        resultScript += "    \"" + classUnit.class_name + "\" -> \""
                                                            + return_link + "\"[style=dotted,arrowhead=vee];\n";
                        return_cnt ++;
                    }

            // Association
            for(String association : classUnit.assoc_class)
                if(association.length() > 0){
                    resultScript += "    edge[color=blue];\n";
                    resultScript += "    \"" + classUnit.class_name + "\" -> \""
                                            + association + "\"[arrowhead=vee];\n";
                    assoc_cnt ++;
                }
        }

        resultScript += "}";

        logger.writeLog("\n\n[" + filePath + "](Result)\n" + resultScript);
```

```
247:
248:         return resultScript;
249:     }
250:
251:     public void drawGraph(String dotScript) throws Exception{
252:         File temp = File.createTempFile("graph", ".dot");
253:         temp.deleteOnExit();
254:
255:         // Create Temp file
256:        BufferedWriter out = new BufferedWriter(new FileWriter(temp));
257:         out.write(dotScript);
258:         out.close();
259:
260:         // Draw Graph using process command
261:         System.out.println("try to drawing...");
262:                 Process p = Runtime.getRuntime().exec(dot + " -Tpng " +
temp.getAbsolutePath() + " -o " + filePath);
263:         p.waitFor();
264:         System.out.println("success drawing");
265:     }
266: }
```

12	GraphViz 파일 위치를 저장한다.
16~20	생성자로, 파라미터로 전달 받은 statement, filePath, logger를 현재 객체에 저장한다.
22~249	DB에 저장된 데이터를 기반으로 GraphViz에 입력할 소스코드를 dot 스크립트로 만든다.
64~79	클래스들의 정보를 추출하여 ArrayList인 classList에 저장해준다.
50~80	각각의 클래스마다 member을 추출하는 쿼리를 생성하고, 각 member 정보를 classUnit.member에 추가한다.
83~181	모든 클래스들 내 멤버 정보를 field영역과 method 영역으로 나누어 클래스 다이어그램 형태로 나타내 주는 dot 스크립트를 생성한다.
182	생성한 스크립트에 포함된 모든 “>”를 “\\>”로 대체한다.
186~242	클래스 간의 parent, interface, local, parameter, return, assoc 관계를 각각 다른 형태와 색의 선으로 나타내는 dot 스크립트를 생성한다.
251~265	완성된 dot 스크립트를 커맨드 라인에서 GraphViz에 입력하여 실행한다.

▶ DB.java(hongik.selab.visualizer.database)

```
001: public class DB {
002:     private Connection conn = null;
003:     private Statement stmt = null;
004:
005:     public DB(String dbPath){
006:         new File(dbPath).delete();
007:
008:         try {
009:             Class.forName("SQLite.JDBCDriver").newInstance();
010:           conn = DriverManager.getConnection("jdbc:sqlite:/" + dbPath);
011:             stmt = conn.createStatement();
012:         } catch (Exception e){e.printStackTrace(); disconnectDB();}
013:     }
014:
015:     public Statement getStatment(){return stmt;}
016:     public void disconnectDB(){
017:         try {
018:             if(stmt != null)
019:                 stmt.close();
020:             if(conn != null)
021:                 conn.close();
022:         } catch (SQLException e) {
023:             e.printStackTrace();
024:         }
025:     }
026: }
```

5~13	파라미터 dbPath를 전달 받아 데이터베이스를 연결해준다.
15	stmt를 return 한다.
16~25	statement와 connection을 close 한다.

▶ DiagramClassTable.java(hongik.selab.visualizer.database)

```
public class DiagramClassTable {
    public String file_name;
    public String class_access;
    public int is_final_class;
    public String class_type;
    public String class_name;
    public String parent_class;
    public LinkedHashSet<String> parent_interface;
    public LinkedHashSet<String> assoc_class;
    public LinkedHashSet<String> local_link;
    public LinkedHashSet<String> param_link;
    public LinkedHashSet<String> return_link;
    public ArrayList<Member> member;

    public DiagramClassTable(){
        file_name = "";
        class_access = "";
        is_final_class = 0;
        class_type = "";
        class_name = "";
        parent_class = "";
        parent_interface = new LinkedHashSet<>();
        assoc_class = new LinkedHashSet<>();
        local_link = new LinkedHashSet<>();
        param_link = new LinkedHashSet<>();
        return_link = new LinkedHashSet<>();
        member = new ArrayList<>();
    }

    public class Member{
        public String class_name;
        public String mem_type;
        public String mem_access;
        public int is_static;
        public int is_final;
        public String def_type;
        public String mem_name;
        public ArrayList<String> par_type;

        public Member(){
            class_name = "";
            mem_type = "";
            mem_access = "";
```

```
044:             is_static = 0;
045:             is_final = 0;
046:             def_type = "";
047:             mem_name = "";
048:             par_type = new ArrayList<>();
049:         }
050:     }
051:
052:     public Member createMember(){return new Member();}
053: }
```

2~13	소스코드의 class 정보에 관한 전역변수들을 선언한다.
15~28	생성자로, 이전에 선언한 전역변수들을 초기화한다.
30~38	내부 클래스로 선언되었으며, 소스코드의 member 정보에 관한 전역변수들을 선언한다.
40~49	생성자로, 이전에 선언한 전역변수들을 초기화한다.
52	member를 생성하는 메소드로, 새로운 member 객체를 생성하여 return 한다.

6.3 실제 소스코드 분석

```
System.out.println("try to drawing...");
Process p = Runtime.getRuntime().exec(dot + " -Tpng " + temp.getAbsolutePath() + " -o " + filePath);
p.waitFor();
System.out.println("success drawing");
```

[그림 1] 실제 소스 코드 분석

- Tpng : png 파일 형태로 출력함
- 메뉴 -> Run -> Run Configurations... 선택

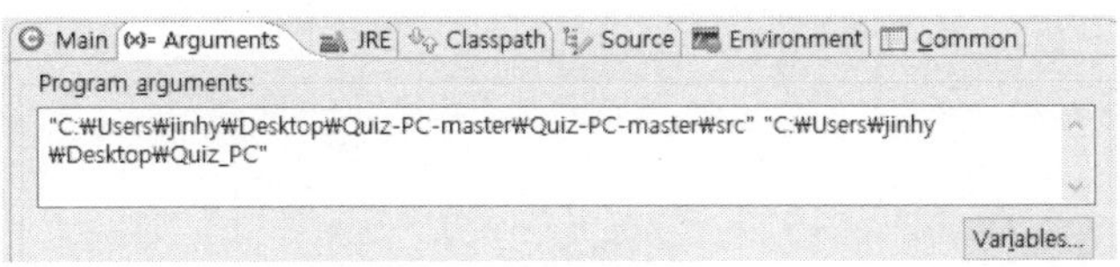

[그림 2] 파라미터 입력

- arguments를 "분석할 소스코드의 디렉터리 경로" "출력할 경로+생성할 파일 이름"으

로 입력

- 오픈소스인 Quiz-PC를 예제 소스코드로 사용함
- 기본적으로 클래스 다이어그램 형태로 나타내었고, 선은 프로그램을 실행시킨 후 생성된 DB 파일의 LINK_TABLE에서 확인할 수 있는데, 이 소스코드를 이용한 후 아래와 같은 색의 선들이 생성되었고, 의미를 담고 있음
  · association - 파란색
  · local - 초콜릿색
  · parameter - 초록색
  · return - darkorchid
  · parent - 검정색
  · interface - 빨간색으로 나타내었다.

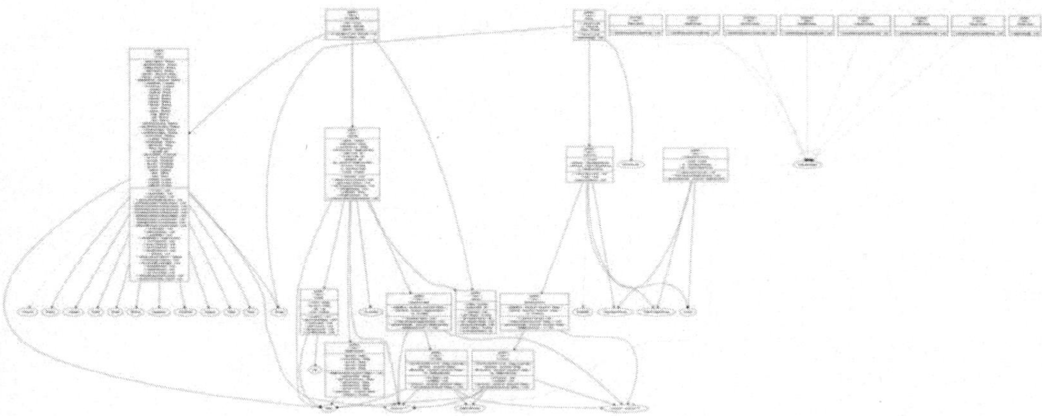

P239 참조

Chapter 07

SW Visualization 활용 – Target : JSAP(Java)

7.1 Java Parser란?

• Java코드를 토큰화하여 AST(Abstract Syntax Tree)로 만들어주는 파서이다.

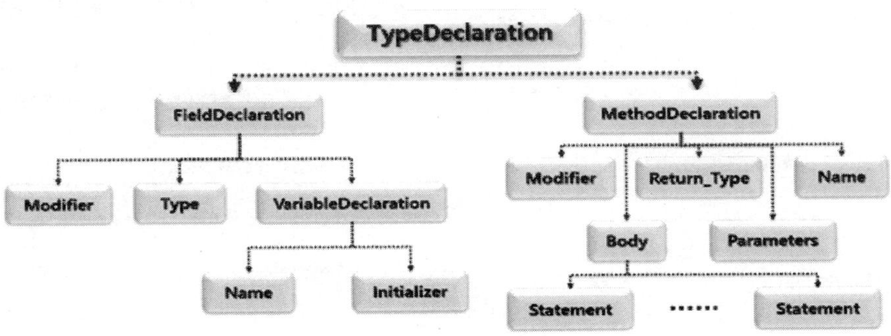

• 최상위는 TypeDeclaration으로 클래스의 정보를 가지고 있다.
• TypeDeclaration은 FieldDeclaration과 MethodDeclaration을 가지고 있으며 각각 클래스 필드의 정보와 메서드의 정보를 가지고 있다.
• FieldDeclaration은 각각 접근자, 타입, 변수 이름, 변수 초기화 값을 가지고 있다.
• MethodDeclaration은 각각 접근자, 리턴 값, 이름, 파라미터, statement들을 가지고 있다.

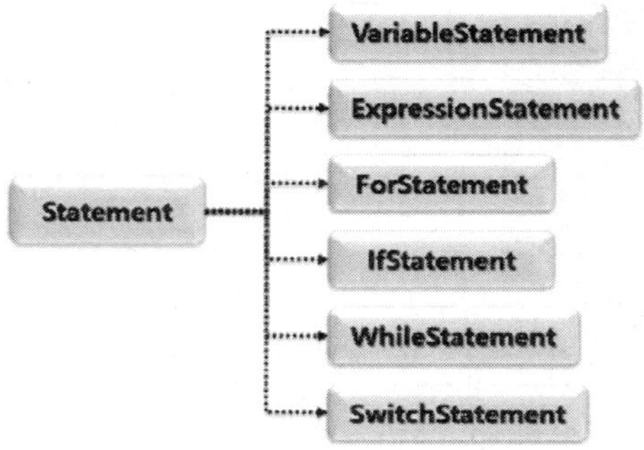

- Statement는 variable, Expression, For, If, While, Switch로 구분할 수 있다.
- VariableStatement는 변수를 선언하는 구문에 해당된다.
- ExpressionStatement는 다른 Statement에 해당되지 않을 경우에 해당된다.
- ForStatement는 For문에 해당되고 초기 값, 범위, 증감 값, 반복문에 대한 정보를 가지고 있다.
- IfStatement는 If문에 해당되고 조건, then구문, else구문에 대한 정보를 가지고 있다.
- WhileStatement는 While문에 해당되고 반복 조건, 반복문에 대한 정보를 가지고 있다.
- SwitchStatement는 Switch문에 해당되고 조건, case의 정보와 break 정보를 가지고 있다.

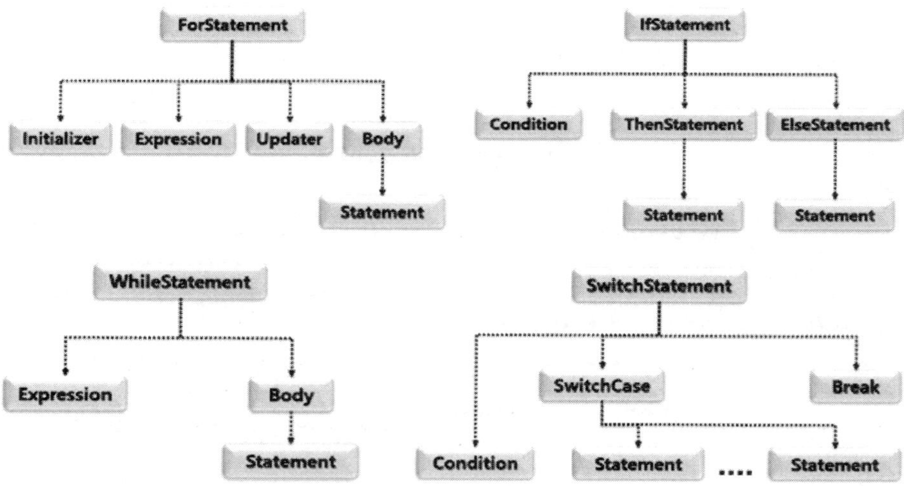

7.2 Java Parser와 SQLite 준비하기

- eclipse java project에 새 프로젝트를 생성한 후 lib폴더를 만든다.
- 먼저 두 파일을 Java Project에 새로 만든 lib폴더에 옮긴다.
- Javaparser-core-3.1.1.jar과 sqlite-jdbc-3.8.11.2.jar을 eclipse java project의 Referenced Libraries에 추가한다.
- Build Path > Configure Build Path... > Libraries > Add External JARs...에서 두 개의 파일 선택 후 Apply and Close 클릭

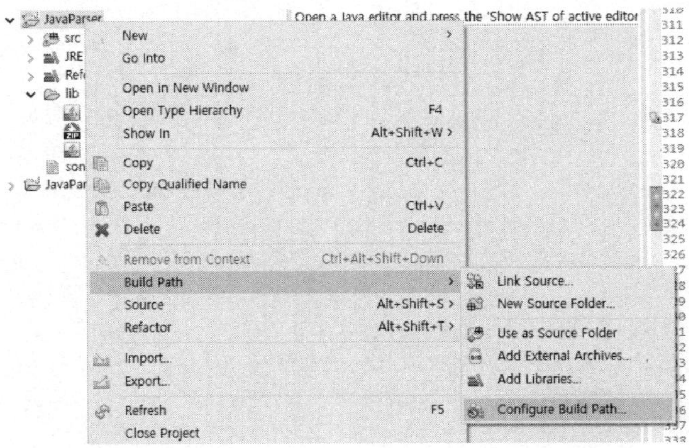

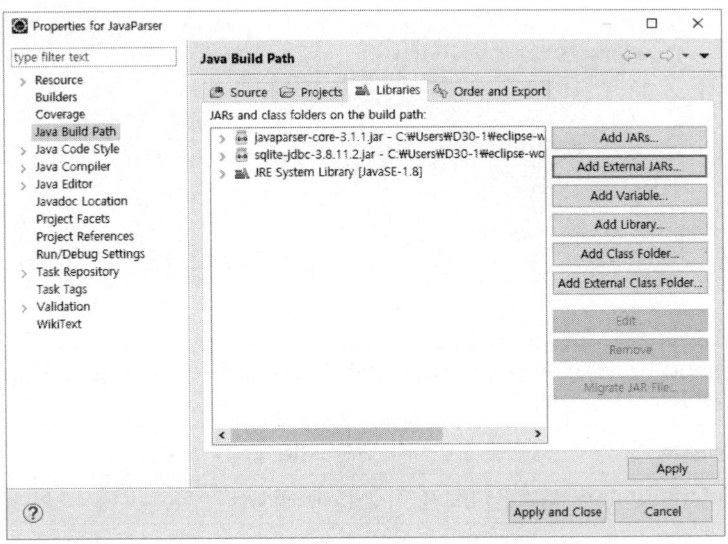

7.3 JDBC를 이용하여 데이터베이스 생성하기

- 앞에서 라이브러리를 추가한 sqlite-jdbc-3.8.11.2.jar는 java에서 데이터베이스를 사용할 수 있도록 지원해준다.

▶ DBConnection.java

```
1   package selab.hongik.javaparser.DB;
2
3   import java.sql.Connection;
4   import java.sql.DriverManager;
5
6   public class DBConnection {
7      private String workspacePath;
8      private String dbName;
9
10     public void setPath(String workspacePath, String dbName) {
11        this.workspacePath = workspacePath;
12        this.dbName = dbName;
13     }
14
15     public Connection getConnection() {
16        Connection conn = null;
17        try {
18           Class.forName("SQLite.JDBCDriver").newInstance();
19           conn = DriverManager.getConnection("jdbc:sqlite:/" + workspacePath + "/"
    + dbName);
20        } catch (Exception ex) {
21           ex.printStackTrace();
22        }
23
24        return conn;
25     }
26  }
```

7~8	private 인스턴스 변수로 workspacePath와 dbName을 생성하여 getter,setter메서드로 이용할 수 있게 한다.
10~13	private 인스턴스 변수를 사용하기 위한 setter메서드 이다.
15~26	데이터베이스에 연결된 정보를 가진 Connection을 반환하는 메서드이다.
17~22	설정해준 데이터베이스 주소로 SQLite.JDBCDriver연결을 시도한다.
24	연결이 완료되면 데이터베이스 연결 정보를 가지고 있는 Connection을 반환한다.

• 데이터베이스는 총 4개로 구성된다.

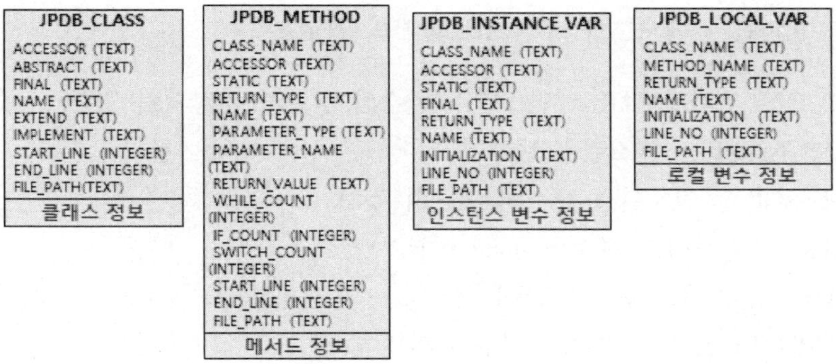

❶ JPDB_CLASS - 클래스의 정보가 저장되어 있다.

ACCESSOR - 클래스의 접근자 정보(public의 유무)

ABSTRACT - 클래스의 abstract 여부

FINAL - 클래스의 final 여부

NAME - 클래스의 이름

EXTEND - extend된 클래스의 이름

IMPLEMENT - implement된 클래스의 이름

START_LINE - 클래스의 시작 라인 숫자

END_LINE - 클래스의 끝나는 라인 숫자

FILE_PATH - 클래스코드 파일의 경로

❷ JPDB_METHOD - 메서드의 정보가 저장되어 있다.

CLASS_NAME - 메서드가 들어있는 클래스의 이름

ACCESSOR - 메서드의 접근자 정보(public, protected, private)

STATIC - 메서드의 static 여부

RETURN_TYPE - 메서드의 리턴 타입

NAME - 메서드의 이름

PARAMETER_TYPE - 메서드의 파라미터들의 타입

PARAMETER_NAME - 메서드의 파라미터들의 이름

RETURN_VALUE - 메서드의 리턴 값

WHILE_COUNT - 메서드 안의 while문 개수

IF_COUNT - 메서드 안의 if문 개수

SWITCH_COUNT - 메서드 안의 switch문 개수

START_LINE - 메서드의 시작 라인 숫자
END_LINE - 메서드의 끝나는 라인 숫자
FILE_PATH - 메서드가 있는 코드파일의 경로

❸ JPDB_INSTANCE_VAR - 인스턴스 변수의 정보가 저장되어 있다.
CLASS_NAME - 인스턴스 변수가 들어있는 클래스의 이름
ACCESSOR - 인스턴스 변수의 접근자 정보
STATIC - 인스턴스 변수의 static 여부
FINAL - 인스턴스 변수의 final 여부
RETURN_TYPE - 인스턴스 변수의 리턴 타입
NAME - 인스턴스 변수의 이름
INITIALIZATION - 인스턴스 변수의 초기화 값
LINE_NO - 인스턴스 변수의 라인 숫자
FILE_PATH - 인스턴스 변수가 있는 코드파일의 경로

❹ JPDB_LOCAL_VAR - 로컬 변수의 정보가 저장되어 있다.
CLASS_NAME - 로컬 변수가 들어있는 클래스의 이름
METHOD_NAME - 로컬 변수가 들어있는 메서드의 이름
RETURN_TYPE - 로컬 변수의 리턴 타입
NAME - 로컬 변수의 이름
INITIALIZATION - 로컬 변수의 초기화 값
LINE_NO - 로컬 변수의 라인 숫자
FILE_PATH - 로컬 변수가 있는 코드파일의 경로

• JDBCInserter 클래스는 데이터베이스 테이블을 생성하는 기능을 한다.

▶ JDBCInserter.java

```
package selab.hongik.javaparser.DB;

import java.sql.Connection;
import java.sql.PreparedStatement;
import java.sql.SQLException;
import java.sql.Statement;
import java.util.ArrayList;

public class JPDBInserter {
```

```
    private Connection conn;

    public void setDB(String workspacePath, String dbName) {
        DBConnection dbc = new DBConnection();
        dbc.setPath(workspacePath, dbName);
        this.conn = dbc.getConnection();
    }

    public Connection getDB() {
        return this.conn;
    }

    public void closeDB() throws SQLException {
        if (this.conn != null) {
            this.conn.close();
        }
    }

    public void makeDBTable() {
        try {
            Statement stat = conn.createStatement();

            stat.executeUpdate("drop table if exists JPDB_CLASS;");
            stat.executeUpdate("create table JPDB_CLASS ("
                    + "ACCESSOR TEXT,"
                    + "ABSTRACT TEXT,"
                    + "FINAL TEXT,"
                    + "NAME TEXT,"
                    + "EXTEND TEXT,"
                    + "IMPLEMENT TEXT,"
                    + "START_LINE INTEGER,"
                    + "END_LINE INTEGER,"
                    + "FILE_PATH TEXT"
                    + ");");
            stat.executeUpdate("drop table if exists JPDB_METHOD;");
            stat.executeUpdate("create table JPDB_METHOD ("
                    + "CLASS_NAME TEXT,"
                    + "ACCESSOR TEXT,"
                    + "STATIC TEXT,"
                    + "RETURN_TYPE TEXT,"
                    + "NAME TEXT,"
                    + "PARAMETER_TYPE TEXT,"
                    + "PARAMETER_NAME TEXT,"
                    + "RETURN_VALUE TEXT,"
                    + "WHILE_COUNT INTEGER,"
                    + "IF_COUNT INTEGER,"
```

```
                    + "SWITCH_COUNT INTEGER,"
                    + "START_LINE INTEGER,"
                    + "END_LINE INTEGER,"
                    + "FILE_PATH TEXT"
                    + ");");
            stat.executeUpdate("drop table if exists JPDB_INSTANCE_VAR;");
            stat.executeUpdate("create table JPDB_INSTANCE_VAR ("
                    + "CLASS_NAME TEXT,"
                    + "ACCESSOR TEXT,"
                    + "STATIC TEXT,"
                    + "FINAL TEXT,"
                    + "RETURN_TYPE TEXT,"
                    + "NAME TEXT,"
                    + "INITIALIZATION TEXT,"
                    + "LINE_NO INTEGER,"
                    + "FILE_PATH TEXT"
                    + ");");
            stat.executeUpdate("drop table if exists JPDB_LOCAL_VAR;");
            stat.executeUpdate("create table JPDB_LOCAL_VAR ("
                    + "CLASS_NAME TEXT,"
                    + "METHOD_NAME TEXT,"
                    + "RETURN_TYPE TEXT,"
                    + "NAME TEXT,"
                    + "INITIALIZATION TEXT,"
                    + "LINE_NO INTEGER,"
                    + "FILE_PATH TEXT"
                    + ");");
            stat.close();
        } catch (SQLException e) {
            // TODO Auto-generated catch block
            e.printStackTrace();
        } catch (SecurityException e) {
            // TODO Auto-generated catch block
            e.printStackTrace();
        } catch (IllegalArgumentException e) {
            // TODO Auto-generated catch block
            e.printStackTrace();
        }
    }

    public void insertJPDB(String cond, ArrayList<String[]> data) throws SQLException {
        String sql = "";
        String workingMessage = "";
        getDB().setAutoCommit(false);
        int count = 0;
```

```
      if (cond.equals("class")) {
         sql = "insert into JPDB_CLASS values (?, ?, ?, ?, ?, ?, ?, ?, ?)";
         workingMessage = "insert JPDB_CLASS<" + data.size() + ">";
         count = 9;
      } else if (cond.equals("method")) {
         sql = "insert into JPDB_METHOD values (?, ?, ?, ?, ?, ?, ?, ?, ?, ?, ?, ?, ?, ?)";
         workingMessage = "insert JPDB_METHOD<" + data.size() + ">";
         count = 14;
      } else if (cond.equals("instance_var")) {
         sql = "insert into JPDB_INSTANCE_VAR values (?, ?, ?, ?, ?, ?, ?, ?, ?)";
         workingMessage = "insert JPDB_INSTANCE_VAR<" + data.size() + ">";
         count = 9;
      } else if (cond.equals("local_var")) {
         sql = "insert into JPDB_LOCAL_VAR values (?, ?, ?, ?, ?, ?, ?)";
         workingMessage = "insert JPDB_LOCAL_VAR<" + data.size() + ">";
         count = 7;
      }

      PreparedStatement preStat = getDB().prepareStatement(sql);
      System.out.println(workingMessage);
      int cnt = 1;
      for (String[] record : data) {
         for (int i = 0; i < count; i++) {
            preStat.setString(i + 1, record[i]);
         }
         preStat.addBatch();
         if ((cnt % 1000) == 0) {
            preStat.executeBatch();
            getDB().commit();
            preStat.clearBatch();
            System.out.print(".");
         }
         cnt++;
      }
      preStat.executeBatch();
      getDB().commit();
      preStat.clearBatch();

      preStat.close();
      getDB().setAutoCommit(true);

      System.out.println("..complete.");
   }
}
```

10	private 인스턴스 변수로 Connection을 생성하여 데이터베이스 연결정보를 저장한다.
12~16	private 인스턴스 변수를 사용하기 위한 setter메서드이다. DBConnection클래스의 setPath()로 데이터베이스 연결 주소를 보내주고 getConnection()으로 데이터베이스 연결정보를 받아와 conn에 저장한다.
18~20	인스턴스 변수 conn의 getter메서드이다.
22~26	데이터베이스 연결을 끊어주는 메서드이다. 만약 conn이 null값이 아니라면 데이터베이스 연결을 종료한다.
28~104	데이터베이스의 테이블을 생성하는 메서드이다. 각 테이블의 이름이나 column값을 수정, 추가, 삭제할 수 있다.
32~43	작성한 sql문을 실행해주는 구문이다. 만약 JPDB_CLASS 테이블이 존재한다면 삭제한 후 새로 생성한다. 테이블의 컬럼 값으로는 TEXT형식인 ACCESSOR, ABSTRACT, FINAL, NAME, EXTEND, IMPLEMENT, FILE_PATH와 INTEGER형식인 START_LINE, END_LINE을 생성한다.
44~60	앞과 마찬가지로 JPDB_METHOD 테이블을 생성한다.
61~72	앞과 마찬가지로 JPDB_INSTANCE_VAR 테이블을 생성한다.
73~82	앞과 마찬가지로 JPDB_LOCAL_VAR 테이블을 생성한다.
96~147	생성된 빈 테이블에 데이터 값들을 넣어주는 메서드이다.
99	데이터베이스가 자동으로 커밋되는 것을 해제한다.
101~104	JPDB_CLASS 테이블에 데이터를 삽입하는 sql문과 count를 정의한다.
105~108	JPDB_METHOD 테이블에 데이터를 삽입하는 sql문과 count를 정의한다.
109~112	JPDB_INSTANCE_VAR 테이블에 데이터를 삽입하는 sql문과 count를 정의한다.
113~116	JPDB_LOCAL 테이블에 데이터를 삽입하는 sql문과 count를 정의한다.
119	앞에서 정의한 sql문을 실행할 준비를 한다.
123~125	앞에서 정의한 count의 횟수만큼 sql문의 ?에 데이터를 삽입한다.
127~132	1초마다 데이터베이스를 커밋하고 배치를 클리어하여 sql문 실행에 오류가 생기지 않도록 한다.
135~140	테이블에 값 삽입이 끝나면 다시 자동으로 커밋되도록 한다.

- GetFileDir 클래스는 데이터베이스에 값을 추가하기 위해 분석한 코드의 경로를 찾는 기능을 한다.

▶ GetFileDir.java

```
package selab.hongik.javaparser;

import java.io.File;
import java.util.ArrayList;

public class GetFileDir {
   private ArrayList<String> filepath = new ArrayList<String>();

   public ArrayList<String> getFilePath() {
      return this.filepath;
   }

   public void fileDir(File file) {
      for (int i = 0; i < file.listFiles().length; i++) {
         try {
            if (file.isDirectory()) {
            fileDir(file.listFiles()[i]);
            }
         } catch (NullPointerException e) {
            String path = file.getPath() + "/" + file.list()[i];
            if (path.substring(path.length() - 4).equals("java")) {
               filepath.add(path.replace("\\", "/"));
            }
         }
      }
   }

   public void checkDir() {
      for (String path : filepath) {
         System.out.println(path);
      }
   }
}

```

7	ArrayList로 읽어올 java파일들이 저장될 공간을 만든다.
9~11	filepath에 setter메서드를 이용하여 값을 넣는다.
13~26	지정한 폴더 내의 java 파일을 모두 읽어오는 기능을 하는 메서드이다.
16~18	만약 폴더 내에 폴더가 또 있다면 다시 탐색을 시작한다.
19~23	마지막 폴더까지 이동했다면 폴더 내의 파일 중 확장명이 java인 파일들만 filepath에 저장한다.
28~32	filepath에 저장한 java파일들이 정확히 저장되었는지 확인한다.

- GetDeclaration 클래스는 각각 테이블에 들어갈 데이터를 코드에서 추출한다.
- GetDeclaration 클래스에서 클래스 정보를 추출하는 부분

GetDeclaration.java

```
package selab.hongik.javaparser;

import java.util.ArrayList;
import java.util.EnumSet;
import java.util.HashMap;
import java.util.Iterator;
import java.util.NoSuchElementException;
import java.util.Optional;

import com.github.javaparser.ast.CompilationUnit;
import com.github.javaparser.ast.Modifier;
import com.github.javaparser.ast.NodeList;
import com.github.javaparser.ast.body.BodyDeclaration;
import com.github.javaparser.ast.body.ClassOrInterfaceDeclaration;
import com.github.javaparser.ast.body.FieldDeclaration;
import com.github.javaparser.ast.body.MethodDeclaration;
import com.github.javaparser.ast.body.Parameter;
import com.github.javaparser.ast.body.TypeDeclaration;
import com.github.javaparser.ast.body.VariableDeclarator;
import com.github.javaparser.ast.expr.Expression;
import com.github.javaparser.ast.expr.VariableDeclarationExpr;
import com.github.javaparser.ast.stmt.BlockStmt;
import com.github.javaparser.ast.stmt.ExpressionStmt;
import com.github.javaparser.ast.stmt.IfStmt;
import com.github.javaparser.ast.stmt.ReturnStmt;
import com.github.javaparser.ast.stmt.Statement;
```

```
import com.github.javaparser.ast.stmt.SwitchEntryStmt;
import com.github.javaparser.ast.stmt.SwitchStmt;
import com.github.javaparser.ast.stmt.WhileStmt;
import com.github.javaparser.ast.type.ClassOrInterfaceType;

public class GetDeclaration {
   final String replaceWord = "[^[\\[]^[\\]]]";

   public String[] initArr(String[] list) {
      for (int i = 0; i < list.length; i++) {
         list[i] = "";
      }
      return list;
   }

   public String[] classData(String path, CompilationUnit cu) {
      String[] list = new String[9];
      list = initArr(list);

      NodeList<TypeDeclaration<?>> nodeTypes = cu.getTypes();
      for (TypeDeclaration<?> typeDec : nodeTypes) {
         EnumSet<Modifier> es = typeDec.getModifiers();
         String[] mod = es.toString().replaceAll(replaceWord, "").split(",
");

         for (int i = 0; i < mod.length; i++) {
            try {
               String string = mod[i];
               if(string.equals("PUBLIC")) {
                  list[0] = "public";
               } else if(string.equals("ABSTRACT")) {
                  list[1] = "abstarct";
               } else if(string.equals("FINAL")) {
                  list[2] = "final";
               }
            } catch (ArrayIndexOutOfBoundsException e) {}
         }

         list[3] = typeDec.getName().toString();

         if (typeDec instanceof ClassOrInterfaceDeclaration) {
               ClassOrInterfaceDeclaration classinterfaceDec =
(ClassOrInterfaceDeclaration) typeDec;
            NodeList<ClassOrInterfaceType> nodeExtend =
classinterfaceDec.getExtendedTypes();
```

```
70
71              for (ClassOrInterfaceType classOrInterfaceType : nodeExtend) {
72                list[4] = classOrInterfaceType.getName().toString();
73              }
74
75              ArrayList<String> implement = new ArrayList<>();
76              NodeList<ClassOrInterfaceType> nodeImplements =
    classinterfaceDec.getImplementedTypes();
                for (ClassOrInterfaceType classOrInterfaceType :
77  nodeImplements) {
78                 implement.add(classOrInterfaceType.getName().toString());
79              }
80              Iterator<String> it = implement.iterator();
81              for (int i = 0; i < implement.size(); i++) {
82                list[5] += it.next();
83                if (it.hasNext()) {
84                  list[5] += ", ";
85                }
86              }
87            }
88            String[] beginLine = typeDec.getBegin().toString().split(",");
89            String[] endLine = typeDec.getEnd().toString().split(",");
90            list[6] = beginLine[0].substring(15);
91            list[7] = endLine[0].substring(15);
92            list[8] = path;
93          }
94          return list;
95        }
96    ...
    }
```

33	replaceWord는 Java Parser가 파싱해준 정보를 읽을 때 사용한다.
35~40	파라미터로 받은 String배열을 초기화하는 메서드이다.
42~94	JPDB_CLASS 테이블에 들어가는 데이터를 추출하는 메서드이다.
46~47	TypeDeclaration을 NodeList로 불러온 후 foreach문으로 분리하여 반복 추출한다.
48~62	TypeDeclaration에서 Modifier의 정보를 추출한다. 각 조건에 맞는 Modifier를 list배열에 순서대로 넣는다.
64	클래스의 이름을 추출하여 list배열에 넣는다.
66~72	클래스에 extend된 클래스의 정보를 추출하여 list배열에 넣는다.

74~85	클래스에 implement된 클래스의 정보를 추출하여 list배열에 넣는다.
87~91	클래스의 시작 라인과 끝 라인, 코드 파일이 존재하는 경로를 list배열에 순서대로 넣는다.
93	클래스에 대한 모든 정보 데이터가 저장된 list배열을 반환한다.

• GetDeclaration 클래스의 method 정보를 추출하는 부분

▶ GetDeclaration.java

```
public class GetDeclaration {
...
  public ArrayList<String[]> methodData(String path, CompilationUnit cu) {
    ArrayList<String[]> data = new ArrayList<>();

    NodeList<TypeDeclaration<?>> nodeTypes = cu.getTypes();
    for (TypeDeclaration<?> typeDec : nodeTypes) {
      NodeList<BodyDeclaration<?>> nodeBodys = typeDec.getMembers
();
      for (BodyDeclaration<?> bodyDcl : nodeBodys) {
        String[] list = new String[14];
        list = initArr(list);
        if (bodyDcl instanceof MethodDeclaration) {
          list[0] = typeDec.getName().toString();
          MethodDeclaration methodDcl = (MethodDeclaration) bodyDcl;
          EnumSet<Modifier> es = typeDec.getModifiers();
          String[] mod = es.toString().replaceAll(replaceWord, "").split
(", ");
          for (int i = 0; i < mod.length; i++) {
            try {
              String string = mod[i];
              if(string.equals("PUBLIC")) {
                list[1] = "public";
              } else if(string.equals("PROTECTED")) {
                list[1] = "protected";
              } else if(string.equals("PRIVATE")) {
                list[1] = "private";
              } else if(string.equals("STATIC")) {
                list[2] = "static";
              }
            } catch (ArrayIndexOutOfBoundsException e) {}
          }
          list[3] = methodDcl.getType().toString();
```

```
list[4] = methodDcl.getName().toString();

NodeList<Parameter> nodeParams = methodDcl.getParameters();
ArrayList<String> paramsType = new ArrayList<>();
ArrayList<String> paramsName = new ArrayList<>();
for (Parameter params : nodeParams) {
  paramsType.add(params.getType().toString());
  paramsName.add(params.getName().toString());
}
Iterator<String> itType = paramsType.iterator();
for (int i = 0; i < paramsType.size(); i++) {
  list[5] += itType.next();
  if (itType.hasNext()) {
    list[5] += ", ";
  }
}
Iterator<String> itName = paramsType.iterator();
for (int i = 0; i < paramsType.size(); i++) {
  list[6] += itName.next();
  if (itName.hasNext()) {
    list[6] += ", ";
  }
}
try {
  Optional<BlockStmt> optionBlock = methodDcl.getBody();
  BlockStmt blockStmt = optionBlock.get();
  NodeList<Statement> nodeStmt = blockStmt.getStatements();
  int whileCnt = 0;
  list[8] = "0";
  int ifCnt = 0;
  list[9] = "0";
  int switchCnt = 0;
  list[10] = "0";
  for (Statement statement : nodeStmt) {
    if (statement instanceof ReturnStmt) {
      ReturnStmt returnStmt = (ReturnStmt) statement;
      Optional<Expression> optExp = returnStmt.getExpression();
      list[7] = optExp.get().toString();
    }
    if (statement instanceof WhileStmt) {
      whileCnt += checkWhileStmt(statement);
    }
```

```
75                      if (statement instanceof IfStmt) {
76                          ifCnt += checkIfStmt(statement);
77                      }
78                      if (statement instanceof SwitchStmt) {
79                          switchCnt += checkSwitchStmt(statement);
80                      }
81                  }
82                  list[8] = String.valueOf(whileCnt);
83                  list[9] = String.valueOf(ifCnt);
84                  list[10] = String.valueOf(switchCnt);
85              } catch (NoSuchElementException e) {}
86              String[] beginLine = methodDcl.getBegin().toString().split(",");
87              String[] endLine = methodDcl.getEnd().toString().split(",");
88              list[11] = beginLine[0].substring(15);
89              list[12] = endLine[0].substring(15);
90              list[13] = path;
91
92              data.add(list);
93          }
94      }
95    }
96    return data;
97  }
98  ...
}
```

3~96	JPDB_METHOD 테이블에 들어가는 데이터를 추출하는 메서드이다.
4	메서드에서 추출한 정보를 담고 있는 String 배열을 담는 ArrayList이다.
6~7	TypeDeclaration을 NodeList로 불러온 후 foreach문으로 분리하여 반복 추출한다.
8~9	TypeDeclaration에서 BodyDeclaration을 NodeList로 불러와 foreach문으로 분리하여 반복 추출한다.
12~32	BodyDeclaration이 MethodDeclaration일 경우 메서드가 소속한 클래스의 이름, 메서드의 접근자, static여부, 타입, 이름을 순서대로 list배열에 넣는다.
34~47	메서드의 파라미터 타입 정보를 찾아내어 list 배열에 추가한다.
48~54	메서드의 파라미터 이름 정보를 찾아내어 list 배열에 추가한다.
55~65	메서드 안의 구문들을 각각의 statement로 조사하여 while, if, switch문의 개수를 파악한다.
66~70	statement가 ReturnStmt라면 메서드의 리턴 값을 추출한다.
71~73	statement가 WhileStmt라면 메서드의 while문 개수를 추출한다.

74~76	statement가 IfStmt라면 메서드의 if문 개수를 추출한다.
77~80	statement가 SwitchStmt라면 메서드의 switch문의 개수를 추출한다.
81~84	추출한 각각의 개수를 list 배열에 추가한다.
85~89	클래스의 시작 라인과 끝 라인, 코드 파일이 존재하는 경로를 list배열에 순서대로 넣는다.
91	list 배열(메서드의 정보)을 data ArrayList에 추가한다.
95	클래스의 모든 메서드 정보가 저장된 data ArrayList를 반환한다.

- GetDeclaration 클래스의 instance variable 정보를 추출하는 부분

▶ GetDeclaration.java

```
public class GetDeclaration {
...
public ArrayList<String[]> instanceVarData(String path, CompilationUnit cu) {
    ArrayList<String[]> data = new ArrayList<>();

    NodeList<TypeDeclaration<?>> nodeTypes = cu.getTypes();
    for (TypeDeclaration<?> typeDec : nodeTypes) {
      NodeList<BodyDeclaration<?>> nodeBodys = typeDec.getMembers();
      for (BodyDeclaration<?> bodyDcl : nodeBodys) {
        if (bodyDcl instanceof FieldDeclaration) {
          String[] list = new String[9];
          list = initArr(list);
          list[0] = typeDec.getName().toString();
          FieldDeclaration fieldDcl = (FieldDeclaration) bodyDcl;
          EnumSet<Modifier> es = typeDec.getModifiers();
          String[] mod = es.toString().replaceAll(replaceWord, "").split(", ");
          for (int i = 0; i < mod.length; i++) {
            try {
              String string = mod[i];
              if(string.equals("PUBLIC")) {
                list[1] = "public";
              } else if(string.equals("PROTECTED")) {
                list[1] = "protected";
              } else if(string.equals("PRIVATE")) {
                list[1] = "private";
              } else if(string.equals("STATIC")) {
```

```
                list[2] = "static";
              } else if(string.equals("FINAL")) {
                list[3] = "final";
              }
            } catch (ArrayIndexOutOfBoundsException e) {}
          }
          boolean check = true;
          VariableDeclarator vv = null;
          try {
            NodeList<VariableDeclarator> nodeVar = fieldDcl.getVariables();
            for (VariableDeclarator varDcl : nodeVar) {
              vv = varDcl;
              list[4] = fieldDcl.getCommonType().toString();
              list[5] = varDcl.getName().toString();
              Optional<Expression> opt = varDcl.getInitializer();
              list[6] = opt.get().toString();
              String[] beginLine = varDcl.getBegin().toString().split(",");
              list[7] = beginLine[0].substring(15);
              list[8] = path;

              String[] addList = new String[9];
              for (int c = 0; c < addList.length; c++) {
                addList[c] = list[c];
              }
              data.add(addList);
              check = false;
            }
          } catch (NoSuchElementException e) {
            String[] beginLine = vv.getBegin().toString().split(",");
            list[7] = beginLine[0].substring(15);
            list[8] = path;
          }
          if (check) {
            data.add(list);
          }
        }
      }
    }
    return data;
  }
...
}
```

3~68	JPDB_INSTANCE_VAR 테이블에 들어가는 데이터를 추출하는 메서드이다.
4	메서드에서 추출한 정보를 담고 있는 String 배열을 담는 ArrayList이다.
6~7	TypeDeclaration을 NodeList로 불러온 후 foreach문으로 분리하여 반복 추출한다.
8~9	TypeDeclaration에서 BodyDeclaration을 NodeList로 불러와 foreach문으로 분리하여 반복 추출한다.
10~32	TypeDeclaration이 FieldDeclaration일 경우 인스턴스 변수가 속한 클래스의 이름, 인스턴스 변수의 접근자, static여부, final여부를 순서대로 list배열에 순서대로 저장한다.
35~45	인스턴스 변수의 타입, 이름, 초기화값, 시작 라인 숫자, 코드가 저장된 경로를 list 배열에 순서대로 저장한다.
54~58	만약 FieldDeclaration이 인스턴스 변수가 아닐 경우 인스턴스 변수의 정보가 들어가는 list를 빈 칸으로 둔다.
59~61	list 배열(인스턴스 변수의 정보)를 data ArrayList에 추가한다.
65	클래스의 모든 메서드 정보가 저장된 data ArrayList를 반환한다.

- GetDeclaration 클래스의 local variable정보를 추출하는 부분

➤ GetDeclaration.java

```
public class GetDeclaration {
...
   public ArrayList<String[]> localVarData(String path, CompilationUnit cu) {
      ArrayList<String[]> data = new ArrayList<>();

      NodeList<TypeDeclaration<?>> nodeTypes = cu.getTypes();
      for (TypeDeclaration<?> typeDec : nodeTypes) {
         NodeList<BodyDeclaration<?>> nodeBodys = typeDec.getMembers
();
         for (BodyDeclaration<?> bodyDcl : nodeBodys) {
            try{
               if (bodyDcl instanceof MethodDeclaration) {
                  MethodDeclaration md = (MethodDeclaration) bodyDcl;
                  Optional<BlockStmt> optBody = md.getBody();
                  BlockStmt bloStmt = optBody.get();
                  NodeList<Statement> nodeStmt = bloStmt.getStatements();
                  for (Statement statement : nodeStmt) {
                     if (statement instanceof ExpressionStmt) {
                        ExpressionStmt expStmt = (ExpressionStmt) stateme
```

```
nt;
                        Expression exp = expStmt.getExpression();
                        if (exp instanceof VariableDeclarationExpr) {
                           String[] list = new String[7];
                           VariableDeclarationExpr varDclExp = (VariableDecl
arationExpr) exp;
                           NodeList<VariableDeclarator> nodeVarDcl = varDcl
Exp.getVariables();
                           for (VariableDeclarator varDcl : nodeVarDcl) {
                              String[] beginLine = varDcl.getBegin().toString
().split(",");
                              list[0] = typeDec.getName().toString();
                              list[1] = md.getName().toString();
                              list[2] = varDcl.getType().toString();
                              list[3] = varDcl.getName().toString();
                              list[4] = varDcl.getInitializer().get().toString();
                              list[5] = beginLine[0].substring(15);
                              list[6] = path;
                              data.add(list);
                           }
                        }
                     }
                  }
               }
            } catch (NoSuchElementException e) {
               String[] list = new String[7];
               for (int i = 0; i < list.length; i++) {
                  list[i] = null;
               }
               data.add(list);
            }
         }
      }
      return data;
   }
...
}
```

3~49	JPDB_LOCAL_VAR 테이블에 들어가는 데이터를 추출하는 메서드이다.
4	메서드에서 추출한 정보를 담고 있는 String 배열을 담는 ArrayList이다.
6~7	TypeDeclaration을 NodeList로 불러온 후 foreach문으로 분리하여 반복 추출한다.
8~9	TypeDeclaration에서 BodyDeclaration을 NodeList로 불러와 foreach문으로 분리하여 반복 추출한다.
10~38	TypeDeclaration이 MethodDeclaration일 경우 로컬 변수가 속한 클래스의 이름, 메서드의 이름, 로컬 변수의 타입, 이름, 초기화 값, 시작 라인 숫자, 코드가 저장된 경로를 순서대로 list배열에 순서대로 저장한다.
33	list 배열(로컬 변수의 정보)를 data ArrayList에 추가한다.
48	클래스의 모든 메서드 정보가 저장된 data ArrayList를 반환한다.

• GetDeclaration 클래스의 while, if, switch문의 개수를 추출하는 부분

▶ GetDeclaration.java

```
public class GetDeclaration {
...
  protected int checkWhileStmt(Statement stmt) {
    int whileCnt = 0;
    if (stmt instanceof WhileStmt) {
      whileCnt++;
      WhileStmt whileStmt = (WhileStmt) stmt;
      Statement innerStmt = whileStmt.getBody();
      BlockStmt blockStmt = (BlockStmt) innerStmt;
      NodeList<Statement> nodeStmt = blockStmt.getStatements();
      for (Statement stat : nodeStmt) {
        if (stat instanceof WhileStmt) {
          whileCnt += checkWhileStmt(stat);
        }
      }
    } else {
      whileCnt += checkWhileStmt(stmt);
    }
    return whileCnt;
  }

  protected int checkIfStmt(Statement stmt) {
    int ifCnt = 0;
    if (stmt instanceof IfStmt) {
```

```
            ifCnt++;
            IfStmt ifStmt = (IfStmt) stmt;

            BlockStmt thenStmt = (BlockStmt) ifStmt.getThenStmt();
            NodeList<Statement> thenNodeStat = thenStmt.getStatements();
            for (Statement bodyStmt : thenNodeStat) {
                ifCnt += checkIfStmt(bodyStmt);
            }

            try {
                Statement elseStat = ifStmt.getElseStmt().get();
                ifCnt += checkIfStmt(elseStat);
            } catch (NoSuchElementException e) {}
        }
        return ifCnt;
    }

    protected int checkSwitchStmt(Statement stmt) {
        int switchCnt = 0;
        if (stmt instanceof SwitchStmt) {
            SwitchStmt SwitchStmt = (SwitchStmt) stmt;
            NodeList<SwitchEntryStmt> caseStmt = SwitchStmt.getEntries();
            for (SwitchEntryStmt switchEntryStmt : caseStmt) {
                NodeList<Statement> caseInnerStmt = switchEntryStmt.getStatements();
                for (Statement statement : caseInnerStmt) {
                    if (statement instanceof SwitchStmt) {
                        switchCnt += checkSwitchStmt(statement);
                    }
                }
            }
        } else {
            switchCnt += checkSwitchStmt(stmt);
        }
        return switchCnt;
    }
}
```

3~20	메서드 안의 while문의 개수를 측정하는 메서드이다.
5~10	statement가 WhileStmt라면 while문 안의 statement를 다시 추출한다.
11~15	만약 statement가 또 WhileStmt라면 위의 과정을 다시 반복한다.
16~18	더 이상 statement가 WhileStmt가 아니라면 whileCnt에 while문의 개수를 저장한다.
19	저장된 while문의 개수를 반환한다.
22~40	메서드 안의 if문의 개수를 측정하는 메서드이다.
24~29	statement가 IfStmt라면 if문 안의 then부분을 추출한다.
30~32	then부분 안의 statement들에 if문이 또 존재하는지 다시 반복한다.
34~37	if문의 else부분을 추출한다. else부분에도 if문이 또 존재하는지 다시 반복한다.
39	저장된 if문의 개수를 반환한다.
42~59	메서드 안의 switch문의 개수를 측정하는 메서드이다.
44~49	switch문 안의 case들 마다 statement를 추출한다.
50~52	만약 case의 statement에서 또 Switch문이 발견되면 위의 과정을 다시 반복한다.
55~57	더 이상 switch문이 발견되지 않으면 switch문의 개수를 저장한다.
58	switch문의 개수를 반환한다.

• main메서드를 실행하는 Main클래스이다.

▶ Main.java

```
package selab.hongik.javaparser;

import java.io.File;
import java.io.FileInputStream;
import java.io.IOException;
import java.sql.SQLException;
import java.util.ArrayList;

import com.github.javaparser.JavaParser;
import com.github.javaparser.ast.CompilationUnit;

import selab.hongik.javaparser.DB.JPDBInserter;

```

```
public class Main {

   public static void main(String[] args) throws SQLException, IOException {
      Main main = new Main();
      main.input();
   }

   public void input() throws SQLException, IOException {
      GetFileDir gfd = new GetFileDir();
      File f = new File("C:\\Users\\selab\\eclipse-workspace\\JavaParser\\src");
      gfd.fileDir(f);
      gfd.checkDir();

      JPDBInserter dbc = new JPDBInserter();
      dbc.setDB("C:\\Users\\selab\\eclipse-workspace\\JavaParser", "test.db");
      dbc.makeDBTable();

      ArrayList<String[]> classData = new ArrayList<String[]>();
      for (String path : gfd.getFilePath()) {
         FileInputStream fis = new FileInputStream(path);
         CompilationUnit cu = JavaParser.parse(fis);
         GetDeclaration gd = new GetDeclaration();
         classData.add(gd.classData(path, cu));
         fis.close();
      }
      dbc.insertJPDB("class", classData);

      ArrayList<String[]> methodData = new ArrayList<>();
      for (String path : gfd.getFilePath()) {
         FileInputStream fis = new FileInputStream(path);
         CompilationUnit cu = JavaParser.parse(fis);
         GetDeclaration gd = new GetDeclaration();
         for (String[] md : gd.methodData(path, cu)) {
            methodData.add(md);
         }
         fis.close();
      }
      dbc.insertJPDB("method", methodData);

      ArrayList<String[]> instanceVarData = new ArrayList<>();
      for (String path : gfd.getFilePath()) {
         FileInputStream fis = new FileInputStream(path);
         CompilationUnit cu = JavaParser.parse(fis);
         GetDeclaration gd = new GetDeclaration();
```

```
58       int i = 1;
59       for (String[] ivd : gd.instanceVarData(path, cu)) {
60         instanceVarData.add(ivd);
61         i++;
62       }
63       fis.close();
64     }
65     dbc.insertJPDB("instance_var", instanceVarData);
66 
67     ArrayList<String[]> localVarData = new ArrayList<>();
68     for (String path : gfd.getFilePath()) {
69       FileInputStream fis = new FileInputStream(path);
70       CompilationUnit cu = JavaParser.parse(fis);
71       GetDeclaration gd = new GetDeclaration();
72       int i = 1;
73       for (String[] lvd : gd.localVarData(path, cu)) {
74         localVarData.add(lvd);
75         i++;
76       }
77       fis.close();
78     }
79     dbc.insertJPDB("local_var", localVarData);
80 
81     dbc.closeDB();
82   }
83 }
```

16~19	main 메서드이다. Main클래스의 input메서드를 실행하고 있다.
21~82	input 메서드는 클래스, 메서드, 인스턴스 변수, 로컬 변수의 데이터를 추출하기 위해 각 메서드를 호출하는 작업이다.
22~25	분석하려는 코드의 폴더 경로를 입력하여 java파일을 불러온다.
27~29	분석한 데이터베이스를 만들 경로를 지정한다. test라는 이름으로 프로젝트 폴더에 생성된다.
31~39	클래스의 데이터를 추출하여 데이터베이스에 저장한다.
41~51	메서드의 데이터를 추출하여 데이터베이스에 저장한다.
53~65	인스턴스 변수의 데이터를 추출하여 데이터베이스에 저장한다.
67~79	로컬 변수의 데이터를 추출하여 데이터베이스에 저장한다.

7.4 생성된 데이터베이스 확인하기

- 데이터베이스의 내부 구조와 데이터 값을 확인할 수 있는 데이터베이스 브라우저 프로그램인 sqlitestudio2_win.exe를 실행한다.
- 만들어진 데이터베이스(프로젝트 폴더의 test.db)파일을 불러온다.

- Database Browser탭에서는 데이터베이스의 테이블 구성에 대해 확인할 수 있다.
- 테이블의 이름과 테이블 생성을 위한 sql문이 표시된다.

- Browser Date탭에서는 선택한 테이블의 데이터를 표시해준다.

- Excute SQL탭에서는 직접 sql문을 작성하여 데이터베이스를 관리할 수 있다.
- Query를 입력한 후 Excute Query를 입력하면 에러메시지나 결과화면이 아래에 나타난다.

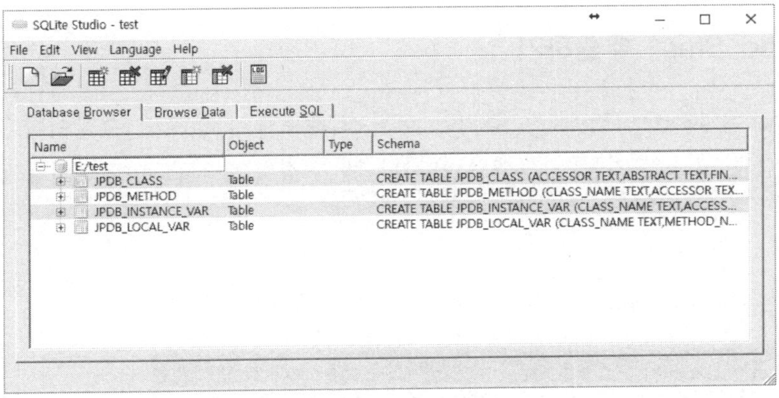

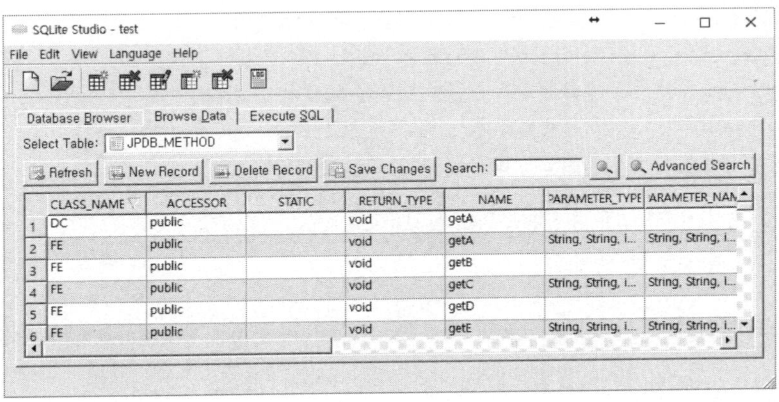

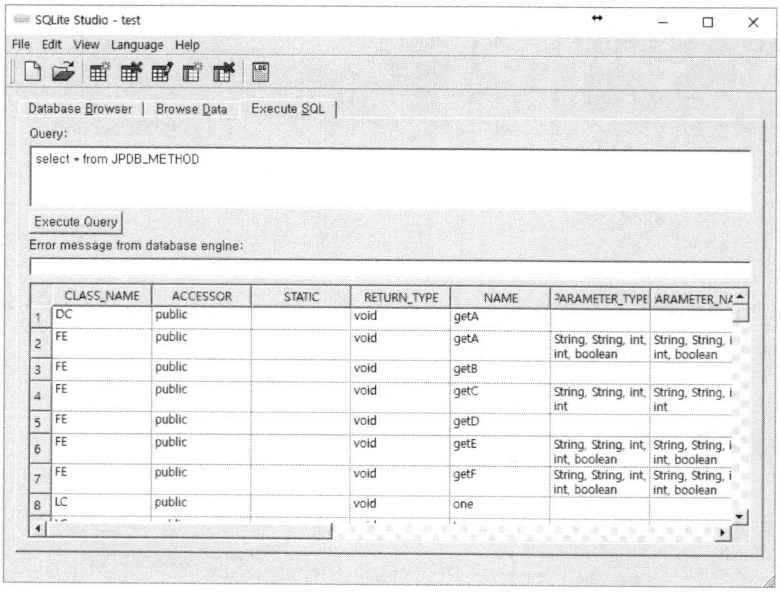

7.5 Bad Smell 추출하기

- Bad Smell은 Martin Fowler가 정의한 코드 리팩토링이 필요한 순간이다.
  리팩토링은 코드의 기능은 그대로 유지한 채 수정하는 것으로 코드의 복잡도를 줄일 수 있다.

다음은 코드에서 추출할 수 있는 Bad Smell을 정리한 표이다.

범위	항목	설명
Method	Long Parameter List	메서드 파라미터의 양이 너무 많다.
	Feature Envy	다른 클래스의 속성을 너무 사용한다.
	Message Chains	메서드의 호출연결고리가 너무 복잡하다.
	Middle Man	클래스가 간단한 위임을 너무 많이 한다.
Class	Lazy Class	사용하지 않는 기능이 존재한다.
	Data Class	필드에 get, set 메서드만 존재한다.
	Large Class	클래스의 인스턴스 변수가 너무 많다.
	Refused Bequest	상속받은 메서드를 모두 사용하지 않는다.

- BadSmell 클래스에서 Long Parameter List, Feature Envy, Message Chains를 찾아내는 부분이다.

▶ BadSmell.java

```
package com.sollink.sar.test;

import java.sql.Connection;
import java.sql.ResultSet;
import java.sql.SQLException;
import java.sql.Statement;
import java.util.ArrayList;

public class BadSmell extends Visualization implements Worker {
   Connection conn;

   public void setConn(Connection conn) {
      this.conn = conn;
   }

   Statement stat;

   public boolean longParameter(String name) throws SQLException {
      stat = conn.createStatement();
      ResultSet rs = stat.executeQuery("select ARGUMENT_TYPES from SNDB_MD where METHOD_NAME='" + name + "'");
      while (rs.next()) {
         String argument = rs.getString("ARGUMENT_TYPES");
         String arg = argument.replaceAll("[^[{]^[}]]", "");
         String argum[] = arg.split(",");
         if (argum.length > 4) {
            return true;
         }
      }
      return false;
   }

   public boolean featureEnvy(String name) throws SQLException {
      if (name.equals("main")) {
         return false;
      }
      int count = 0;
      stat = conn.createStatement();
      ResultSet rs = stat.executeQuery("select REFERRED_SYMBOL_NAME from SNDB_BY where REFER_SYMBOL_NAME='" + name + "' and REFERRED_CLASS_NAME in (select NAME from SNDB_CL)");
      while (rs.next()) {
         String cName = rs.getString("REFERRED_SYMBOL_NAME");
```

```
            if (cName.length() >= 3 && cName.substring(0, 3).equals("get")) {
                count++;
            }
        }
        if (count > 4) {
            return true;
        } else {
            return false;
        }
    }

    public boolean messageChains(String name, int count) throws SQLException {
        count = recursiveMessageChains(name, "%", count + 1);
        if (count > 4) {
            return true;
        } else {
            return false;
        }
    }

    public int recursiveMessageChains(String mName, String cName, int count) throws SQLException {
        stat = conn.createStatement();
        ResultSet rs = stat.executeQuery("select REFERRED_SYMBOL_NAME, REFERRED_CLASS_NAME from SNDB_BY where REFER_SYMBOL_NAME='" + mName +"' and REFER_CLASS_NAME like '" + cName + "' and REFERRED_SYMBOL_NAMEin (select METHOD_NAME from SNDB_MD) and REFERRED_SYMBOL_NAME not in (select NAME from SNDB_CL)");
        while (rs.next()) {
            String rdsName = rs.getString("REFERRED_SYMBOL_NAME");
            String rdcName = rs.getString("REFERRED_CLASS_NAME");

            if (rdsName.length() >= 3 && rdsName.substring(0, 3).equals("get"
)) {
                System.out.println(count);
                count = recursiveMessageChains(rdsName, rdcName, count + 1);
            }
        }
        return count;
    }
...
}
```

10	BadSmell을 찾기 위해 모든 메서드가 사용할 수 있도록 인스턴스 변수로 데이터베이스의 연결정보를 가지고 있는다.
12~14	인스턴스 변수인 Connection에 데이터베이스 연결정보를 넣어준다.
16	모든 메서드가 사용할 수 있도록 Statement를 인스턴스 변수로 선언한다.
15~30	Long Parameter List를 찾아내는 메서드이다.
20~28	SNDB_MD테이블에서 method_name이 name인 argument_types를 찾는다. 찾아낸 argument_types의 개수가 4개 초과이면 true를 반환한다.
29	만약 argument_types가 없다면 false를 반환한다.
32~50	Feture Envy를 찾아내는 메서드이다.
33~35	main메서드라면 feature envy에서 제외한다.
38~44	SNDB_BY테이블에서 refer_symbol_name이 name이고 referred_class_name이 SNDB_CL 테이블에 있는 값인 referred_symbol_name을 찾는다. 찾아낸 referred_symbol_name이 get으로 시작한다면 count를 증가시킨다.
45~49	count가 4를 초과한다면 feature envy로 판단해 true를 반환하고 아니라면 false를 반환한다.
52~59	Message Chains를 찾아내는 메서드이다.
53	recursiveMessageChains메서드를 호출하여 count를 받는다.
54~58	count가 4를 초과하면 true를 반환하고 아니라면 false를 반환한다.
61~78	Message Chains를 찾는 재귀함수이다.
63	SNDB_BY테이블에서 refer_symbol_name이 mName이고 refer_class_name이 cName이며 referred_symbol_name이 SNDB_MD에는 있고 SNDB_CL에는 없는 referred_symbol_name, referred_class_name을 찾는다.
64~72	referred_symbol_name이 get으로 시작한다면 count를 늘리고 자신을 다시 호출한다. 호출의 깊이가 count에 저장된다.
73	get메소드 호출의 깊이가 저장된 count를 반환한다.

▶ BadSmell.java

```java
package com.sollink.sar.test;

import java.sql.Connection;
import java.sql.ResultSet;
import java.sql.SQLException;
import java.sql.Statement;
import java.util.ArrayList;

public class BadSmell extends Visualization implements Worker {
   Connection conn;

   public void setConn(Connection conn) {
      this.conn = conn;
   }

   Statement stat;

   public boolean longParameter(String name) throws SQLException {
      stat = conn.createStatement();
      ResultSet rs = stat.executeQuery("select ARGUMENT_TYPES from SNDB_MD where METHOD_NAME='" + name + "'");
      while (rs.next()) {
         String argument = rs.getString("ARGUMENT_TYPES");
         String arg = argument.replaceAll("[^[{]^[}]]", "");
         String argum[] = arg.split(",");
         if (argum.length > 4) {
            return true;
         }
      }
      return false;
   }

   public boolean featureEnvy(String name) throws SQLException {
      if (name.equals("main")) {
         return false;
      }
      int count = 0;
      stat = conn.createStatement();
      ResultSet rs = stat.executeQuery("select REFERRED_SYMBOL_NAME from SNDB_BY where REFER_SYMBOL_NAME='" + name + "' and REFERRED_CLASS_NAME in (select NAME from SNDB_CL)");
      while (rs.next()) {
         String cName = rs.getString("REFERRED_SYMBOL_NAME");
```

```
            if (cName.length() >= 3 && cName.substring(0, 3).equals("get")) {
               count++;
            }
         }
         if (count > 4) {
            return true;
         } else {
            return false;
         }
      }

      public boolean messageChains(String name, int count) throws SQLException
   {
         count = recursiveMessageChains(name, "%", count + 1);
         if (count > 4) {
            return true;
         } else {
            return false;
         }
      }

      public int recursiveMessageChains(String mName, String cName, int count)
   throws SQLException {
         stat = conn.createStatement();
         ResultSet rs = stat.executeQuery("select REFERRED_SYMBOL_NAME,
   REFERRED_CLASS_NAME from SNDB_BY where REFER_SYMBOL_NAME='" +
   mName + "' and REFER_CLASS_NAME like '" + cName + "' and REFERRED_
   SYMBOL_NAME in (select METHOD_NAME from SNDB_MD) and REFERRED_
   SYMBOL_NAME not in (select NAME from SNDB_CL)");
         while (rs.next()) {
            String rdsName = rs.getString("REFERRED_SYMBOL_NAME");
            String rdcName = rs.getString("REFERRED_CLASS_NAME");

            if (rdsName.length() >= 3 && rdsName.substring(0, 3).equals("get"
   )) {
               System.out.println(count);
               count = recursiveMessageChains(rdsName, rdcName, count + 1);
            }
         }
         return count;
      }
   ...
   }
```

10	BadSmell을 찾기 위해 모든 메서드가 사용할 수 있도록 인스턴스 변수로 데이터베이스의 연결정보를 가지고 있는다.
12~14	인스턴스 변수인 Connection에 데이터베이스 연결정보를 넣어준다.
16	모든 메서드가 사용할 수 있도록 Statement를 인스턴스 변수로 선언한다.
15~30	Long Parameter List를 찾아내는 메서드이다.
20~28	SNDB_MD테이블에서 method_name이 name인 argument_types를 찾는다. 찾아낸 argument_types의 개수가 4개 초과이면 true를 반환한다.
29	만약 argument_types가 없다면 false를 반환한다.
32~50	Feture Envy를 찾아내는 메서드이다.
33~35	main메서드라면 feature envy에서 제외한다.
38~44	SNDB_BY테이블에서 refer_symbol_name이 name이고 referred_class_name이 SNDB_CL 테이블에 있는 값인 referred_symbol_name을 찾는다. 찾아낸 referred_symbol_name이 get으로 시작한다면 count를 증가시킨다.
45~49	count가 4를 초과한다면 feature envy로 판단해 true를 반환하고 아니라면 false를 반환한다.
52~59	Message Chains를 찾아내는 메서드이다.
53	recursiveMessageChains메서드를 호출하여 count를 받는다.
54~58	count가 4를 초과하면 true를 반환하고 아니라면 false를 반환한다.
61~78	Message Chains를 찾는 재귀함수이다.
63	SNDB_BY테이블에서 refer_symbol_name이 mName이고 refer_class_name이 cName이며 referred_symbol_name이 SNDB_MD에는 있고 SNDB_CL에는 없는 referred_symbol_name, referred_class_name을 찾는다.
64~72	referred_symbol_name이 get으로 시작한다면 count를 늘리고 자신을 다시 호출한다. 호출의 깊이가 count에 저장된다.
73	get메소드 호출의 깊이가 저장된 count를 반환한다.

- BadSmell 클래스에서 Middle Man, Lazy Class, DataClass, Large Class, Refused Bequest 를 찾아내는 부분이다.

▶ BadSmell.java

```
package com.sollink.sar.test;
...
public class BadSmell {
  ...
  public boolean middleMan(String name) throws SQLException {
     stat = conn.createStatement();
     int count = 0;
     ResultSet mm = stat.executeQuery("select RETURN_TYPE from SNDB_MD
where RETURN_TYPE in (select REFERRED_CLASS_NAME from SNDB_BY
where CLASS_NAME in (select [name] from SNDB_CL) and LINE_NO < 5)
");
     while(mm.next()){
          count ++;
     }
     if (count > 4) {
        return true;
     }

     return false;
  }

  public boolean lazyClass(String name) throws SQLException {
     String referCount = "0";
     String methodCount = "0";
     stat = conn.createStatement();
     ResultSet rs = stat.executeQuery("select distinct count(*) as
CNT from SNDB_BY where REFERRED_SYMBOL_NAME in (select METHOD_NAME
from SNDB_MD where CLASS_NAME='" + name + "')");
     while (rs.next()) {
        referCount = rs.getString("CNT");
     }
     rs = stat.executeQuery("select count(*) as CNT from SNDB_MD
where CLASS_NAME='" + name + "' and METHOD_NAME!='main'");
     while (rs.next()) {
        methodCount = rs.getString("CNT");
     }
     if (Integer.parseInt(referCount) < Integer.parseInt(methodCount)) {
        return true;
     } else {
```

```
            return false;
        }
    }

    public boolean dataClass(String name) throws SQLException {
        String mCount = "0";
        int gCount = 0;
        stat = conn.createStatement();
        Statement stat2 = conn.createStatement();
        ResultSet rs = stat.executeQuery("select count(*) as CNT from SNDB_MD where CLASS_NAME='" + name + "'");
        while (rs.next()) {
            mCount = rs.getString("CNT");
            ResultSet rs2 = stat2.executeQuery("select METHOD_NAME from SNDB_MD where CLASS_NAME='" + name + "'");
            while (rs2.next()) {
                String cName = rs2.getString("METHOD_NAME");
                if (cName.length() > 2 && (cName.substring(0, 3).equals("get") || cName.substring(0, 3).equals("set"))) {
                    gCount++;
                }
            }
        }
        if (gCount != 0 && Integer.parseInt(mCount) == gCount) {
            return true;
        } else {
            return false;
        }
    }

    public boolean largeClass(String name) throws SQLException {
        stat = conn.createStatement();
        ResultSet rs = stat.executeQuery("select count(*) as CNT from SNDB_IV where CLASS_NAME='" + name + "'");
        while (rs.next()) {
            int count = Integer.parseInt(rs.getString("CNT"));
            if (count > 10) {
                return true;
            }
        }
        return false;
    }

    public boolean refusedBequest(String subName, String superName) throws SQLException {
```

```
        ArrayList<String> check1 = new ArrayList<>();
        ArrayList<String> check2 = new ArrayList<>();

        stat = conn.createStatement();
        ResultSet rs1 = stat.executeQuery("select distinct REFERRED_SYMBOL
    _NAME from SNDB_BY where REFER_CLASS_NAME='" + subName + "' and
    REFERRED_SYMBOL_NAME in (select METHOD_NAME from SNDB_MD where
    CLASS_NAME='" + superName + "') order by REFERRED_SYMBOL_NAME asc
    ");
        while (rs1.next()) {
            String method = rs1.getString("REFERRED_SYMBOL_NAME");
            check1.add(method);
        }
        ResultSet rs2 = stat.executeQuery("select METHOD_NAME from SNDB_
    MD where CLASS_NAME = '" + superName + "' order by METHOD_NAME asc
    ");
        while (rs2.next()) {
            String method = rs2.getString("METHOD_NAME");
            check2.add(method);
        }

        int rCount = 0;
        int lCount = 0;

        if (check1.size() != 0 && check2.size() != 0) {
            while (lCount > check1.size() - 1) {
                if (check1.get(lCount).equals(check2.get(rCount))) {
                    rCount++;
                    lCount++;
                } else {
                    lCount++;
                }
            }
            if (rCount == lCount) {
                return true;
            } else {
                return false;
            }
        }
        return false;
    }
}
```

5~17	Middle Man을 찾아내는 메서드이다.
8	SNDB_MD 테이블에서 return_type이 SNDB_BY테이블의 line_no가 5보다 작고 class_name이 SNDB_CL 테이블에 있는 값인 referred_class_name과 같은 return_type을 찾는다.
9~14	찾아낸 return_type의 개수가 4개를 초과하면 true를 반환하고 아니라면 false를 반환한다.
19~36	Lazy Class를 찾아내는 메서드이다.
23~26	SNDB_BY테이블에서 referred_symbol_name이 SNDB_MD테이블의 class_name이 name과 같은 method_name과 같은 것들의 개수를 referCount로 나타낸다.
27~30	SNDB_MD테이블의 class_name이 name과 같고 method_name이 main이 아닌 method_name과 같은 것들의 개수를 methodCount로 나타낸다.
31~35	methodCount가 referCount보다 크다면 true를 반환하고 아니라면 false를 반환한다.
38~59	DataClass를 찾아내는 메서드이다.
43~45	SNDB_MD테이블에서 class_name이 name인 것들의 개수를 mCount에 저장한다.
46~52	SNDB_MD테이블에서 class_name이 name인 method_name이 get이나 set으로 시작하는 것의 개수를 gCount에 저장한다.
54~58	gCount가 0이 아니고 mCount와 같다면 true를 반환하고 아니라면 false를 반환한다.
61~71	Large Class를 찾아내는 메서드이다.
63~70	SNDB_IV테이블에서 class_name이 name인 것의 개수를 count에 저장한다. count가 10을 초과하면 true를 반환하고 아니라면 false를 반환한다.
73~108	RefusedBequest를 찾아내는 메서드이다.
78~82	SNDB_BY테이블에서 refer_class_name이 subName과 같고 referred_symbol_name이 SNDB_MD테이블의 class_name이 superName과 같은 method_name과 같은 referred_symbol_name을 찾아 check1 ArrayList에 저장한다.
83~87	SNDB_MD 테이블에서 class_name이 superName과 같은 method_name을 check2 ArrayList에 저장한다.
92~108	check1과 check2의 값이 서로 다르다면 true를 반환하고 아니라면 false를 반환한다.

7.6 코드의 정보를 그래프로 표현하기

• 그래프는 dotscript를 자동생성하여 graphViz프로그램을 사용해 그린다.

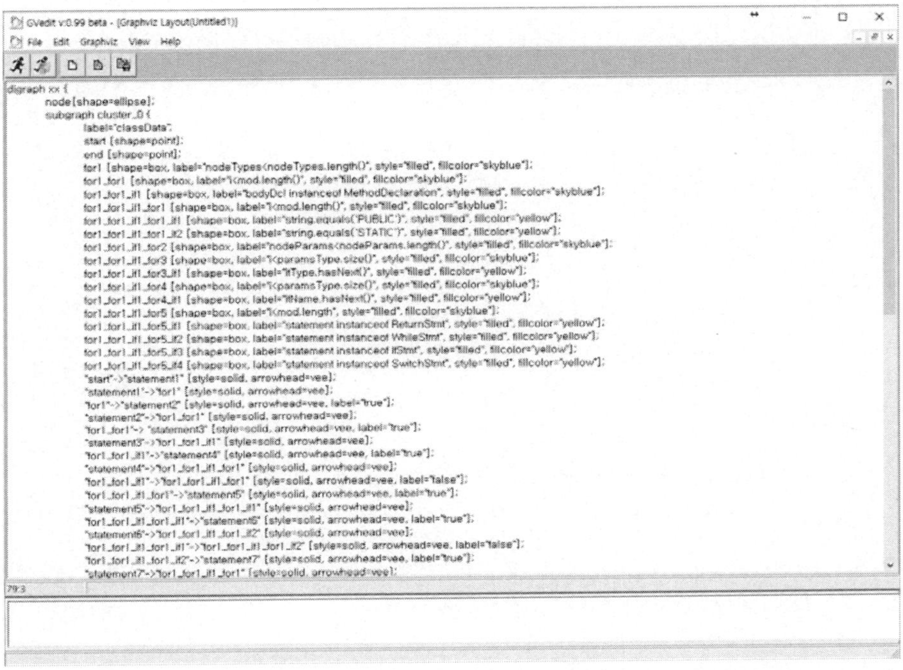

• BadSmell 클래스는 dotscript를 자동생성하는 기능이다.

▶ BadSmell.java

```
package com.sollink.sar.test;

import java.io.BufferedWriter;
import java.io.File;
import java.io.FileWriter;
import java.sql.Connection;
import java.sql.ResultSet;
import java.sql.SQLException;
import java.sql.Statement;
import java.util.ArrayList;

import selab.hongik.javaparser.GetFileDir;
import selab.hongik.javaparser.JPDBInserter;
```

```java

public class Visualization {
   ArrayList<String> cName = new ArrayList<>();

   public static void main(String[] args) throws SQLException {
      GetFileDir gfd = new GetFileDir();
      File f = new File("C:/Java/JSAP");
      gfd.fileDir(f);
      gfd.checkDir();

      JPDBInserter dbc = new JPDBInserter();
      dbc.setDB("C:/Java/workspace/test", "test");
      dbc.makeDBTable();

      Visualization v = new Visualization();
      Connection conn = dbc.getConnection();
      v.makeContents(conn);
   }

   public void makeContents(Connection conn) throws SQLException {
      String contents = "digraph xx {\n\tnode[shape=box];\n" + "\tsubgraph cluster_0 {\n";
      contents += form(conn);
      contents += "\t}\n}";

      System.out.println(contents);

      genDot("C:/Program Files (x86)/Graphviz2.38/bin/dot.exe", contents, "./test.png");
   }

   public String form(Connection conn) throws SQLException {
      Statement stat1 = conn.createStatement();
      Statement stat2 = conn.createStatement();
      Statement stat3 = conn.createStatement();
      String v_contents = "";
      String m_contents = "";
      String contents = "";

      ResultSet rs = stat1.executeQuery("Select name from SNDB_CL");
      while (rs.next()) {
         String class_name = rs.getString("name");
         cName.add(class_name);
         ResultSet rs2 = stat2.executeQuery("Select variable_name from SNDB_IV where class_name=\"" + class_name + "\"");
```

```
            while (rs2.next())  {
               String variable = rs2.getString("variable_name");
               v_contents += variable + "\\n";
            }
            ResultSet rs3 = stat3.executeQuery("Select method_name from
   SNDB_MD where class_name=\"" + class_name + "\"");
            while (rs3.next()) {
               String method = rs3.getString("method_name");
               m_contents += method + "()" + badSmellCheck(conn, method,
   "method") + "\\n";
            }
            // System.out.println(class_name);
            if (!v_contents.equals("")) {
               if (!m_contents.equals("")) {
                   contents += "\t\t" + class_name + " [shape=record, label=\"
   {" + class_name + badSmellCheck(conn, class_name, "class") + "|" +
   v_contents + "|" + m_contents + "}\"];\n";
               } else {
                  contents += "\t\t" + class_name + " [shape=record, label=\"
   {" + class_name + badSmellCheck(conn, class_name, "class") + "|" +
   v_contents + "}\"];\n";
               }
            } else {
               if (!m_contents.equals("")) {
                  contents += "\t\t" + class_name + " [shape=record, label=\
   "{" + class_name + badSmellCheck(conn, class_name, "class") + "|" +
   m_contents + "}\"];\n";
               } else {
                  contents += "\t\t" + class_name + " [shape=box, label=\"" +
   class_name + badSmellCheck(conn, class_name, "class") + "\"];\n";
               }
            }
            v_contents = "";
            m_contents = "";
            rs2.close();
            rs3.close();
         }
         return contents;
      }

      public String badSmellCheck(Connection conn, String name, String type)
   throws SQLException {
         BadSmell bs = new BadSmell();
         bs.setConn(conn);
         String contents = "";
```

```

if (type.equals("class")) {
        if (bs.largeClass(name)) {
            contents += "-*[LgC]";
        }
        if (bs.lazyClass(name)) {
            contents += "-*[LzC]";
        }
        if (bs.dataClass(name)) {
            contents += "-*[DC]";
        }
    } else if (type.equals("method")) {
        if (bs.longParameter(name)) {
            contents += "-*[LPL]";
        }
        if (bs.featureEnvy(name)) {
            contents += "-*[FE]";
        }
        if (bs.middleMan(name)) {
            contents += "-*[MM]";
        }
        if (bs.messageChains(name, 0)) {
            contents += "-*[MC]";
        }
    }
    return contents;
  }

  public static void genDot(String dot, String contents, String graphicFileName) {

    try {
        File temp = File.createTempFile("graph", ".dot");

        temp.deleteOnExit();
        BufferedWriter out = new BufferedWriter(new FileWriter(temp));
        out.write(contents);
        out.close();

        System.out.println("dotting");
        Process p = Runtime.getRuntime().exec(dot + " -Tpng " + temp.getAbsolutePath()+ " -o " + graphicFileName);
        p.waitFor();
        System.out.println("done");

```

```
134         } catch (Exception e) {
135             e.printStackTrace();
136         }
137     }
138 }
```

19~22	분석한 소스 코드파일의 경로를 입력하여 소스 코드들을 가져온다.
24~26	가져온 소스 코드파일을 이용하여 데이터베이스를 생성한다.
28~30	연결된 데이터베이스를 이용하여 makeContents메서드로 dotscript를 생성한다.
33~44	dotscript를 자동생성하는 메서드이다.
34~36	form메서드를 이용하여 dotscript의 기본 구문을 입력한다.
40	완성된 dotscript를 GraphViz를 이용하여 test.png파일로 그림을 그린다.
43~85	그래프에서 클래스다이어그램 형태로 구조를 만들어주는 메서드이다.
51~54	cName에 클래스의 이름들을 저장한다.
55~59	v_contents에 변수들의 이름들을 저장한다.
60~64	m_contents에 메서드의 이름들을 저장한다.
66~71	만약 v_contents가 공백이 아니고 m_contents도 공백이 아니면 클래스, 변수, 메서드 순으로 노드를 나누고 m_contents가 공백이라면 클래스, 변수 순으로 노드를 나눈다.
72~77	만약 v_contents가 공백이고 m_contents가 공백이 아니라면 클래스, 메서드 순으로 노드를 나누고 둘다 공백이라면 클래스 이름만 노드에 넣는다.
87~117	BadSmell클래스에서 받아온 boolean값을 이용하여 BadSmell을 판단한다.
119~137	GraphViz를 사용하여 그래프를 그리는 메서드이다. 그리기가 완료되면 done이라는 메시지와 함께 종료된다.

- 다음은 결과 그래프이다. 그래프는 클래스다이어그램 형식으로 나타난다.
- 각 클래스와 메서드에 BadSmell의 유무가 표시되어있다.

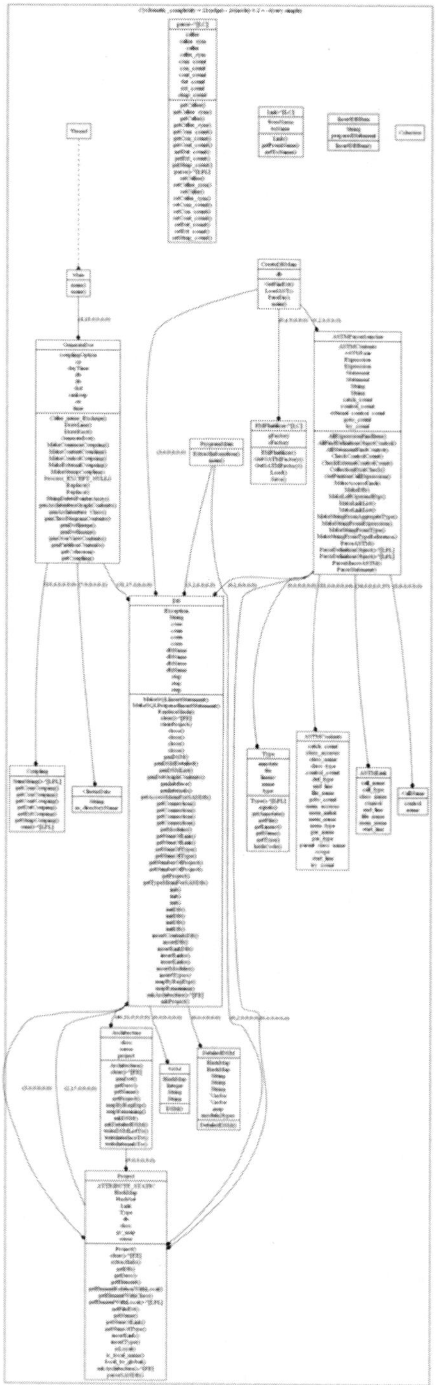

P240 참조

찾아보기

저자 약력

문소영

- 저자 문소영은 초등학교 때 프로그래머가 되겠다는 꿈으로 영어보다 프로그래밍 언어를 먼저 배웠으며, 원자력 분야의 소프트웨어를 개발하며 개발자로써의 고충을 몸소 느껴보았고, 홍익대학교 소프트웨어공학 박사 수료 후, 동 대학교에서 강의를 하며 지식 나누기에 누구보다 열정이 높아 최우수교원표창을 받았다.
- 현재 SP(소프트웨어 프로세스) 심사원으로 다수 업체 심사 경력을 보유하고 있으며, 육본 계룡대 개발 프로세스 구축 지원에 참여하여 프로세스 개선에 도움을 주었다.
- whit2webpd@gmail.com

손현승

- 손현승 박사는 태어날 때부터 개발자였을 것이라는 말을 많이 들을 정도로 개발과 연구에 대한 견해가 깊다.
- 현재 모아소프트 개발 팀장이고, SP 멘토링 및 컨설팅을 해오며 중소/벤처 기업의 개발자들을 도왔고, 공개 SW 기반의 육군 SW개발 가시화(Visualization) 체계 개발 프로젝트에 참여하고 있다.
- hson@moasoftware.co.kr

김영수

- 저자 김영수는 90년대 초중반부터 대규모 SI와 SCM솔루션, Agent 미들웨어, 그리고 지능형 SetTopBox와 차량용 GPS/FM/DMB Firmware까지 다양한 SW개발 및 기기 완제품 양산경험을 갖고 있으며, 보다 편리하고 가시적인 SW공학기술에 관심이 많은 컴퓨터시스템응용기술사이자 SW개발자출신의 현장 멘토이다.
- SW공학센터에서 약 8년간 약 400여 국내 중소기업을 현장멘토링 하였으며, 동료멘토들, 외부전문가와 함께 SW가시화의 개념 확립과 사례적용에 기여한바가 있고, 최근에는 국가표준 SW프로세스인증(SP인증)에 대한 민간 확산에 적극적으로 뛰어다니고 있는 자칭 중소기업을 위한 SW공학 현장 멘토이다.
- ysgold2@gmail.com

김영철

- 홍익대 소프트웨어융합학과 (구. 컴퓨터정보통신공학과) 교수
- 소프트웨어공학연구실(selab.hongik.ac.kr)
- NIPA SP 심의위원, 국방부 정보화책임관 자문위원
- 일리노이공대(IIT) 박사, 홍익대학교 전지계산학과 학사
- 연구 영역: Simplified TMM(sTMM), Business Innovation Maturity Model(BIMM), Automatic Development Process Construction & Documentation Generation, Software Visualization, Blockchain Related Testing & Validation
- bob@hongik.ac.kr

정가 22,000원

개발자를 위한 소프트웨어 가시화

2018년 11월 20일 초판 인쇄
2018년 11월 28일 초판 발행
저 자: 문소영 · 손현승 · 김영수 · 김영철
발행자: 송 준
발행처: 홍릉과학출판사
주 소: 서울시 강북구 인수봉로 50길 10
01093
등 록: 1976년 10월 21일 제5-66호
전 화: (02) 999-2274~5, 903-7037
팩 스: (02) 905-6729
e-mail: hongpub@hongpub.co.kr
http://www.hongpub.co.kr
ISBN: 979-11-5600-620-6

저자와의 협의하에 인지생략